「新たな日商簿記検定試験（３級）」

【新たな日商簿記検定試験】

日商簿記２級、３級検定試験は、2021 年度から年３回の全国統一日（６月第２日曜日、11 月第３日曜日、２月第４日曜日）に、ペーパー試験方式で実施する「**統一試験**」に加えて、企業・教育機関等に出向いてペーパー試験方式で実施する「**団体試験(出前方式)**」及び随時パソコンで実施する「**ネット試験**」を導入し、試験時間・試験内容も変更した「新たな日商簿記検定試験（以下、「**新検定試験**」という）」が開始されました。

(1) 試験時間について

日商簿記２級検定の試験時間：新検定試験 **90 分**（2020 年度までは 120 分）

日商簿記３級検定の試験時間：新検定試験 **60 分**（2020 年度までは 120 分）

(2) 試験内容について

「**新検定試験**」においては、「**統一試験**」、「**ネット試験**」、「**団体試験(出前方式)**」の３つの試験方式があることから、受験生によって試験方式が異なり、その結果、試験問題が異なることになります。また、「**ネット試験**」の場合は、さらに、同一試験日・同一試験時間であっても、それぞれの受験生の試験問題が異なることになります。そのため、「**新検定試験**」においては、どの試験方式であっても、また、ネット試験内すべての受験生の試験問題において、試験レベル等が平等である必要があります。このことから、「**新検定試験**」の試験内容は、「**基本的**」「**標準的**」な理解を確認する試験内容となりました。

【「新検定試験」の学習方法】

(1) 「基本的」「標準的」な理解をする学習方法を。

「新検定試験」においては、「**基本的**」「**標準的**」な理解を確認する試験内容となるため、検定試験の範囲の基本的・標準的な理解を重視した学習を心掛ける必要があります。そのことは、検定試験の範囲の「**網羅的**」な学習をすることでもあります。

(2) 「効率的」に解答する学習方法を。

「新検定試験」においては、試験時間が大幅に短縮されましたので、時間内に「**効率的**」に、「**スピード感**をもって」解答する学習方法を取り入れることが必要です。

(3) 試験方法に対応した学習方法を。

「新検定試験」においては、「**ペーパー試験**」としての「**統一試験**」、「**団体試験(出前方式)**」とパソコンを使った「**ネット試験**」に分かれますが、「**ペーパー試験**」と「**ネット試験**」のそれぞれの試験の特性に対応した実践的な学習方法を取り入れる必要があります。

【「新検定試験」の学習効果】

上記の**「新検定試験」**での学習を通じて、下記の学習効果が期待できます。

(1) 真の「簿記」学習

「新検定試験」においては、「**基本的**」「**標準的**」な理解を「**網羅的**」に学習するため、いわゆる、検定試験対策の学習ではなく、**真の「簿記」**の学習が期待できます。

(2) 「達成度」「到着度」の測定

「新検定試験」においては、「**基本的**」「**標準的**」な理解を「**網羅的**」に確認する出題がなされるため、その時点における簿記の学力の**「達成度」「到着度」**を確認することができ、高校・大学における簿記の基本的な学力測定として活用することが期待できます。

(3) 「スピード」と「正確性」の定着

「新検定試験」においては、限られた試験時間の中で、一定のボリューム感のある試験問題を解答することになるため、**「スピード」と「正確性」**が必要となります。ビジネス社会において、「**企業言語**」としての簿記をすらすらと活用できるようになることが重要です。そのためには、**「スピード」と「正確性」**を身に付けることが大切になりますが、**「新検定試験」**の学習を通して、これらの能力を身に付けることが期待できます。

【「日商簿記３級」の試験問題】

「新検定試験」の「**日商簿記３級**」の試験は、大問３問以内となっており、想定される試験問題は、下記のとおりです。

第１問：仕訳問題（45点）→15問程度の仕訳問題

第２問：個別問題（20点）→勘定記入、補助簿、伝票等の個別問題

第３問：総合問題（35点）→財務諸表、精算表等の決算を中心とした総合問題

【合格のポイント】

① 第１問の仕訳問題15問を１問１分程度、合計15分程度で解答できるように**「反復トレーニング」**すること。

② 第３問の総合問題の典型的な「**決算整理仕訳**」を確実に身に付けるように**「反復トレーニング」**し、「**財務諸表作成**」「**精算表作成**」「**決算整理後残高試算表作成**」等の出題形式に慣れること。

③ 第２問の個別問題は、勘定記入を中心に学習すること。勘定記入は「**転記**」の理解を確認するものであるため、「**仕訳**」→「**転記**」を**「反復トレーニング」**すること。また、伝票、補助簿等の様々な出題形式の問題に慣れること。

以上

出題論点表

出題論点表の説明

・問題実施、自己採点後、誤っていた問題のチェックボックス（ □ ）に✓をつけてください。

・✓の多い論点は、理解が不十分であることがわかります。会計サポートをご利用されている方は、関連する会計サポートのテキスト・答案練習をもう一度確認し、効率的な復習に役立ててください。

チャレンジ問題の説明

・第２問と第３問について、各回の終わりに追加問題を収録しました。

・出題論点表に誤った問題として、✓が多くついてしまった場合や、より多くの問題にチャレンジしたい場合に活用してください。

凡　例		
共　通	テキスト	会計サポートの「テキスト」ページ数を意味します。 例「SⅠ－２－１」：ステップⅠ第２章１ページを意味します。
	答案練習	会計サポートの「答案練習」のステップⅡの問題番号を意味します。
第１問	①	問題番号を意味します。
	ファイナル	『３級 仕訳ファイナルチェック』の収録論点を意味します。
第２問	(1)	問題番号を意味します。
	チ	チャレンジ第２問を意味します。
第３問	①	決算整理事項の問題番号を意味します。
	チ	チャレンジ第３問を意味します。

第1問

大区分	中区分	テキスト	第1回	第2回	第3回	第4回	第5回	第6回	第7回	第8回	第9回	第10回	ﾌｧｲﾅﾙ
現金預金	現金	SⅠ-2-1										□ ⑧	□
	普通預金	SⅠ-2-3				□ ①		□ ①	□ ①		□ ⑪		□
	当座預金	SⅠ-2-5		□ ①	□ ⑮						□ ⑦		□
	定期預金	SⅡ-2-1	□ ⑨									□ ①	□
	小口現金	SⅡ-2-2	□ ⑪			□ ⑫			□ ②			□ ⑦	□
	複数口座の開設	SⅡ-2-4					□ ⑫			□ ⑭			□
商品売買	掛けによる仕入	SⅠ-3-3									□ ⑩		□
	手形による仕入	SⅠ-5-1				□ ⑥						□ ⑥	□
	その他（前払金等）の仕入	SⅠ-4-8					□ ⑧			□ ⑥	□ ⑤		□
	掛けによる売上	SⅠ-3-3			□ ④								□
	手形による売上	SⅠ-5-1									□ ①		□
	その他（前受金等）の売上	SⅠ-4-8	□ ④										□
	返品	SⅠ-3-6	□ ⑩	□ ⑫⑬		□ ⑦			□ ③④				□
	売上諸掛	SⅡ-3-1	□ ②					□ ⑬					□
債権債務	未収入金・未払金	SⅠ-4-2							□ ⑤				□
	貸付金・借入金	SⅠ-4-5	□ ①			□ ⑮	□ ②	□ ②③	□ ⑦	□ ⑬		□ ②	□
	立替金・預り金（所得税）	SⅠ-4-10			□ ⑧				□ ⑥				□
	預り金（社会保険料）	SⅡ-4-2			□ ⑥							□ ⑪	□
	手形貸付金・手形借入金	SⅡ-4-4			□ ⑭		□ ③				□ ⑮		□
	役員貸付金・役員借入金	SⅡ-4-6	□ ⑧						□ ⑬				□
	受取商品券	SⅡ-4-7					□ ④	□ ⑩⑫					□
	クレジット売掛金	SⅡ-4-8			□ ⑬	□ ⑬						□ ⑫	□
	差入保証金	SⅡ-4-10		□ ⑩	□ ①								□
	仮払金・仮受金	SⅡ-4-11		□ ⑭		□ ⑭		□ ⑤		□ ③⑦			□

大区分	中区分	テキスト	第1回	第2回	第3回	第4回	第5回	第6回	第7回	第8回	第9回	第10回	ﾌｧｲﾅﾙ
手形	受取手形・支払手形	SⅠ-5-1	□ ⑬		□ ②		□ ①			□ ⑩	□ ⑥		□
	電子記録債権・電子記録債務	SⅡ-5-1		□ ④		□ ②			□ ⑧			□ ⑨	□
固定資産	取得	SⅠ-6-1	□ ③	□ ⑤		□ ⑧			□ ⑩	□ ⑨		□ ⑩	□
	期首売却	SⅡ-6-1		□ ⑨				□ ⑦		□ ⑧		□ ④	□
	期中売却	SⅡ-6-4	□ ⑭		□ ⑩		□ ⑨		□ ⑪		□ ②		□
	修繕費と改良	SⅠ-6-4			□ ⑫	□ ⑩	□ ⑬	□ ⑪					□
資本金と税金	株式会社の設立・増資	SⅠ-7-1	□ ⑫	□ ⑥		□ ⑤	□ ⑥			□ ⑤		□ ⑬	□
	租税公課	SⅠ-7-3		□ ②		□ ④				□ ②	□ ⑭		□
	法人税、住民税及び事業税	SⅡ-7-1			□ ③				□ ⑫				□
	消費税	SⅡ-7-3					□ ⑤	□ ⑭					□
決算	貯蔵品の計上	SⅠ-8-2	□ ⑥			□ ③					□ ⑬		□
	固定資産の減価償却	SⅠ-8-6									□ ④		□
	現金過不足	SⅡ-8-3			□ ⑤		□ ⑦	□ ⑧		□ ①			□
	費用・収益の前払・前受・未払・未収	SⅡ-8-8		□ ③	□ ⑪		□ ⑭					□ ③	□
	決算振替仕訳	SⅡ-8-28			□ ⑦		□ ⑪	□ ⑥	□ ⑮	□ ④			□
その他	貸倒れ	SⅠ-8-9	□ ⑤								□ ③	□ ⑭	□
	償却債権取立益	SⅠ-8-12		□ ⑦									□
	剰余金の配当	SⅡ-8-44		□ ⑪					□ ⑭			□ ⑤	□
伝票式会計	伝票作成	SⅠ-9-1									□ ⑧		□
証憑	商品売買	SⅡ-10-1		□ ⑮		□ ⑨			□ ⑨				□
	物品の購入	SⅡ-10-8			□ ⑨						□ ⑨		□
	費用の計上	SⅡ-10-10					□ ⑮						□
	税金の納付	SⅡ-10-12	□ ⑮					□ ⑨		□ ⑮		□ ⑮	□
応用論点	訂正仕訳	SⅡ-12-1					□ ⑩						□
	再振替仕訳	SⅡ-12-5	□ ⑦			□ ⑪		□ ④		□ ⑪	□ ⑫		□
	自己振出小切手・手形	SⅡ-12-26		□ ⑧				□ ⑮		□ ⑫			□

第2問

大区分	中区分	テキスト	答案練習 第2問対策	第1回	第2回	第3回	第4回	第5回	第6回	第7回	第8回	第9回	第10回
伝票式会計	仕訳日計表	SⅡ - 9 - 1	①～③								□ (2)チ		
	伝票作成	SⅠ - 9 - 1	④⑤		□ (2)チ								
決算	勘定記入												
	現金預金	SⅡ - 8 - 28	⑦					□ (1)					□ (1)
	商品売買		—			□ チ							
	売上債権		—					□ チ					
	仕入債務		⑥	□ (1)			□ (1)						
	固定資産		⑧⑨	□ チ						□ (1)チ			
	純資産		⑩		□ (1)								
	法人税等		⑪			□ (1)							
	消費税		—								□ (1)		
	経過勘定項目		⑫～⑮						□ (1)チ			□ (1)チ	
帳簿組織	補助記入帳												
	当座預金出納帳	SⅡ - 11 - 5	⑯									□ (2)	
	受取・支払手形記入帳		⑲					□ (2)					
	補助元帳												
	売掛金元帳	SⅡ - 11 - 12	⑱										□ (2)
	買掛金元帳		⑰				□ チ						
	商品有高帳		⑳㉑			□ (2)			□ (2)				
	固定資産台帳		㉒㉓	□ (2)									
	補助簿全般	SⅡ - 11 - 5	㉔～㉗				□ (2)						
証憑	複合問題	SⅡ - 10 - 18	㉘										□ チ
その他	理論	特定なし	㉙～㉜							□ (2)			

第3問

大区分	中区分	テキスト	答案練習 第3問対策	第1回	第2回	第3回	第4回	第5回	第6回	第7回	第8回	第9回	第10回
出題形式													
決算	精算表	SⅠ - 8 - 13	②④⑥	□ チ②	□ チ②	□ 本問	□ チ②	□ チ②	□ 本問	□ チ②	□ チ②	□ 本問	□ チ②
	貸借対照表・損益計算書	SⅡ - 8 - 38	①③⑤⑦⑨	□ 本問	□ チ①	□ チ①	□ 本問	□ チ①	□ チ①	□ 本問	□ チ①	□ チ①	□ 本問
	決算整理後残高試算表	SⅡ - 8 - 44	⑧⑩	□ チ①	□ 本問	□ チ②	□ チ①	□ 本問	□ チ②	□ チ①	□ 本問	□ チ②	□ チ①
決算整理事項													
資本金と税金	法人税、住民税及び事業税	SⅡ - 7 - 1		□ ⑪	□ ⑩	□ ⑪	□ ⑩	□ ⑪	□ ⑪	□ ⑪	□ ⑩	□ ⑪	□ ⑩
	消費税	SⅡ - 7 - 3		□ ⑩	□ ⑨			□ ⑩	□ ⑤			□ ⑩	
決算	貯蔵品の計上	SⅠ - 8 - 2		□ ⑦		□ ⑥	□ ⑥			□ ⑦			
	売上原価の計算	SⅠ - 8 - 3 SⅡ - 12 - 16		□ ④	□ ④	□ ④	□ ④	□ ⑥	□ ⑦	□ ④	□ ⑤	□ ④	□ ④
	固定資産の減価償却	SⅠ - 8 - 6 SⅡ - 12 - 19		□ ⑥	□ ⑥	□ ⑤	□ ⑤	□ ⑦	□ ⑧	□ ⑤	□ ⑥	□ ⑥	□ ⑥⑦
	貸倒引当金の設定	SⅠ - 8 - 9 SⅡ - 12 - 28		□ ⑤	□ ⑤	□ ③	□ ③	□ ⑤	□ ⑥	□ ⑥	□ ④	□ ⑤	□ ⑤
	現金過不足の決算整理	SⅡ - 8 - 3		□ ①		□ ①		□ ②	□ ④			□ ①	
	当座借越の振替	SⅡ - 8 - 6			□ ①								
	費用の前払	SⅡ - 8 - 8		□ ⑧		□ ⑦		□ ⑧	□ ⑩	□ ⑨	□ ⑧	□ ⑨	□ ⑧
	費用の未払				□ ⑦	□ ⑨	□ ⑨	□ ⑨	□ ②	□ ⑧	□ ⑨	□ ⑦	
	収益の前受			□ ⑨	□ ⑧	□ ⑩	□ ⑧			□ ⑩		□ ⑧	□ ⑨
	収益の未収					□ ⑧	□ ⑦		□ ⑨		□ ⑦		
	未処理事項	SⅡ - 8 - 21		□ ②③	□ ③	□ ②	□ ①②	□ ①③	□ ①③	□ ①②③	□ ①③	□ ②③	□ ①②
	訂正仕訳	SⅡ - 12 - 1			□ ②			□ ④			□ ②		□ ③

日商簿記３級 模擬問題集 目次

日商簿記検定３級　全国統一模擬試験　第１回

問題・答案用紙

（制限時間　60分）

受験者への注意事項

1.　本冊子は、持ち帰りできませんので全ページを必ず提出してください。持ち帰った場合は失格となり、以後の受験をお断りする場合があります。
2.　答えは、問題文の指示に従い定められたところに、誤字・脱字のないよう、ていねいに書いてください。
3.　答案の記入にあたっては、黒鉛筆または黒シャープペンシルを使用してください。仕訳問題の答案の記入方法は、下記を確認してください。
4.　問題および答案用紙の余白は計算用紙として使用できます（解答欄にかぶらないようにしてください）。

仕訳問題の解答にあたっての注意事項

以下の正答例を参考に、仕訳問題における各設問の解答にあたっては、各勘定科目の使用は、借方・貸方の中でそれぞれ１回ずつとしてください（各設問につき、同じ勘定科目を借方・貸方の中で２回以上使用してしまうと、不正解となります）。

ア．現金　　イ．売掛金　　ウ．売上

［正答例：勘定科目を借方・貸方の中で１回だけ使用している］

借方		貸方	
記号	金額	記号	金額
（ア）	10	（ウ）	100
（イ）	90	（　）	

［誤答例：同じ勘定科目を貸方の中で２回使用してしまっている］

借方		貸方	
記号	金額	記号	金額
（ア）	10	（ウ）	10
（イ）	90	（ウ）	90

第１問（45点）

下記の各取引について仕訳しなさい。ただし、勘定科目は、設問ごとに最も適当と思われるものを選び、答案用紙の（　）の中に記号で解答すること。なお、消費税は指示された問題のみ考慮すること。

1．友好的な関係の会社に対して貸し付けていた資金￥500,000について、本日返済日を迎え、利息￥15,000と合わせて普通預金口座に振り込まれた。

ア．支払利息　　イ．普通預金　　ウ．貸付金
エ．現金　　オ．受取利息　　カ．借入金

2．得意先神田商店に商品￥735,000を売り渡し、代金のうち￥147,000は、この商品の受注時に受け取っていた手付金と相殺し、残額については神田商店振り出しの約束手形で受け取った。なお、当社負担の発送運賃￥14,000については現金で支払った。

ア．現金　　イ．受取手形　　ウ．売掛金
エ．前受金　　オ．売上　　カ．発送費

3．事務用のオフィス機器￥1,100,000とコピー用紙￥10,000を購入し、代金の合計を普通預金口座から振り込んだ。

ア．未払金　　イ．普通預金　　ウ．備品
エ．広告宣伝費　　オ．現金　　カ．消耗品費

4．得意先から￥200,000の商品の注文を請け、注文を請けた商品の10%を手付金として当社宛ての小切手を受け取り、直ちに当座預金とした。

ア．売上　　イ．当座預金　　ウ．現金
エ．売掛金　　オ．前受金　　カ．前払金

5．得意先であるＡ社が倒産したため、Ａ社に対する前期発生の売掛金￥100,000が貸倒れとなった。なお、Ａ社に対する売掛金に対して、貸倒引当金￥80,000を設定していた。

ア．償却債権取立益　　イ．売掛金　　ウ．貸倒引当金
エ．貸倒引当金繰入　　オ．現金　　カ．貸倒損失

6．当社は決算日を迎え、収入印紙￥20,000分が未使用であることが判明したため、必要な決算整理仕訳を行う。なお、収入印紙の購入時に全額を租税公課勘定で処理を行っている。

ア．商品　　イ．通信費　　ウ．当座預金
エ．貯蔵品　　オ．租税公課　　カ．現金

7．当社は期首を迎え、前期決算において、前払計上していた保険料￥8,000について再振替仕訳を行った。

ア．未払金　　イ．前払保険料　　ウ．現金
エ．未払保険料　　オ．前払手数料　　カ．保険料

8．当社専務取締役Ｋ氏から、資金を借り入れる目的で￥200,000が普通預金口座に振り込まれた。

ア．売掛金　　イ．普通預金　　ウ．買掛金
エ．役員貸付金　　オ．現金　　カ．役員借入金

全国統一模擬試験第１回 答案用紙　３級①　商業簿記

採　点　欄	
第1問	

第１問（45点）

	借方		貸方	
	記号	金額	記号	金額
1	（　）		（　）	
	（　）		（　）	
	（　）		（　）	
	（　）		（　）	
2	（　）		（　）	
	（　）		（　）	
	（　）		（　）	
	（　）		（　）	
3	（　）		（　）	
	（　）		（　）	
	（　）		（　）	
	（　）		（　）	
4	（　）		（　）	
	（　）		（　）	
	（　）		（　）	
	（　）		（　）	
5	（　）		（　）	
	（　）		（　）	
	（　）		（　）	
	（　）		（　）	
6	（　）		（　）	
	（　）		（　）	
	（　）		（　）	
	（　）		（　）	
7	（　）		（　）	
	（　）		（　）	
	（　）		（　）	
	（　）		（　）	
8	（　）		（　）	
	（　）		（　）	
	（　）		（　）	
	（　）		（　）	

（次ページに続く）

9．定期預金￥3,000,000（1年満期、年利率0.1%）を、普通預金口座より引き落として預け入れた。

ア．未収入金　　イ．受取利息　　ウ．普通預金
エ．定期預金　　オ．現金　　カ．当座預金

10．小切手を振り出して仕入れた商品￥20,000に品違いがあったため、振り出した小切手を返却してもらうとともに、取引先に商品を返品した。

ア．買掛金　　イ．当座預金　　ウ．現金
エ．売上　　オ．未払金　　カ．仕入

11．小口現金を扱っている用度係から当月中の支払いとして、交通費￥2,000を使用した旨の報告を受け、ただちに同額の現金を渡して補給した。

ア．現金　　イ．仮払金　　ウ．当座預金
エ．普通預金　　オ．前払金　　カ．旅費交通費

12．株式の増資の意思決定を行い、1株当たり￥100で株式を新たに500株発行し、出資者より普通預金口座に振り込まれた。なお、払込金額の全額を資本金とする。

ア．利益準備金　　イ．現金　　ウ．普通預金
エ．当座預金　　オ．資本金　　カ．借入金

13．かねて取引先宛てに振り出した約束手形￥100,000が支払期日になり、普通預金口座から代金￥100,000が支払われた旨について取引銀行から通知を受けた。

ア．買掛金　　イ．受取手形　　ウ．普通預金
エ．現金　　オ．支払手形　　カ．当座預金

14．×4年6月30日に、店舗の撤退にともなって不用になった備品（取得日：×1年4月1日、取得原価：￥500,000、残存価額：ゼロ、耐用年数：5年、償却方法：定額法、記帳方法：間接法）を￥300,000で売却し、売却代金は翌月末に普通預金口座に振り込まれることになった。なお、決算日は3月31日である。

ア．未収入金　　イ．備品　　ウ．減価償却累計額
エ．固定資産売却益　　オ．減価償却費　　カ．固定資産売却損

15．納付書にもとづき、当社の普通預金口座から消費税を納付し、下記の領収証書を入手した。株式会社東京商事で必要な仕訳を示しなさい。なお、消費税は税抜方式で記帳している。

領　収　証　書

科目
消費税および地方消費税

本　　税	430,000
重加算税	
加　算　税	
利子税	
延滞税	
合計額	￥　430,000

納期等の区分　07　04　01 ／ 08　03　31

中間申告　確定申告

住所	東京都××区○○
氏名	株式会社　東京商事

出納印
×8.5.30
東京銀行

ア．仮払消費税　　イ．普通預金　　ウ．仮受消費税
エ．租税公課　　オ．未払消費税　　カ．現金

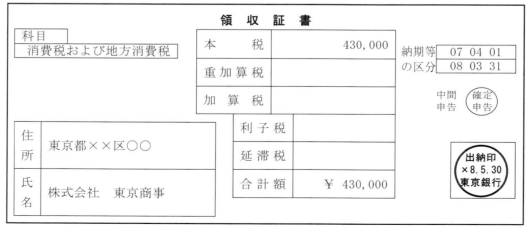

全国統一模擬試験第１回　答案用紙　**３級②　商業簿記**

採　点　欄	
第1問	

（前ページより）

	借方		貸方	
	記　号	金　額	記　号	金　額
9	(　　)		(　　)	
	(　　)		(　　)	
	(　　)		(　　)	
	(　　)		(　　)	
10	(　　)		(　　)	
	(　　)		(　　)	
	(　　)		(　　)	
	(　　)		(　　)	
11	(　　)		(　　)	
	(　　)		(　　)	
	(　　)		(　　)	
	(　　)		(　　)	
12	(　　)		(　　)	
	(　　)		(　　)	
	(　　)		(　　)	
	(　　)		(　　)	
13	(　　)		(　　)	
	(　　)		(　　)	
	(　　)		(　　)	
	(　　)		(　　)	
14	(　　)		(　　)	
	(　　)		(　　)	
	(　　)		(　　)	
	(　　)		(　　)	
15	(　　)		(　　)	
	(　　)		(　　)	
	(　　)		(　　)	
	(　　)		(　　)	

第 2 問（20 点）

⑴　琉球株式会社の 1 月における以下の［資料］をもとに仕入勘定および支払手形勘定の勘定記入を行いなさい。採点箇所は金額欄のみである。なお、琉球株式会社の仕入先は大和株式会社と樺太株式会社の 2 社のみであり、掛けまたは約束手形の振り出しにより仕入れている。また、琉球株式会社は月次決算を毎月行っており、月末に各勘定を締め切っている。

買　掛　金　元　帳

大　和　株　式　会　社

×12 年		摘　　要	借　　方	貸　　方	借または貸	残　　高
1	1	前　月　繰　越		100,000	貸	100,000
	11	仕　　　　入		(　　　　)	〃	(　　　　)
	16	返　　　　品	(　　　　)		〃	300,000
	29	当　座　決　済	(　　　　)		〃	(　　　　)
	31	次　月　繰　越	130,000			
			320,000	320,000		

樺　太　株　式　会　社

×12 年		摘　　要	借　　方	貸　　方	借または貸	残　　高
1	1	前　月　繰　越		310,000	貸	310,000
	8	約　手　決　済	(　　　　)		〃	60,000
	13	仕　　　　入		130,000	〃	(　　　　)
	31	次　月　繰　越	(　　　　)			
			(　　　　)	(　　　　)		

支　払　手　形　記　入　帳

×12 年	摘要	手形金額	手形種類	手形番号	受取人	振出人	振出日	満期日	支払場所	てん末	
										日付	摘要
11/20	仕　入	150,000	約手	11	大和(株)	当　社	11/20	1/10	奈良銀行	1/10	支　払
1/ 8	買掛金	(　　　　)	約手	12	樺太(株)	当　社	1/ 8	2/28	札幌銀行		
1/25	仕　入	120,000	約手	13	樺太(株)	当　社	1/25	3/15	札幌銀行		

（注）　上記に記載されていないものは、1 月 1 日までに支払が完了している。

⑵　次の［資料Ⅰ］、［資料Ⅱ］にもとづいて、次の**問**に答えなさい。

問 1　×2 年 6 月中の取引が、答案用紙に示されたどの補助簿に記入されるか答えなさい。なお、解答にあたっては、該当するすべての補助簿の欄に○印を付すこと。

問 2　決算日である×3 年 3 月 31 日時点の固定資産台帳の①～④に当てはまる金額を答えなさい。

［資料Ⅰ］×2 年 6 月中の取引

15 日　備品Ｂを￥600,000 で取得し、代金は小切手を振り出して支払った。当該備品Ｂは、取得と同時に利用を開始している。また、据付費用￥60,000 を現金で支払った。なお、当社所有の備品はすべて残存価額をゼロとしている。

19 日　群馬牧場株式会社に商品￥675,000 を売り上げ、代金のうち￥60,000 は注文時に同社から当座預金口座に振り込まれた手付金と相殺し、残額は掛けとした。

［資料Ⅱ］固定資産台帳

固　定　資　産　台　帳

×3 年 3 月 31 日現在

取得年月日	名称等	期末数量	償却方法	耐用年数	期首(期中取得)取得原価	期首減価償却累計額	期首(期中取得)帳簿価額	期中売却	当期減価償却費
×0年 4月 1日	備品Ａ	1	定額法	6 年	900,000	①	(　　　)	0	②
×2年 6月15日	備品Ｂ	1	定額法	4 年	③	(　　　)	(　　　)	0	④
					(　　　)	(　　　)	(　　　)	(　　　)	(　　　)

全国統一模擬試験第１回 答案用紙　３級③ 商業簿記

採点欄	
第2問	

第２問（20点）

(1)

仕　　入

1/11	買　掛　金	220,000	1/16	（　　）	（　　）
1/13	（　　）	（　　）	1/31	繰越商品	50,000
1/25	支払手形	（　　）	1/31	損　　益	（　　）
1/31	繰越商品	70,000			
		540,000			540,000

支払手形

（　　）	当座預金	（　　）	（　　）	前月繰越	150,000
1/31	次月繰越	（　　）	1/ 8	（　　）	（　　）
			1/25	（　　）	（　　）
		（　　）			（　　）

(2)

問１

補助簿／日付	現金出納帳	当座預金出納帳	商品有高帳	売掛金元帳（得意先元帳）	買掛金元帳（仕入先元帳）	仕入帳	売上帳	固定資産台帳
15日								
19日								

問２

①	②	③	④
¥	¥	¥	¥

第 3 問（35 点）

次の(1)決算整理前残高試算表および(2)決算整理事項等にもとづいて、答案用紙の貸借対照表および損益計算書を完成しなさい。なお、消費税の仮受け・仮払いは売上取引・仕入取引のみ（(2)決算整理事項等の 2. は考慮しない）で行い、税抜方式で処理する。会計期間は、×4 年 4 月 1 日から×5 年 3 月 31 日までの 1 年間である。

(1)

決算整理前残高試算表

借　方	勘定科目	貸　方
192,700	現金	
842,000	当座預金	
260,000	受取手形	
410,000	売掛金	
250,000	繰越商品	
300,000	仮払金	
140,000	仮払法人税等	
129,900	仮払消費税	
400,000	備品	
1,600,000	土地	
	支払手形	280,000
	買掛金	370,000
	仮受消費税	199,900
	貸倒引当金	5,300
	備品減価償却累計額	105,000
	資本金	2,000,000
	繰越利益剰余金	521,400
	売上	4,620,000
	受取地代	368,400
3,260,000	仕入	
373,000	給料	
60,400	通信費	
252,000	支払家賃	
8,470,000		8,470,000

(2)　決算整理事項等

1．現金の実際有高は￥189,200 であったため、差額を雑損または雑益として処理し、現金を適切な金額に修正して貸借対照表に計上する。

2．決算手続中（3 月 31 日）に、3 月 28 日に販売した商品（原価￥26,000、売価￥32,500）の返品があったため、掛け代金から控除した。

3．仮払金は全額備品の購入金額であることが判明した。なお、備品は 10 月 1 日に引き渡しを受けすぐに使用を始めた。

4．倉庫を調べたところ、商品の期末棚卸高は￥210,000 であった。なお、上記 2．で返品された商品は、この期末棚卸高には含まれていない。

5．受取手形および売掛金の期末残高に対して、2% の貸倒引当金を設定する（差額補充法）。

6．備品について、定額法（耐用年数 4 年、残存価額は取得価額の 10%）による減価償却を行う。なお、当期取得分は、月割で計算すること。

7．購入時に通信費として処理していた切手・はがきの未使用高が￥4,720 あるため、貯蔵品勘定へ振り替える。

8．支払家賃は、×4 年 7 月 1 日に向こう 1 年分を支払ったものである。決算にあたり前払分を計上する。

9．受取地代は、×4 年 11 月 1 日から賃貸している土地に係るものであり、11 月 1 日に向こう 1 年分を受け取っている。決算にあたり前受分を計上する。

10．消費税の処理を行う。

11．法人税等が￥235,000 と計算されたので、仮払法人税等との差額を未払法人税等として計上する。

全国統一模擬試験第１回 答案用紙　**３級④ 商業簿記**

採点欄	
第3問	

第３問（35点）

貸　借　対　照　表

×5年３月31日　　　　　　　　　　　　　　（単位：円）

現　　　金		（　　）	支　払　手　形	（　　）
当　座　預　金		（　　）	買　掛　金	（　　）
受　取　手　形	（　　）		（　　）収　益	（　　）
売　掛　金	（　　）		（　　）消費税	（　　）
（　　）	（△　　）	（　　）	未払法人税等	（　　）
商　　　品		（　　）	資　本　金	（　　）
貯　蔵　品		（　　）	繰越利益剰余金	（　　）
前　払　費　用		（　　）		
備　　　品	（　　）			
減価償却累計額	（△　　）	（　　）		
土　　　地		（　　）		
		（　　）		（　　）

損　益　計　算　書

自　×4年４月１日　至　×5年３月31日　　　　　（単位：円）

売　上　原　価	（　　）	売　上　高	（　　）
給　　　料	（　　）	受　取　地　代	（　　）
通　信　費	（　　）		
支　払　家　賃	（　　）		
貸倒引当金繰入	（　　）		
減　価　償　却　費	（　　）		
（　　）	（　　）		
法　人　税　等	（　　）		
当期純（　　）	（　　）		
	（　　）		（　　）

第1回　チャレンジ 第3問①　決算整理後残高試算表作成

問題文は、第１回をそのまま使用してください。

決算整理後残高試算表

借　方　残　高	勘　定　科　目	貸　方　残　高
	現　　　　　金	
	当　座　預　金	
	受　取　手　形	
	売　　掛　　金	
	繰　越　商　品	
	貯　　蔵　　品	
	前　払　家　賃	
	備　　　　　品	
	土　　　　　地	
	支　払　手　形	
	買　　掛　　金	
	(　　　　)消費税	
	(　　　)法人税等	
	(　　　　　)地代	
	(　　　　　　　)	
	備品減価償却累計額	
	資　　本　　金	
	繰越利益剰余金	
	売　　　　　上	
	受　取　地　代	
	仕　　　　　入	
	給　　　　　料	
	通　　信　　費	
	支　払　家　賃	
	貸倒引当金繰入	
	減　価　償　却　費	
	(　　　　　　　)	
	法　人　税　等	

当期純利益または当期純損失の金額　　￥

※　当期純損失の場合は金額の頭に△を付すこと。

第１回　チャレンジ 第３問②　精算表作成

問題文は、第１回をそのまま使用してください。

精　　算　　表

勘定科目	残高試算表		修正記入		損益計算書		貸借対照表	
	借方	貸方	借方	貸方	借方	貸方	借方	貸方
現金	192,700							
当座預金	842,000							
受取手形	260,000							
売掛金	410,000							
繰越商品	250,000							
仮払金	300,000							
仮払法人税等	140,000							
仮払消費税	129,900							
備品	400,000							
土地	1,600,000							
支払手形		280,000						
買掛金		370,000						
仮受消費税		199,900						
(　　　　　)		5,300						
備品減価償却累計額		105,000						
資本金		2,000,000						
繰越利益剰余金		521,400						
売上		4,620,000						
受取地代		368,400						
仕入	3,260,000							
給料	373,000							
通信費	60,400							
支払家賃	252,000							
	8,470,000	8,470,000						
(　　　　　)								
貸倒引当金繰入								
減価償却費								
貯蔵品								
前払家賃								
(　　　)地代								
(　　　)消費税								
未払法人税等								
法人税等								
当期純(　　　)								

第1回　チャレンジ 第2問　勘定記入（固定資産）

株式会社相模商事(決算日：×9年3月31日)の以下の［資料Ⅰ］および[資料Ⅱ]にもとづいて **[答案用紙]** の各勘定の空欄を記入しなさい。なお、減価償却の計算は残存価額ゼロの定額法で行われており、会計期間の途中で取得または売却した建物については月割計算で減価償却費を計上している。また、採点箇所は金額欄のみとする。

［資料Ⅰ］固定資産台帳

固　定　資　産　台　帳　　　　×9年3月31日現在

取得年月日	名称等	期末数量	耐用年数	期首(期中取得)取得原価	期首減価償却累計額	期首(期中取得)帳簿価額	期中売却	当期減価償却費
×2年 4月 1日	建物X	1	30年	2,100,000	(　　)	(　　)	0	(　　)
×3年10月 1日	倉庫Y	1	15年	600,000	(　　)	(　　)	(　　)	(　　)
×9年 1月 1日	建物Z	1	40年	(　　)	0	(　　)	0	(　　)
				(　　)	(　　)	(　　)	(　　)	(　　)

(注)（　　）は各自推定しなさい。

［資料Ⅱ］当期の建物に関する取引

1．×8年9月30日に倉庫Yを￥350,000で売却し、代金は2ヶ月後に受け取ることとした。

2．×9年1月1日に建物Zを￥2,800,000で購入し、代金は小切手を振り出して支払った。なお、購入に際して必要となった仲介手数料￥150,000および登記費用￥50,000は現金で支払った。

[答案用紙]

建　物

4/ 1	(　　)	(　　)	9/30	諸口	(　　)
1/ 1	諸口	(　　)	3/31	(　　)	(　　)
		(　　)			(　　)
4/ 1	(　　)	(　　)			

建物減価償却累計額

9/30	建物	(　　)	4/ 1	(　　)	(　　)
3/31	(　　)	(　　)	3/31	(　　)	(　　)
		(　　)			(　　)
			4/ 1	(　　)	(　　)

減価償却費

9/30	建物	(　　)	3/31	(　　)	(　　)
3/31	建物減価償却累計額	(　　)			
		(　　)			(　　)

日商簿記検定３級 全国統一模擬試験 第２回

問 題・答 案 用 紙

（制限時間 60 分）

受験者への注意事項

1. 本冊子は、持ち帰りできませんので全ページを必ず提出してください。持ち帰った場合は失格となり、以後の受験をお断りする場合があります。
2. 答えは、問題文の指示に従い定められたところに、誤字・脱字のないよう、ていねいに書いてください。
3. 答案の記入にあたっては、黒鉛筆または黒シャープペンシルを使用してください。仕訳問題の答案の記入方法は、下記を確認してください。
4. 問題および答案用紙の余白は計算用紙として使用できます（解答欄にかぶらないようにしてください）。

仕訳問題の解答にあたっての注意事項

以下の正答例を参考に、仕訳問題における各設問の解答にあたっては、各勘定科目の使用は、借方・貸方の中でそれぞれ１回ずつとしてください(各設問につき、同じ勘定科目を借方・貸方の中で２回以上使用してしまうと、不正解となります)。

ア．現金　　　イ．売掛金　　　ウ．売上

［正答例：勘定科目を借方・貸方の中で１回だけ使用している］

借方		貸方	
記号	金額	記号	金額
（ ア ）	10	（ ウ ）	100
（ イ ）	90	（　　）	

［誤答例：同じ勘定科目を貸方の中で２回使用してしまっている］

借方		貸方	
記号	金額	記号	金額
（ ア ）	10	（ ウ ）	10
（ イ ）	90	（ ウ ）	90

第１問（45点）

下記の各取引について仕訳しなさい。ただし、勘定科目は、設問ごとに最も適当と思われるものを選び、答案用紙の（　）の中に記号で解答すること。なお、消費税は指示された問題のみ考慮すること。

1．Ａ銀行に当座預金口座の開設を行い、現金￥1,000を開設した当座預金口座に預け入れた。

ア．現金　　イ．当座預金　　ウ．支払利息
エ．受取利息　　オ．定期預金　　カ．普通預金

2．収入印紙￥20,000分を購入し、代金は当座預金口座から支払った。なお、この収入印紙はただちに使用した。

ア．支払手数料　　イ．当座預金　　ウ．現金
エ．租税公課　　オ．貯蔵品　　カ．消耗品費

3．当社は決算を迎え、×1年8月1日に現金￥600,000、期間1年、年利率4%、利払日1月末日、7月末日の条件で借り入れた借入金の利息に関して必要な決算整理仕訳を行った。なお、当社の決算日は12月31日である。

ア．当座預金　　イ．受取利息　　ウ．未収利息
エ．未払利息　　オ．現金　　カ．支払利息

4．電子記録債務￥100,000の支払期限が到来したため、当該債務額が普通預金口座から引き落された。

ア．電子記録債権　　イ．普通預金　　ウ．買掛金
エ．現金　　オ．売掛金　　カ．電子記録債務

5．新しく事業活動を開始するために、店舗用の備品￥500,000を購入し、据付費￥50,000と合わせて現金で支払った。

ア．現金　　イ．仕入　　ウ．備品
エ．支払手数料　　オ．建物　　カ．修繕費

6．株式会社の設立にあたり、1株当たり￥100で株式を500株発行し、出資者より当座預金口座に振り込まれた。なお、払込金額の全額を資本金とする。

ア．繰越利益剰余金　　イ．当座預金　　ウ．現金
エ．資本金　　オ．利益準備金　　カ．普通預金

7．前期に得意先であるＡ社が倒産したため貸倒れとして処理していた売掛金￥100,000のうち、￥60,000が普通預金口座に振り込まれた。

ア．普通預金　　イ．貸倒引当金繰入　　ウ．貸倒引当金
エ．貸倒引当金戻入　　オ．償却債権取立益　　カ．売掛金

8．京都商店から未収入金￥100,000および京都商店振り出しの約束手形（当社宛て）￥180,000の回収として、小切手を受け取った。当該小切手は、かつて当社が徳島商店に対して振り出したものである。

ア．支払手形　　イ．当座預金　　ウ．受取手形
エ．現金　　オ．未収入金　　カ．売掛金

採点欄	
第1問	

全国統一模擬試験第２回 答案用紙 ３級① 商業簿記

第１問（45点）

	借方		貸方	
	記号	金額	記号	金額
1	（　）		（　）	
	（　）		（　）	
	（　）		（　）	
	（　）		（　）	
2	（　）		（　）	
	（　）		（　）	
	（　）		（　）	
	（　）		（　）	
3	（　）		（　）	
	（　）		（　）	
	（　）		（　）	
	（　）		（　）	
4	（　）		（　）	
	（　）		（　）	
	（　）		（　）	
	（　）		（　）	
5	（　）		（　）	
	（　）		（　）	
	（　）		（　）	
	（　）		（　）	
6	（　）		（　）	
	（　）		（　）	
	（　）		（　）	
	（　）		（　）	
7	（　）		（　）	
	（　）		（　）	
	（　）		（　）	
	（　）		（　）	
8	（　）		（　）	
	（　）		（　）	
	（　）		（　）	
	（　）		（　）	

（次ページに続く）

9．当期首(×4年4月1日)に、店舗の撤退にともなって不用になった車両（取得日：×1年4月1日、取得原価：￥1,000,000、残存価額：ゼロ、耐用年数：5年、償却方法：定額法、記帳方法：間接法）を￥200,000で売却し、売却代金は現金で受け取った。

ア．現金　イ．固定資産売却益　ウ．車両運搬具
エ．減価償却累計額　オ．備品　カ．固定資産売却損

10．事務所として賃借していたビルの1階部分の契約が終了した。終了にともなって差し入れていた敷金￥200,000から、建物の原状回復費用￥160,000を差し引いた残額が普通預金口座に振り込まれた。

ア．普通預金　イ．租税公課　ウ．差入保証金
エ．建物　オ．修繕費　カ．立替金

11．株主総会で、繰越利益剰余金￥480,000の一部を次のとおり処分することが承認された。
株主配当金：￥360,000、利益準備金の積立：￥36,000

ア．買掛金　イ．損益　ウ．未払配当金
エ．利益準備金　オ．繰越利益剰余金　カ．現金

12．かねて販売した商品￥700,000が品違いを理由に返品されたため、掛け代金から差し引くこととした。

ア．仕入　イ．売掛金　ウ．買掛金
エ．当座預金　オ．売上　カ．前受金

13．代金を掛けで仕入れた商品￥20,000に品違いがあったため、取引先に返品をした。

ア．貯蔵品　イ．売上　ウ．売掛金
エ．買掛金　オ．支払手形　カ．仕入

14．当社従業員の出張にあたり、旅費の概算額￥100,000を普通預金口座から支払った。

ア．旅費交通費　イ．普通預金　ウ．前払金
エ．未収入金　オ．仮払金　カ．当座預金

15．前月、掛けで仕入れた商品に対して、次の請求書を受け取ったため、代金を当座預金口座より支払った。株式会社ＵＴ商事で必要な仕訳を示しなさい。なお、消費税は税抜方式によって処理している。

請　　求　　書

株式会社　ＵＴ商事　様

原宿食品　株式会社

品　　物	数　量	単　価	金　　額
からあげ弁当	700	600	￥　420,000
焼肉弁当	400	1,250	￥　500,000
ステーキ弁当	140	2,500	￥　350,000
	消　費　税		￥　127,000
	合　　計		￥　1,397,000

×5年7月31日までに合計額を下記口座へお振込みください。
四菱銀行　原宿支店　普通　0905710　ハラジュクショクヒン（カ

ア．仮払消費税　イ．当座預金　ウ．仕入
エ．買掛金　オ．租税公課　カ．現金

全国統一模擬試験第２回 答案用紙　３級②　商業簿記

採点欄	
第1問	

（前ページより）

	借方		貸方	
	記号	金額	記号	金額
9	(　　)		(　　)	
	(　　)		(　　)	
	(　　)		(　　)	
	(　　)		(　　)	
10	(　　)		(　　)	
	(　　)		(　　)	
	(　　)		(　　)	
	(　　)		(　　)	
11	(　　)		(　　)	
	(　　)		(　　)	
	(　　)		(　　)	
	(　　)		(　　)	
12	(　　)		(　　)	
	(　　)		(　　)	
	(　　)		(　　)	
	(　　)		(　　)	
13	(　　)		(　　)	
	(　　)		(　　)	
	(　　)		(　　)	
	(　　)		(　　)	
14	(　　)		(　　)	
	(　　)		(　　)	
	(　　)		(　　)	
	(　　)		(　　)	
15	(　　)		(　　)	
	(　　)		(　　)	
	(　　)		(　　)	
	(　　)		(　　)	

第 2 問（20 点）

⑴　下記の［資料］から当期（×7 年 4 月 1 日から×8 年 3 月 31 日）の株式会社東京商店に関する損益勘定、資本金勘定、繰越利益剰余金勘定の（ア）から（オ）に当てはまる金額を記入しなさい。なお、当社は×6 年 4 月 1 日に設立し、1 株当たり￥3,000 の株式を 500 株発行・全額の払込を受けて（払込金額は全額資本金勘定で処理している）、事業活動を開始している。また、前会計期間の当期純利益は￥316,000 であり、前期において増資および配当は行われていない。

［資料］

1．純売上高	￥ 3,400,000	5．期末商品棚卸高	￥ 230,000
2．総仕入高	￥ 1,980,000	6．法人税等計上額	￥ 231,000
3．純仕入高	￥ 1,820,000	7．配当金支払額	￥ 250,000
4．期首商品棚卸高	￥ 270,000	8．利益準備金の積立額 （配当にともなう積立額）	￥ 25,000

損　　　　益

3/31	仕　　入	（　ア　）	3/31	売　　上	（　　　）
〃	給　　料	670,000	〃	受 取 利 息	40,000
〃	貸倒引当金繰入	30,000	〃	受 取 家 賃	180,000
〃	減 価 償 却 費	290,000			
〃	法 人 税 等	（　　　）			
〃	（　　　）	（　イ　）			
		（　　　）			（　　　）

資　　本　　金

3/31	次 期 繰 越	2,100,000	4/ 1	前 期 繰 越	（　　　）
			10/1	普 通 預 金	（　ウ　）
		2,100,000			（　　　）

繰 越 利 益 剰 余 金

6/ 1	諸　　口	（　エ　）	4/ 1	前 期 繰 越	（　　　）
3/31	次 期 繰 越	（　オ　）	3/31	（　　　）	（　　　）
		（　　　）			（　　　）

⑵　次の各取引について答案用紙の伝票に記入しなさい。なお、商品売買取引の処理は 3 分法によること。

1．備品（取得価額￥300,000、減価償却累計額￥200,000）を期首に￥150,000 で売却し、代金のうち￥60,000 は現金で受け取り、残額は翌期末に受け取ることとした。
2．かねて売り上げた商品￥70,000 が規格違いのため返品を受け、代金のうち、￥10,000 は現金で支払い、残額は掛け代金から控除した。
3．商品を￥240,000 で仕入れ、代金の 3 分の 1 は現金で支払い、残額は電子記録債務とした。
4．商品を￥670,000 で売り渡し、代金のうち￥470,000 については得意先振出の約束手形で受け取り、残額は得意先振出の小切手を受け取った。

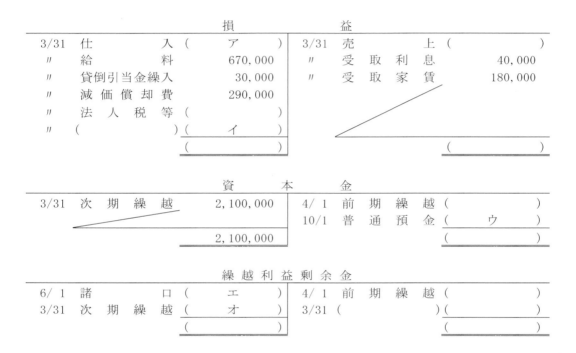

全国統一模擬試験第２回 答案用紙　３級③ 商業簿記

採　点　欄	
第2問	

第２問 (20点)

(1)

(ア)	(イ)	(ウ)	(エ)	(オ)
¥	¥	¥	¥	¥

(2)

1．

入　金　伝　票	
科　　　目	金　　　額
(　　　)	(　　　)

振　替　伝　票			
借方科目	金　　額	貸方科目	金　　額
減価償却累計額	200,000	備　　　品	300,000
(　　　)	150,000	(　　　)	(　　　)

2．

出　金　伝　票	
科　　　目	金　　　額
(　　　)	(　　　)

振　替　伝　票			
借方科目	金　　額	貸方科目	金　　額
(　　　)	60,000	(　　　)	60,000

3．

出　金　伝　票	
科　　　目	金　　　額
(　　　)	(　　　)

振　替　伝　票			
借方科目	金　　額	貸方科目	金　　額
仕　　　入	240,000	(　　　)	240,000

4．

入　金　伝　票	
科　　　目	金　　　額
売　　　上	(　　　)

振　替　伝　票			
借方科目	金　　額	貸方科目	金　　額
(　　　)	(　　　)	(　　　)	(　　　)

第3問（35点）

次の(1)決算整理前残高試算表および(2)決算整理事項等にもとづいて、**問**に答えなさい。なお、消費税の仮受け・仮払いは売上取引・仕入取引のみ（(2)決算整理事項等2.は考慮しない）で行い、税抜方式で処理する。会計期間は、×4年4月1日から×5年3月31日までの1年間である。

(1)

決算整理前残高試算表

借方	勘定科目	貸方
136,200	現金	
	当座預金	280,000
300,000	受取手形	
350,000	売掛金	
270,000	繰越商品	
320,000	仮払消費税	
110,000	仮払法人税等	
400,000	備品	
1,800,000	土地	
	支払手形	310,000
	買掛金	240,000
	仮受消費税	400,000
	借入金	600,000
	貸倒引当金	4,000
	備品減価償却累計額	216,000
	資本金	1,000,000
	繰越利益剰余金	135,600
	売上	4,500,000
	受取地代	57,600
3,240,000	仕入	
430,000	給料	
71,000	修繕費	
301,000	支払家賃	
15,000	支払利息	
7,743,200		7,743,200

(2) 決算整理事項等

1．当座預金勘定の貸方残高金額を借入金勘定に振り替える。なお、取引銀行とは借越限度額￥400,000とする当座借越契約を結んでいる。

2．得意先から注文を請けた商品の内金￥30,000を現金で受け取り、売上として処理していたため、これを適切に修正する。

3．×5年3月31日に備品に計上しているパソコンの液晶画面に不具合が生じたため、修理に出した代金￥16,000を現金で支払っていたが未処理であった。

4．商品の期末棚卸高は￥300,000であった。

5．受取手形および売掛金の期末残高に対して、3%の貸倒引当金を設定する（差額補充法）。

6．備品については、定額法（耐用年数5年、残存価額は取得価額の10%）による減価償却を行う。

7．借入金は、×4年6月1日に、期間1年、年利率5%、利払日年2回（5月末日および11月末日）の条件で借り入れたものである。利息のうち12月から3月までの期間が未払いとなっている。（当座借越分は除く）

8．受取地代は、×4年8月1日から賃貸している土地に係るものであり、8月1日および2月1日に向こう6ヶ月分を受け取っている。決算にあたり前受分を計上する。

9．消費税の処理を行う。

10．法人税等が￥180,000と計算されたため、仮払法人税等との差額を未払法人税等として計上する。

問1　答案用紙の決算整理後残高試算表を完成しなさい。

問2　当期純利益または当期純損失の金額を答えなさい。
なお、当期純損失の場合は金額の頭に△を付すこと。

全国統一模擬試験第２回 答案用紙 **３級④ 商業簿記**

採点欄	
第3問	

第３問（35点）

問１

決算整理後残高試算表

借方残高	勘定科目	貸方残高
	現金	
	受取手形	
	売掛金	
	繰越商品	
	備品	
	土地	
	支払手形	
	買掛金	
	（　　　）	
	（　　）消費税	
	（　　）法人税等	
	未払利息	
	（　　）地代	
	借入金	
	貸倒引当金	
	備品減価償却累計額	
	資本金	
	繰越利益剰余金	
	売上	
	受取地代	
	仕入	
	給料	
	修繕費	
	貸倒引当金（　　）	
	支払家賃	
	減価償却費	
	支払利息	
	法人税等	

問２　当期純利益または当期純損失の金額　¥

第2回　チャレンジ 第3問①　貸借対照表・損益計算書作成

問題文は、第２回をそのまま使用してください。

貸借対照表

×5年3月31日　　（単位：円）

現金		（　　）	支払手形	（　　）
受取手形	（　　）		買掛金	（　　）
売掛金	（　　）		（　　）	（　　）
貸倒引当金	（△　　）	（　　）	（　　）収益	（　　）
商品		（　　）	未払費用	（　　）
備品	（　　）		（　　）消費税	（　　）
減価償却累計額	（△　　）	（　　）	（　　）法人税等	（　　）
土地		（　　）	借入金	（　　）
			資本金	（　　）
			繰越利益剰余金	（　　）
		（　　）		（　　）

損益計算書

自　×4年4月1日　至　×5年3月31日　　（単位：円）

売上原価	（　　）	売上高	（　　）
給料	（　　）	受取地代	（　　）
修繕費	（　　）		
支払家賃	（　　）		
貸倒引当金繰入	（　　）		
減価償却費	（　　）		
支払利息	（　　）		
法人税等	（　　）		
当期純（　　）	（　　）		
	（　　）		（　　）

第2回　チャレンジ 第3問②　精算表作成

問題文は、第2回をそのまま使用してください。

精　　算　　表

勘定科目	残高試算表		修正記入		損益計算書		貸借対照表	
	借方	貸方	借方	貸方	借方	貸方	借方	貸方
現　　金	136,200							
当座預金		280,000						
受取手形	300,000							
売 掛 金	350,000							
繰越商品	270,000							
仮払消費税	320,000							
仮払法人税等	110,000							
備　　品	400,000							
土　　地	1,800,000							
支払手形		310,000						
買 掛 金		240,000						
仮受消費税		400,000						
借 入 金		600,000						
貸倒引当金		4,000						
備品減価償却累計額		216,000						
資 本 金		1,000,000						
繰越利益剰余金		135,600						
売　　上		4,500,000						
受取地代		57,600						
仕　　入	3,240,000							
給　　料	430,000							
修 繕 費	71,000							
支払家賃	301,000							
支払利息	15,000							
	7,743,200	7,743,200						
(　　　　)								
貸倒引当金繰入								
減価償却費								
未払利息								
(　　)地代								
(　　)消費税								
(　　)法人税等								
法人税等								
当期純(　　)								

第２回　チャレンジ 第２問　伝票作成

次の各取引の伝票記入について、空欄①～⑤にあてはまる適切な語句または金額を答えなさい。なお、使用しない伝票の解答欄には「記入なし」と答えること。また、商品売買取引の処理は３分法による。

１．商品を￥450,000 で仕入れ、代金の３分の１は契約時に支払った手付金と相殺し、残額は現金で支払った。

出　金　伝　票	
科　　目	金　　額
(　　　　)	(　①　)

振　替　伝　票			
借方科目	金　　額	貸方科目	金　　額
(　②　)	150,000	(　③　)	150,000

２．今週のはじめに、旅費交通費支払用のＩＣカードに現金￥20,000 を入金し、仮払金として処理していた。当店はこのＩＣカードを使用したときに費用に振り替える処理方法を採用しているが、本日￥7,000 分を使用した。

出　金　伝　票	
科　　目	金　　額
(　④　)	(　　　　)

振　替　伝　票			
借方科目	金　　額	貸方科目	金　　額
(　　　　)	(　　　　)	(　⑤　)	(　　　　)

［答案用紙］

①	②	③	④	⑤
￥				

日商簿記検定３級　全国統一模擬試験　第３回

問　題・答　案　用　紙

（制限時間　60 分）

受験者への注意事項

1.　本冊子は、持ち帰りできませんので全ページを必ず提出してください。持ち帰った場合は失格となり、以後の受験をお断りする場合があります。
2.　答えは、問題文の指示に従い定められたところに、誤字・脱字のないよう、ていねいに書いてください。
3.　答案の記入にあたっては、黒鉛筆または黒シャープペンシルを使用してください。仕訳問題の答案の記入方法は、下記を確認してください。
4.　問題および答案用紙の余白は計算用紙として使用できます（解答欄にかぶらないようにしてください）。

仕訳問題の解答にあたっての注意事項

以下の正答例を参考に、仕訳問題における各設問の解答にあたっては、各勘定科目の使用は、借方・貸方の中でそれぞれ１回ずつとしてください(各設問につき、同じ勘定科目を借方・貸方の中で２回以上使用してしまうと、不正解となります)。

ア．現金　　　イ．売掛金　　　ウ．売上

［正答例：勘定科目を借方・貸方の中で１回だけ使用している］

借方		貸方	
記号	金額	記号	金額
（ア）	10	（ウ）	100
（イ）	90	（　）	

［誤答例：同じ勘定科目を貸方の中で２回使用してしまっている］

借方		貸方	
記号	金額	記号	金額
（ア）	10	（ウ）	10
（イ）	90	（ウ）	90

第１問（45点）

下記の各取引について仕訳しなさい。ただし、勘定科目は、設問ごとに最も適当と思われるものを選び、答案用紙の（　）の中に記号で解答すること。なお、消費税は指示された問題のみ考慮すること。

１．新規出店のためにビル１階部分を１ヶ月当たり￥136,000にて賃借する契約を結んだ。契約にあたり、敷金(家賃の２ヶ月分)、不動産業者に対する仲介手数料(家賃の１ヶ月分)および１ヶ月分の家賃を、普通預金口座より支払った。

ア．建物　　イ．普通預金　　ウ．当座預金
エ．差入保証金　　オ．支払家賃　　カ．支払手数料

２．秋田株式会社から以前仕入れた商品に対する買掛金￥540,000の決済として、同社宛ての約束手形を振り出した。

ア．受取手形　　イ．現金　　ウ．仕入
エ．支払手形　　オ．買掛金　　カ．売掛金

３．当社は確定申告を行い、法人税等￥200,000を現金で支払い、確定納付した。

ア．現金　　イ．租税公課　　ウ．法人税等
エ．未払法人税等　　オ．当座預金　　カ．仮払法人税等

４．北高崎株式会社に商品￥1,749,000（消費税10％を含む）を販売し、代金は掛けとした。なお、消費税は税抜方式で処理する。

ア．売上　　イ．仮受消費税　　ウ．売掛金
エ．買掛金　　オ．仕入　　カ．仮払消費税

５．現金の帳簿残高が実際有高より￥30,000多かったため現金過不足として処理していたが、決算日において、支払利息の支払い￥10,000、受取手数料の受け取り￥5,000が未処理であることが判明した。残額の原因は判明しなかったため、雑益または雑損として処理する。

ア．雑益　　イ．現金過不足　　ウ．受取手数料
エ．現金　　オ．雑損　　カ．支払利息

６．従業員にかかる健康保険料￥180,000を普通預金口座から納付した。このうち従業員負担分￥45,000は、社会保険料預り金からの支出であり、残額は会社負担分である。

ア．普通預金　　イ．租税公課　　ウ．所得税預り金
エ．社会保険料預り金　　オ．立替金　　カ．法定福利費

７．当期決算整理後の各勘定の残高のうち、仕入勘定￥3,592,000を損益勘定へ振り替えた。

ア．商品　　イ．売上　　ウ．売掛金
エ．買掛金　　オ．仕入　　カ．損益

８．当月分の従業員給料総額￥400,000から、従業員への立替金￥10,000を控除した残額を、普通預金口座から支払った。

ア．仮払金　　イ．普通預金　　ウ．従業員預り金
エ．従業員立替金　　オ．当座預金　　カ．給料

全国統一模擬試験第３回 答案用紙　３級①　商業簿記

採点欄	
第1問	

第１問（45点）

	借方		貸方	
	記号	金額	記号	金額
1	(　　)		(　　)	
	(　　)		(　　)	
	(　　)		(　　)	
	(　　)		(　　)	
2	(　　)		(　　)	
	(　　)		(　　)	
	(　　)		(　　)	
	(　　)		(　　)	
3	(　　)		(　　)	
	(　　)		(　　)	
	(　　)		(　　)	
	(　　)		(　　)	
4	(　　)		(　　)	
	(　　)		(　　)	
	(　　)		(　　)	
	(　　)		(　　)	
5	(　　)		(　　)	
	(　　)		(　　)	
	(　　)		(　　)	
	(　　)		(　　)	
6	(　　)		(　　)	
	(　　)		(　　)	
	(　　)		(　　)	
	(　　)		(　　)	
7	(　　)		(　　)	
	(　　)		(　　)	
	(　　)		(　　)	
	(　　)		(　　)	
8	(　　)		(　　)	
	(　　)		(　　)	
	(　　)		(　　)	
	(　　)		(　　)	

（次ページに続く）

9．事務作業に使用する物品を購入し、品物とともに次の請求書を受け取り、代金は後日支払うこととした。株式会社ＭＲ商事で必要な仕訳を示しなさい。なお、消費税は税抜方式によって処理している。

請　　求　　書

株式会社　ＭＲ商事　様

株式会社　仙台電器

品　　物	数　量	単　価	金　　額
ノートパソコン	4	80,000	￥　320,000
デスクトップパソコン	7	180,000	￥1,260,000
	消　費　税		￥　158,000
	合　　計		￥1,738,000

×5年11月30日までに合計額を下記口座へお振込みください。
四菱銀行　仙台支店　当座　7944455　　カ）センダイデンキ

ア．租税公課　　イ．仮払消費税　　ウ．備品
エ．貯蔵品　　オ．未払金　　カ．買掛金

10．×4年6月30日に、店舗の撤退にともなって不用になった備品（取得日：×1年4月1日、取得原価：￥500,000、残存価額：ゼロ、耐用年数：5年、償却方法：定額法、記帳方法：間接法）を￥300,000で売却し、売却代金は現金で受け取った。なお、当社の決算日は3月31日である。

ア．現金　　イ．備品　　ウ．減価償却累計額
エ．固定資産売却益　　オ．減価償却費　　カ．固定資産売却損

11．×1年12月31日に決算を迎え、×1年8月1日に現金￥600,000、期間1年、年利率4%の条件で貸し付けた貸付金の利息(元本と共に回収)に関して必要な決算整理仕訳を行った。

ア．支払利息　　イ．未収利息　　ウ．未払利息
エ．未払金　　オ．受取利息　　カ．未収入金

12．建物の資産価値を高めるような改築(資本的支出)を行い、代金￥20,000は翌月末に支払うことにした。

ア．備品　　イ．修繕費　　ウ．建物
エ．現金　　オ．未払金　　カ．仮払金

13．得意先に対して商品￥200,000(税抜価額)をクレジット払いの条件で販売した。なお、信販会社へのクレジット手数料(税抜価額での販売代金の2%)を販売時に認識する。また、消費税は税抜価額に対して消費税率10%で計算し、税抜方式で記帳するが、クレジット手数料には消費税を考慮しない。

ア．仮払消費税　　イ．クレジット売掛金　　ウ．売掛金
エ．仮受消費税　　オ．売上　　カ．支払手数料

14．得意先に対して資金￥400,000を、期間5ヶ月、年利率3%の条件で貸し付け、その際得意先の振り出した同額の約束手形を受け取り、利息￥5,000を差し引いた残額について普通預金口座から支払った。

ア．普通預金　　イ．受取手数料　　ウ．手形貸付金
エ．受取手形　　オ．受取利息　　カ．手形借入金

15．利用者を拡大するための広告宣伝費￥100,000について、小切手を振り出して支払った。

ア．旅費交通費　　イ．当座預金　　ウ．現金
エ．普通預金　　オ．広告宣伝費　　カ．通信費

全国統一模擬試験第３回 答案用紙　**３級② 商業簿記**

採点欄	
第1問	

（前ページより）

	借方		貸方	
	記号	金額	記号	金額
9	（　　）		（　　）	
	（　　）		（　　）	
	（　　）		（　　）	
	（　　）		（　　）	
10	（　　）		（　　）	
	（　　）		（　　）	
	（　　）		（　　）	
	（　　）		（　　）	
11	（　　）		（　　）	
	（　　）		（　　）	
	（　　）		（　　）	
	（　　）		（　　）	
12	（　　）		（　　）	
	（　　）		（　　）	
	（　　）		（　　）	
	（　　）		（　　）	
13	（　　）		（　　）	
	（　　）		（　　）	
	（　　）		（　　）	
	（　　）		（　　）	
14	（　　）		（　　）	
	（　　）		（　　）	
	（　　）		（　　）	
	（　　）		（　　）	
15	（　　）		（　　）	
	（　　）		（　　）	
	（　　）		（　　）	
	（　　）		（　　）	

第２問（20点）

⑴　以下の［資料］にもとづき、法人税等に関連する各勘定科目の勘定記入を行いなさい。法人税等の納付はすべて現金によっている。また、当会計期間は×２年４月１日から×３年３月31日までの１年間である。

［資料］

（１）当期の法人税等に関する事項

１．５月25日に前期の確定申告および確定納付を行った。前期決算で見積られた確定納付額は￥356,000であり、実際との差はなかった。なお、前期は￥274,000の中間納付を行っている。

２．11月25日に前期法人税等の50％の金額を中間納付した。

３．３月31日、決算を迎え税引前当期純利益の30％を法人税等として計上した。

（２）商品に関する事項

①　総仕入高　：　￥　3,886,000　　　②　純仕入高　：　￥　3,781,000

③　期首商品有高　：　￥　468,000　　　④　期末商品有高　：　￥　325,000

（３）損益勘定　（注）独立した勘定科目以外は、「その他費用」または「その他収益」勘定に含まれている。

損　　益

3/31	仕　　入	（　　　）	3/31	売　　上	6,540,000
〃	その他費用	1,344,000	〃	その他収益	1,128,000
〃	法人税等	（　　　）			
〃	［　　　　］	（　　　）			
		（　　　）			（　　　）

（４）勘定科目一覧（記号で摘要欄に記入すること）

ア．現金　　イ．当座預金　　ウ．仮払法人税等　　エ．未払法人税等

オ．法人税等　　カ．損益　　キ．前期繰越　　ク．次期繰越

⑵　次の10月におけるＺ商品に関する［資料］にもとづいて、答案用紙の商品有高帳を作成し、10月の売上総利益の金額を計算しなさい。なお、商品の払出単価の計算は先入先出法を採用している。

［資料］

10月１日　前月繰越　　200個　＠￥1,006

６日　仕　　入　　400個　＠￥1,120

14日　売　　上　　500個　＠￥1,800

15日　仕入返品　６日に仕入れた商品のうち、品質不良があった商品30個を返品した。
（払出高欄に記入すること。）

18日　仕　　入　　630個　＠￥1,030

21日　売　　上　　620個　＠￥1,750

23日　売上返品　21日に売り上げた商品のうち、品違いのため20個の返品をうけた。
（単価は、18日に仕入れた商品が返品されたものとみなして処理を行う。なお、受入高欄に記入すること。）

採点欄	
第2問	

全国統一模擬試験第３回 答案用紙　３級③ 商業簿記

第２問（20点）

(1)

仮払法人税等

(　　)	[　　]	(　　)	(　　)	[　　]	(　　)
		(　　)			(　　)

未払法人税等

(　　)	[　　]	(　　)	(　　)	[　　]	(　　)
(　　)	[　　]	(　　)	(　　)	[　　]	(　　)
		(　　)			(　　)

繰越利益剰余金

3/31	次期繰越	3,930,000	4/ 1	前期繰越	(　　)
			(　　)	[　　]	(　　)
		(　　)			(　　)

(2)

<u>商　品　有　高　帳</u>

Z　商　品

日付		摘要	受入高			払出高			残高		
			数量	単価	金額	数量	単価	金額	数量	単価	金額
10	1	前月繰越									
	6	仕入									
	14	売上									
	15	仕入返品									
	18	仕入									
	21	売上									
	23	売上返品									
	31	次月繰越									

売上総利益
¥

第 3 問（35 点）

次の[決算整理事項等]にもとづいて、答案用紙の精算表を完成しなさい。会計期間は×2 年 4 月 1 日から×3 年 3 月 31 日の 1 年間である。

[決算整理事項等]

1．現金の実際有高は￥90,000 であったため、差額を雑損または雑益として処理し、現金を適切な金額に修正する。
2．仮受金は、得意先から受け取った内容不明の入金であったが、全額が売掛金の回収であると判明した。
3．受取手形および売掛金の期末残高に対して 3%の貸倒れを見積る。貸倒引当金の設定は差額補充法による。
4．期末商品の単価は@￥600、数量は 300 個であった。なお、売上原価は「仕入」の行で計算すること。
5．備品については耐用年数 10 年、車両運搬具については耐用年数 5 年、残存価額はそれぞれゼロとして、定額法により毎期減価償却を行っている。なお、減価償却費については、固定資産の期首の残高を基礎として、備品は￥2,500、車両運搬具は￥10,000 を 4 月から 2 月までの 11 ヶ月間にわたって、毎月見積り計上してきており、決算月においても同様の処理を行う。
6．購入時に費用処理した切手・はがきの未使用高が￥8,000 あるため、貯蔵品へ振り替える。
7．支払家賃のうち￥126,000 は、当期の 8 月 1 日より改定となった家賃に対し 1 年 6 ヶ月分を前払いしたものである。よって、家賃の未経過額を月割計上する。
8．定期預金は、当期の 8 月 25 日に 1 年満期(年利率 0.2%)で預け入れたものである。すでに経過した 219 日分の利息を未収計上する。なお、利息は 1 年を 365 日とする日割計算によること。
9．給料の決算日までの未払額が￥55,000 ある。
10．販売活動についての受取手数料の未経過分が￥3,000 ある。
11．未払法人税等(確定申告納付額)を￥15,000 計上する。

全国統一模擬試験第3回 答案用紙　3級④ 商業簿記

採点欄	
第3問	

第3問 (35点)

精　算　表

勘定科目	残高試算表		修正記入		損益計算書		貸借対照表	
	借方	貸方	借方	貸方	借方	貸方	借方	貸方
現金	87,000							
当座預金	300,000							
定期預金	1,200,000							
受取手形	280,000							
売掛金	406,000							
仮払法人税等	7,000							
繰越商品	150,000							
備品	300,000							
車両運搬具	600,000							
支払手形		400,000						
買掛金		716,100						
仮受金		13,000						
貸倒引当金		16,300						
備品減価償却累計額		168,500						
車両運搬具減価償却累計額		398,000						
資本金		1,000,000						
繰越利益剰余金		600,000						
売上		2,627,000						
受取利息		10,600						
受取手数料		20,000						
仕入	1,857,000							
給料	376,000							
減価償却費	137,500							
支払家賃	186,000							
通信費	83,000							
	5,969,500	5,969,500						
(　　　　)								
貸倒引当金繰入								
貯蔵品								
前払家賃								
(　　　)利息								
(　　　)給料								
(　　　)手数料								
未払法人税等								
法人税等								
当期純(　　)								

第３回　チャレンジ 第３問①　貸借対照表・損益計算書作成

問題文は第３回を、決算整理前残高試算表は精算表内の残高試算表をそのまま使用してください。

貸 借 対 照 表

×3 年 3 月 31 日　　　　　　　　　　　　　　　　（単位：円）

現　　　　金		（　　　　）	支 払 手 形	（　　　　）
当 座 預 金		（　　　　）	買　掛　金	（　　　　）
定 期 預 金		（　　　　）	（　　　）収 益	（　　　　）
受 取 手 形	（　　　　）		（　　　）費 用	（　　　　）
売　掛　金	（　　　　）		未払法人税等	（　　　　）
貸 倒 引 当 金	（△　　　　）	（　　　　）	資　本　金	（　　　　）
商　　　　品		（　　　　）	繰越利益剰余金	（　　　　）
貯　蔵　品		（　　　　）		
前 払 費 用		（　　　　）		
（　　　）収 益		（　　　　）		
備　　　　品	（　　　　）			
減価償却累計額	（△　　　　）	（　　　　）		
車 両 運 搬 具	（　　　　）			
減価償却累計額	（△　　　　）	（　　　　）		
		（　　　　）		（　　　　）

損 益 計 算 書

自　×2 年 4 月 1 日　至　×3 年 3 月 31 日　　　　　（単位：円）

売 上 原 価	（　　　　）	売　上　高	（　　　　）
給　　　料	（　　　　）	受 取 利 息	（　　　　）
減 価 償 却 費	（　　　　）	受 取 手 数 料	（　　　　）
支 払 家 賃	（　　　　）	（　　　　　）	（　　　　）
通　信　費	（　　　　）		
貸倒引当金繰入	（　　　　）		
法 人 税 等	（　　　　）		
当期純（　　）	（　　　　）		
	（　　　　）		（　　　　）

第3回　チャレンジ 第3問②　決算整理後残高試算表作成

問題文は第3回を、決算整理前残高試算表は精算表内の残高試算表をそのまま使用してください。

決算整理後残高試算表

借方残高	勘定科目	貸方残高
	現金	
	当座預金	
	定期預金	
	受取手形	
	売掛金	
	繰越商品	
	貯蔵品	
	前払家賃	
	(　　　　)利息	
	備品	
	車両運搬具	
	支払手形	
	買掛金	
	未払(　　　　)	
	(　　　　)給料	
	(　　　　)手数料	
	貸倒引当金	
	備品減価償却累計額	
	車両運搬具減価償却累計額	
	資本金	
	繰越利益剰余金	
	売上	
	受取利息	
	受取手数料	
	(　　　　)	
	仕入	
	給料	
	減価償却費	
	支払家賃	
	通信費	
	貸倒引当金繰入	
	法人税等	

当期純利益または当期純損失の金額　¥＿＿＿＿＿＿

※　当期純損失の場合は金額の頭に△を付すこと。

第3回 チャレンジ 第2問 勘定記入（商品売買）

岐阜商店の7月のX商品の商品有高帳および得意先元帳は以下のとおりである。商品有高帳と得意先元帳から**［答案用紙］**の各勘定の空欄を推定し、記入しなさい。岐阜商店は、X商品（販売価格@￥200）のみを取り扱っており、得意先は東京商店のみである。なお、岐阜商店は利益状況を月ごとに把握するために月次決算を行っている。また、商品の仕入れおよび売り上げは、すべて掛けによって行っている。

【解答上の注意】

摘要欄の勘定等は、以下の選択肢から記号で選択すること。この問題の中で複数回使用してよい。

ア．現金　イ．当座預金　ウ．売掛金　エ．繰越商品　オ．買掛金
カ．売上　キ．仕入　ク．損益　ケ．前月繰越　コ．次月繰越

商品有高帳（移動平均法）

日付		摘要	受入高			払出高			残高		
			数量	単価	金額	数量	単価	金額	数量	単価	金額
7	1	前月繰越	100	100	10,000				100	100	10,000
	8	仕入	150	120	18,000				250	112	28,000
	15	売上				200	112	22,400	50	112	5,600
	19	仕入	200	117	23,400				250	116	29,000
	23	売上				(　)	116	(　)	(　)	116	(　)
	24	売上返品	10	116	1,160				(　)	116	(　)
	31	次月繰越				(　)	(　)	(　)			
			(　)		(　)	(　)		(　)			

得意先元帳
東京商店

7/1	前月繰越	30,000	7/18	他店小切手回収	50,000
7/15	(　)	(　)	7/24	返品	2,000
7/23	売り上げ	32,000	7/31	次月繰越	50,000
		102,000			102,000

［答案用紙］

売掛金

7/1	前月繰越	30,000	7/18	(　)	(　)
7/15	売上	(　)	7/24	売上	(　)
7/23	売上	(　)	7/31	次月繰越	50,000
		102,000			102,000

繰越商品

7/1	前月繰越	(　)	7/31	仕入	(　)
7/31	仕入	(　)	〃	次月繰越	(　)
		(　)			(　)

仕入

(　)	(　)	(　)	7/31	(　)	(　)
(　)	(　)	(　)	〃	損益	(　)
7/31	(　)	(　)			
		(　)			(　)

日商簿記検定３級　全国統一模擬試験　第４回

問題・答案用紙

（制限時間　60 分）

受験者への注意事項

1.　本冊子は、持ち帰りできませんので全ページを必ず提出してください。持ち帰った場合は失格となり、以後の受験をお断りする場合があります。
2.　答えは、問題文の指示に従い定められたところに、誤字・脱字のないよう、ていねいに書いてください。
3.　答案の記入にあたっては、黒鉛筆または黒シャープペンシルを使用してください。仕訳問題の答案の記入方法は、下記を確認してください。
4.　問題および答案用紙の余白は計算用紙として使用できます（解答欄にかぶらないようにしてください）。

仕訳問題の解答にあたっての注意事項

以下の正答例を参考に、仕訳問題における各設問の解答にあたっては、各勘定科目の使用は、借方・貸方の中でそれぞれ１回ずつとしてください（各設問につき、同じ勘定科目を借方・貸方の中で２回以上使用してしまうと、不正解となります）。

ア．現金　　　イ．売掛金　　　ウ．売上

［正答例：勘定科目を借方・貸方の中で１回だけ使用している］

借方		貸方	
記号	金額	記号	金額
（ア）	10	（ウ）	100
（イ）	90	（　）	

［誤答例：同じ勘定科目を貸方の中で２回使用してしまっている］

借方		貸方	
記号	金額	記号	金額
（ア）	10	（ウ）	10
（イ）	90	（ウ）	90

第１問（45 点）

下記の各取引について仕訳しなさい。ただし、勘定科目は、設問ごとに最も適当と思われるものを選び、答案用紙の（　）の中に記号で解答すること。なお、消費税は指示された問題のみ考慮すること。

1．事業用口座として利用している王国銀行の普通預金残高￥90,000,000 に対して、半年分の利息が普通預金口座に入金された。王国銀行の普通預金に適用される利率は年 0.001%である。

ア．当座預金　　イ．定期預金　　ウ．普通預金
エ．未収利息　　オ．現金　　カ．受取利息

2．金沢商事株式会社は、得意先に対する売掛金￥350,000 の回収にあたり、電子債権記録機関より取引銀行を通じて電子記録債権の発生記録の通知を受けた。

ア．買掛金　　イ．売掛金　　ウ．電子記録債権
エ．受取手形　　オ．電子記録債務　　カ．支払手形

3．当社は決算日を迎え、期中に費用処理した切手・はがきのうち￥10,000 分が未使用であることが判明したため、必要な決算整理仕訳を行う。

ア．貯蔵品　　イ．消耗品費　　ウ．租税公課
エ．前払通信費　　オ．通信費　　カ．未払通信費

4．建物と土地に対する固定資産税の納税通知書を受け取り、第 1 期分の￥60,000 を普通預金口座から支払った。

ア．普通預金　　イ．租税公課　　ウ．支払手数料
エ．法人税等　　オ．消耗品費　　カ．当座預金

5．当社は増資を行うことになり、1 株当たり￥80,000 で株式を新たに 200 株発行し、出資者より当社の普通預金口座に払込金が振り込まれた。払込価額の全額を資本金とする。

ア．売上　　イ．普通預金　　ウ．利益準備金
エ．資本金　　オ．借入金　　カ．当座預金

6．取引先より商品￥100,000 を仕入れ、代金は取引先宛ての約束手形を振り出して支払った。なお、引取運賃￥10,000 を現金で支払っている。

ア．現金　　イ．発送費　　ウ．支払手形
エ．受取手形　　オ．仕入　　カ．買掛金

7．代金を現金で受け取って販売した商品￥20,000 に品違いがあったため、得意先から返品を受けた。その際、現金で返金を行っている。

ア．現金　　イ．受取手形　　ウ．未収入金
エ．売掛金　　オ．当座預金　　カ．売上

8．新しく事業活動を開始するために、営業用の車両￥1,000,000 を購入し、代金は翌月末に支払うことにした。なお、登録手数料￥150,000 は普通預金口座から支払った。

ア．備品　　イ．普通預金　　ウ．支払手数料
エ．車両運搬具　　オ．未払金　　カ．当座預金

全国統一模擬試験第４回 答案用紙 3級① 商業簿記

採点欄	
第1問	

第１問（45点）

	借方		貸方	
	記号	金額	記号	金額
1	(　　)		(　　)	
	(　　)		(　　)	
	(　　)		(　　)	
	(　　)		(　　)	
2	(　　)		(　　)	
	(　　)		(　　)	
	(　　)		(　　)	
	(　　)		(　　)	
3	(　　)		(　　)	
	(　　)		(　　)	
	(　　)		(　　)	
	(　　)		(　　)	
4	(　　)		(　　)	
	(　　)		(　　)	
	(　　)		(　　)	
	(　　)		(　　)	
5	(　　)		(　　)	
	(　　)		(　　)	
	(　　)		(　　)	
	(　　)		(　　)	
6	(　　)		(　　)	
	(　　)		(　　)	
	(　　)		(　　)	
	(　　)		(　　)	
7	(　　)		(　　)	
	(　　)		(　　)	
	(　　)		(　　)	
	(　　)		(　　)	
8	(　　)		(　　)	
	(　　)		(　　)	
	(　　)		(　　)	
	(　　)		(　　)	

（次ページに続く）

9．株式会社ＹＭ商事は、株式会社ＫＴ食品に対する１ヶ月分の売り上げ（月末締め、翌25日払い）を集計して次の請求書の原本を発送した。なお、株式会社ＫＴ食品に対する売り上げは商品発送時ではなく１ヶ月分をまとめて仕訳を行うこととしており、代金の全額を掛けとした。株式会社ＹＭ商事で必要な仕訳を示しなさい。消費税については、税抜方式によって処理している。

請　　求　　書（控）

株式会社　ＫＴ食品　様

株式会社　ＹＭ商事

品　　物	数　量	単　価	金　　額
のり弁当	600	600	¥ 360,000
スタミナ弁当	150	1,700	¥ 255,000
牛タン弁当	80	2,500	¥ 200,000
	消　費　税		¥ 81,500
	合　　計		¥ 896,500

×5年9月25日までに合計額を下記口座へお振込みください。

中央銀行　八王子支店　当座　7501591　　カ）ワイエムショウジ

ア．買掛金　　イ．普通預金　　ウ．売掛金
エ．当座預金　　オ．仮受消費税　　カ．売上

10．建物の現状を維持するために修繕(収益的支出)を行い、代金¥20,000は普通預金口座から支払った。

ア．土地　　イ．普通預金　　ウ．当座預金
エ．支払手数料　　オ．修繕費　　カ．建物

11．期首につき、前期末の決算において計上した次の項目について再振替仕訳を行った。

前受利息¥67,000　　前払家賃¥83,000　　当座借越¥324,000（借入金勘定で処理）

ア．当座預金　　イ．前払家賃　　ウ．前受利息
エ．借入金　　オ．受取利息　　カ．支払家賃

12．小口現金を扱っている用度係から当月中の支払いとして、電車代¥2,000、はがき・切手代¥1,000を使用した旨の報告を受け、ただちに同額の小切手を振り出して補給した。

ア．雑費　　イ．当座預金　　ウ．旅費交通費
エ．消耗品費　　オ．通信費　　カ．現金

13．クレジット払いの条件で販売した商品¥200,000の代金について、信販会社から2%の手数料を差し引いた手取額が当社の普通預金口座に入金された。なお、信販会社へのクレジット手数料(販売代金の2%)は販売時に認識している。

ア．普通預金　　イ．支払利息　　ウ．クレジット売掛金
エ．売掛金　　オ．支払手数料　　カ．売上

14．出張先の従業員から当社普通預金口座に¥50,000の振り込みがあったが、その内容は不明である。

ア．未払金　　イ．普通預金　　ウ．預り金
エ．仮受金　　オ．前受金　　カ．当座預金

15．友好的な関係の会社から借り入れていた資金¥500,000について、本日返済日を迎え、元利合計を現金で支払った。なお、借り入れにともなう利率は年3%、借入期間は当期中の８ヶ月であり、利息は月割計算によって行う。

ア．現金　　イ．受取利息　　ウ．借入金
エ．支払手数料　　オ．貸付金　　カ．支払利息

全国統一模擬試験第４回 答案用紙 ３級② 商業簿記

採点欄	
第1問	

（前ページより）

	借方		貸方	
	記号	金額	記号	金額
9	(　　)		(　　)	
	(　　)		(　　)	
	(　　)		(　　)	
	(　　)		(　　)	
10	(　　)		(　　)	
	(　　)		(　　)	
	(　　)		(　　)	
	(　　)		(　　)	
11	(　　)		(　　)	
	(　　)		(　　)	
	(　　)		(　　)	
	(　　)		(　　)	
12	(　　)		(　　)	
	(　　)		(　　)	
	(　　)		(　　)	
	(　　)		(　　)	
13	(　　)		(　　)	
	(　　)		(　　)	
	(　　)		(　　)	
	(　　)		(　　)	
14	(　　)		(　　)	
	(　　)		(　　)	
	(　　)		(　　)	
	(　　)		(　　)	
15	(　　)		(　　)	
	(　　)		(　　)	
	(　　)		(　　)	
	(　　)		(　　)	

第 2 問（20 点）

(1) 群馬物産株式会社の 6 月中の買掛金に関する帳簿の内容は以下のとおりである。下記の諸帳簿の空欄のうち（①）～（⑤）に当てはまる適切な金額を答えなさい。なお、群馬物産株式会社の仕入先は、東京株式会社と大阪株式会社の 2 社のみであり、返品が行われた場合掛け代金で調整するとの契約が結ばれている。また、各帳簿は、毎月末に締め切っている。

総勘定元帳

買掛金

6/ 5	現　　金	（　①　）	6/ 1	前月繰越	420,000
6/13	仕　　入	20,000	6/12	仕　　入	450,000
6/26	（　　　）	（　②　）	6/21	（　　　）	（　③　）
（　　）	当座預金	（　　　）	（　　）	（　　　）	320,000
6/30	次月繰越	720,000			
		（　　　）			（　　　）

仕入先元帳

東京株式会社

6/13	（　　　）	（　　　）	6/ 1	前月繰越	180,000
6/29	当座引落し	（　④　）	6/12	（　　　）	（　　　）
6/30	次月繰越	210,000	6/21	仕入れ	100,000
		730,000			730,000

大阪株式会社

6/ 5	現金決済	（　　　）	6/ 1	（　　　）	（　　　）
6/26	返　　品	40,000	6/21	仕入れ	200,000
6/30	（　　　）	（　⑤　）	6/25	仕入れ	（　　　）
		760,000			760,000

(2) 次の［資料］にもとづいて、×2 年 6 月中の取引が、答案用紙に示されたどの補助簿に記入されるか答えなさい。なお、解答にあたっては、各取引が記入されるすべての補助簿の欄に○印をつけること。また、補助簿に記入する必要のない取引の場合には、該当なしに○印をつけること。

［資料］×2 年 6 月中の取引

3 日　先月に大阪商会株式会社から掛けで仕入れた商品￥30,000 を品違いのため返品し、同社に対する掛け代金から差し引いた。

10 日　北海道酪農株式会社に注文していた商品￥800,000 を仕入れた。代金は、注文時に当座預金口座から支払っていた手付金￥200,000 を差し引いた残額のうち、半額は現金で支払い、残りは掛けとした。

15 日　土地 270 ㎡を 1 ㎡当たり￥45,000 で取得し、代金は 3 ヶ月後に小切手を振り出して支払うこととした。なお、整地費用￥297,000 は現金で支払った。

17 日　高知物産株式会社から商品￥500,000 を仕入れ、小切手を振り出して支払った。

19 日　九州商事株式会社に商品￥675,000 を売り上げ、代金のうち￥60,000 は注文時に同社から現金で受け取った手付金と相殺し、残額は掛けとした。なお、当社負担の発送費￥4,500 を現金で支払っている。

25 日　先月に高知物産株式会社に掛けで販売していた商品￥500,000 の代金について、以前当社が商品代金支払いのために振り出していた小切手を受け取った。

28 日　京都商会株式会社に対する売掛金（前期販売分）￥555,000 が貸し倒れた。なお、貸倒引当金の残高は￥240,000 である。

30 日　広告宣伝用のチラシを作成し、代金の￥300,000 は、現金で後日支払うことにした。

全国統一模擬試験第４回 答案用紙 ３級③ 商業簿記

採点欄	
第2問	

第２問 (20点)

(1)

①	②	③	④	⑤

(2)

補助簿 日付	現金出納帳	当座預金出納帳	商品有高帳	売掛金元帳(得意先元帳)	買掛金元帳(仕入先元帳)	仕入帳	売上帳	固定資産台帳	該当なし
3 日									
10 日									
15 日									
17 日									
19 日									
25 日									
28 日									
30 日									

第 3 問（35 点）

次の(1)決算整理前残高試算表および(2)決算整理事項等にもとづいて、答案用紙の貸借対照表および損益計算書を完成しなさい。会計期間は×6 年 4 月 1 日から×7 年 3 月 31 日までの 1 年間である。

(1)

決算整理前残高試算表

借　方	勘　定　科　目	貸　方
120,000	現　　　　金	
458,000	当　座　預　金	
313,000	売　　掛　　金	
480,000	電子記録債権	
14,900	仮払法人税等	
320,000	繰　越　商　品	
500,000	貸　　付　　金	
600,000	備　　　　品	
2,400,000	土　　　　地	
	支　払　手　形	460,500
	買　　掛　　金	250,800
	仮　　受　　金	80,000
	貸　倒　引　当　金	6,600
	備品減価償却累計額	350,000
	資　　本　　金	3,000,000
	繰越利益剰余金	901,300
	売　　　　上	2,200,000
	受　取　手　数　料	170,000
	固定資産売却益	104,000
1,829,000	仕　　　　入	
261,000	給　　　　料	
78,300	支　払　家　賃	
39,000	租　税　公　課	
110,000	減　価　償　却　費	
7,523,200		7,523,200

(2)　決算整理事項等

1．決算手続中（3 月 31 日）に、3 月 28 日に仕入れた商品￥24,000 を仕入先に返品し、掛け代金から控除していたが、その記帳がまだ行われていない。

2．当座預金口座に振り込まれていた内容不明の入金￥80,000 を仮受金として処理していたが、決算において調査した結果、電子記録債権の回収であることが判明した。

3．売掛金および電子記録債権の期末残高に対して差額補充法により 2％の貸倒れを見積る。

4．期末商品の棚卸高は￥363,000（上記 1. で返品された商品が含まれている）である。

5．固定資産の減価償却を次のとおり行う。

備品　定額法　耐用年数 5 年　残存価額ゼロ

減価償却費については、固定資産の期首の残高を基礎として、￥10,000 を当期の 4 月から 2 月までの 11 ヶ月間、毎月見積り計上してきており、決算において、必要な処理を行う。

6．購入時に費用処理した収入印紙の未使用高が￥15,000 あるため、貯蔵品へ振り替える。

7．貸付金は当期の 9 月 1 日に期間 1 年、年利率 3％の条件で貸し付けたもので、利息は返済時に一括して受け取ることになっている。なお、利息の計算は月割による。

8．受取手数料には、当期の 2 月 28 日に向こう 2 ヶ月分として受け取った￥34,000 が含まれている。

9．給料の未払分が￥16,000 ある。

10．法人税等を￥37,000 計上する。

採点欄	
第3問	

全国統一模擬試験第4回 答案用紙　3級④ 商業簿記

第3問（35点）

貸　借　対　照　表

×7年3月31日　　　　（単位：円）

現　　　　金		（　　　）	支　払　手　形	（　　　）
当　座　預　金		（　　　）	買　　掛　　金	（　　　）
売　　掛　　金	（　　　）		前　受　収　益	（　　　）
貸　倒　引　当　金	（△　　　）	（　　　）	未　払　費　用	（　　　）
電子記録債権	（　　　）		（　　　）	（　　　）
貸　倒　引　当　金	（△　　　）	（　　　）	資　　本　　金	（　　　）
商　　　　品		（　　　）	繰越利益剰余金	（　　　）
（　　　）		（　　　）		
貸　　付　　金		（　　　）		
（　　　）収　益		（　　　）		
備　　　　品	（　　　）			
減価償却累計額	（△　　　）	（　　　）		
土　　　　地		（　　　）		
		（　　　）		（　　　）

損　益　計　算　書

自　×6年4月1日　至　×7年3月31日　　　　（単位：円）

売　上　原　価	（　　　）	売　　上　　高	（　　　）
給　　　　料	（　　　）	受　取　手　数　料	（　　　）
支　払　家　賃	（　　　）	受　取　利　息	（　　　）
租　税　公　課	（　　　）	固定資産売却益	（　　　）
（　　　）	（　　　）		
減　価　償　却　費	（　　　）		
法　人　税　等	（　　　）		
当期純（　　　）	（　　　）		
	（　　　）		（　　　）

第4回　チャレンジ 第3問①　決算整理後残高試算表作成

問題文は、第4回をそのまま使用してください。

決算整理後残高試算表

借方残高	勘定科目	貸方残高
	現金	
	当座預金	
	売掛金	
	電子記録債権	
	繰越商品	
	貸付金	
	(　　　　)	
	(　　　)利息	
	備品	
	土地	
	支払手形	
	買掛金	
	前受手数料	
	(　　　)給料	
	(　　　　)	
	貸倒引当金	
	備品減価償却累計額	
	資本金	
	繰越利益剰余金	
	売上	
	受取手数料	
	受取利息	
	固定資産売却益	
	仕入	
	給料	
	支払家賃	
	租税公課	
	(　　　　)	
	減価償却費	
	法人税等	

当期純利益または当期純損失の金額　¥

※　当期純損失の場合は金額の頭に△を付すこと。

第4回　チャレンジ 第3問②　精算表作成

問題文は、第４回をそのまま使用してください。

精　　算　　表

勘定科目	残高試算表		修正記入		損益計算書		貸借対照表	
	借　方	貸　方	借　方	貸　方	借　方	貸　方	借　方	貸　方
現　　金	120,000							
当座預金	458,000							
売　掛　金	313,000							
電子記録債権	480,000							
仮払法人税等	14,900							
繰越商品	320,000							
貸　付　金	500,000							
備　　品	600,000							
土　　地	2,400,000							
支払手形		460,500						
買　掛　金		250,800						
仮　受　金		80,000						
貸倒引当金		6,600						
備品減価償却累計額		350,000						
資　本　金		3,000,000						
繰越利益剰余金		901,300						
売　　上		2,200,000						
受取手数料		170,000						
固定資産売却益		104,000						
仕　　入	1,829,000							
給　　料	261,000							
支払家賃	78,300							
租税公課	39,000							
減価償却費	110,000							
	7,523,200	7,523,200						
(　　　)								
(　　　)								
受取利息								
(　　)利息								
前受手数料								
未払給料								
(　　　)								
法人税等								
当期純(　　)								

第4回　チャレンジ 第2問　補助元帳（買掛金元帳）

札幌株式会社(年1回3月末決算)の次の取引にもとづいて、下記の**問**に答えなさい。

9月1日　買掛金元帳の前月繰越高は￥350,000(東京商店￥120,000、横浜商店￥230,000)である。同じく商品有高帳の前月繰越高は商品A85個(@￥680)、商品B150個(@￥480)である。

8日　東京商店から商品A100個(@￥700)、また横浜商店から商品B200個(@￥500)をそれぞれ仕入れ、代金は掛けとした。

13日　横浜商店から商品B250個(@￥520)を仕入れ、代金は掛けとした。

14日　昨日横浜商店から仕入れた商品Bのうち50個(@￥520)は、不良品であったため返品した。なお、代金は同店に対する買掛金から差し引いた。

18日　東京商店より商品A250個(@￥720)を仕入れ、代金は掛けとした。

27日　東京商店に対する買掛金のうち￥150,000、横浜商店に対する買掛金のうち￥260,000を、それぞれ小切手を振り出して支払った。

問1　買掛金元帳(横浜商店)を記入し、9月30日付けでこの補助簿を締め切りなさい。ただし、買掛金元帳の摘要には下記の語群の中から最も適当と思われるものを選び、その番号を記入すること。

【摘要の語群】

①仕入　②小切手振出　③値引　④返品　⑤現金支払　⑥前月繰越　⑦次月繰越

問2　9月中に商品Aを200個払い出していたとき、9月における商品Aの売上原価はいくらになるか答えなさい。ただし、札幌株式会社は商品の払出単価の決定方法として先入先出法を採用している。

［答案用紙］

問1

<u>買　掛　金　元　帳</u>

横　浜　商　店

×3年		摘　要	借　方	貸　方	借または貸	残　高
9	1	(　　)				
		(　　)				
		(　　)				
		(　　)				
		(　　)				
		(　　)				
10	1	(　　)				

問2　￥＿＿＿＿＿＿＿＿

日商簿記検定３級 全国統一模擬試験 第５回

問題・答案用紙

（制限時間　60分）

受験者への注意事項

1.　本冊子は、持ち帰りできませんので全ページを必ず提出してください。持ち帰った場合は失格となり、以後の受験をお断りする場合があります。
2.　答えは、問題文の指示に従い定められたところに、誤字・脱字のないよう、ていねいに書いてください。
3.　答案の記入にあたっては、黒鉛筆または黒シャープペンシルを使用してください。仕訳問題の答案の記入方法は、下記を確認してください。
4.　問題および答案用紙の余白は計算用紙として使用できます（解答欄にかぶらないようにしてください）。

仕訳問題の解答にあたっての注意事項

以下の正答例を参考に、仕訳問題における各設問の解答にあたっては、各勘定科目の使用は、借方・貸方の中でそれぞれ１回ずつとしてください（各設問につき、同じ勘定科目を借方・貸方の中で２回以上使用してしまうと、不正解となります）。

ア．現金　　　イ．売掛金　　　ウ．売上

［正答例：勘定科目を借方・貸方の中で１回だけ使用している］

借方		貸方	
記号	金額	記号	金額
（ ア ）	10	（ ウ ）	100
（ イ ）	90	（　　）	

［誤答例：同じ勘定科目を貸方の中で２回使用してしまっている］

借方		貸方	
記号	金額	記号	金額
（ ア ）	10	（ ウ ）	10
（ イ ）	90	（ ウ ）	90

第１問（45点）

下記の各取引について仕訳しなさい。ただし、勘定科目は、設問ごとに最も適当と思われるものを選び、答案用紙の（　）の中に記号で解答すること。なお、消費税は指示された問題のみ考慮すること。

1．買掛金の支払いとして￥350,000の約束手形を振り出し、仕入先に対して郵送した。なお、郵送代金￥1,000は現金で支払った。

ア．現金　　イ．発送費　　ウ．支払手形
エ．買掛金　　オ．受取手形　　カ．通信費

2．友好的な関係の会社に対して貸付期間8ヶ月、年利率3%の条件で￥500,000を貸し付けるため、小切手を振り出した。

ア．支払利息　　イ．当座預金　　ウ．貸付金
エ．受取利息　　オ．現金　　カ．借入金

3．取引先から資金￥400,000を、期間5ヶ月、年利率3%の条件で借り入れ、その際、同額の約束手形を振り出し、利息￥5,000を差し引いた残額について小切手を受け取った。

ア．現金　　イ．支払手形　　ウ．当座預金
エ．手形貸付金　　オ．手形借入金　　カ．支払利息

4．得意先に対して商品￥200,000を販売し、代金のうち半額は共通商品券を受け取り、残額は掛けとした。

ア．当座預金　　イ．受取手形　　ウ．現金
エ．売掛金　　オ．受取商品券　　カ．売上

5．決算において消費税(税率10%)の納付額を計算し確定させた。当期における消費税の仮受額は￥400,000、仮払額は￥336,000であった。なお、消費税の記帳方法は税抜方式を採用している。

ア．未払金　　イ．仮払消費税　　ウ．仮受消費税
エ．租税公課　　オ．未払消費税　　カ．仮払金

6．株式会社の設立にあたり、1株当たり￥100で株式を500株発行し、出資者より現金を受け取った。なお、払込金額の全額を資本金とする。

ア．現金　　イ．繰越利益剰余金　　ウ．普通預金
エ．資本金　　オ．当座預金　　カ．利益準備金

7．現金の実際有高が帳簿残高より￥30,000多かったため現金過不足として処理していたが、決算日において、受取利息の受け取り￥10,000、収入印紙の支払い代金￥5,000が未処理であることが判明した。残額の原因は判明しなかったため、雑益または雑損として処理する。

ア．雑損　　イ．現金過不足　　ウ．受取利息
エ．雑益　　オ．租税公課　　カ．現金

8．取引先より商品￥100,000(税抜価額)を仕入れ、代金は普通預金口座から支払った。また、引取運賃￥10,000(税抜価額)は現金で支払っている。なお、消費税は税抜価額に対して消費税率10%で計算し、税抜方式で記帳する。

ア．現金　　イ．普通預金　　ウ．仮払消費税
エ．未払金　　オ．買掛金　　カ．仕入

採点欄	
第1問	

全国統一模擬試験第５回 答案用紙　3級① 商業簿記

第１問（45点）

	借方		貸方	
	記号	金額	記号	金額
1	(　)		(　)	
	(　)		(　)	
	(　)		(　)	
	(　)		(　)	
2	(　)		(　)	
	(　)		(　)	
	(　)		(　)	
	(　)		(　)	
3	(　)		(　)	
	(　)		(　)	
	(　)		(　)	
	(　)		(　)	
4	(　)		(　)	
	(　)		(　)	
	(　)		(　)	
	(　)		(　)	
5	(　)		(　)	
	(　)		(　)	
	(　)		(　)	
	(　)		(　)	
6	(　)		(　)	
	(　)		(　)	
	(　)		(　)	
	(　)		(　)	
7	(　)		(　)	
	(　)		(　)	
	(　)		(　)	
	(　)		(　)	
8	(　)		(　)	
	(　)		(　)	
	(　)		(　)	
	(　)		(　)	

（次ページに続く）

9．×4年6月30日に、店舗の撤退にともなって建物（取得原価：￥2,000,000、減価償却累計額：￥1,200,000、残存価額：ゼロ、耐用年数：20年、償却方法：定額法、記帳方法：間接法）を￥400,000で売却し、売却代金は翌月末に普通預金口座に振り込まれることになった。なお、当社は3月31日を決算日としている。

ア．未収入金　　イ．建物　　ウ．減価償却累計額
エ．固定資産売却益　　オ．減価償却費　　カ．固定資産売却損

10．土地￥890,000を購入し、代金は後日支払うこととしたが、誤って買掛金の増加として記帳していたため、これを訂正する。

ア．未払地代　　イ．土地　　ウ．現金
エ．買掛金　　オ．未払金　　カ．売掛金

11．損益勘定の収益総額￥2,500,000と費用総額￥3,000,000の差額を繰越利益剰余金勘定に振り替えた。

ア．仕入　　イ．資本金　　ウ．繰越利益剰余金
エ．利益準備金　　オ．売上　　カ．損益

12．Ａ銀行当座預金口座から、Ｄ銀行当座預金口座に￥403,000を口座振替によって移動させた。なお、振替手数料としてＡ銀行当座預金口座から￥660が引き落とされている。

ア．当座預金Ａ銀行　　イ．当座預金Ｄ銀行　　ウ．支払利息
エ．普通預金Ｄ銀行　　オ．支払手数料　　カ．普通預金Ａ銀行

13．建物の改築と修繕を行い、代金￥495,000を普通預金口座から支払った。このうち、建物の資産価値を高める支出額は￥426,800であり、建物の現状を維持するための支出額は￥68,200であった。

ア．消耗品費　　イ．普通預金　　ウ．建物
エ．当座預金　　オ．減価償却累計額　　カ．修繕費

14．当社は決算を迎え、×1年8月1日に受け取った向こう1年分の土地の賃貸料￥48,000に関して必要な決算整理仕訳を行った。なお、当社の決算日は11月30日である。

ア．受取家賃　　イ．前受家賃　　ウ．未収家賃
エ．前受地代　　オ．未収地代　　カ．受取地代

15．出張旅費を立替えていた従業員Ｙ氏が出張から帰社し、下記の領収書および旅費交通費等報告書を提示したため、普通預金口座から従業員の指定する普通預金口座へ振り込み精算した。

領　収　書
運賃　￥3,680
上記のとおり領収しました
高知交通(株)

領　収　書
宿泊費 シングル1名 ￥12,700
またのご利用お待ちしております。
ホテル高知(株)

旅費交通費等報告書

氏名　山田太郎

移動先	手段等	領収書	金　額
高知駅	電車	無	￥ 4,240
高知交通	タクシー	有	￥ 3,680
ホテル高知	宿泊	有	￥ 12,700
帰社	電車	無	￥ 4,890
	合　　計		￥ 25,510

ア．雑費　　イ．普通預金　　ウ．給料
エ．当座預金　　オ．旅費交通費　　カ．立替金

全国統一模擬試験第５回 答案用紙　３級②　商業簿記

採　点　欄	
第1問	

（前ページより）

	借方		貸方	
	記号	金額	記号	金額
9	(　　)		(　　)	
	(　　)		(　　)	
	(　　)		(　　)	
	(　　)		(　　)	
10	(　　)		(　　)	
	(　　)		(　　)	
	(　　)		(　　)	
	(　　)		(　　)	
11	(　　)		(　　)	
	(　　)		(　　)	
	(　　)		(　　)	
	(　　)		(　　)	
12	(　　)		(　　)	
	(　　)		(　　)	
	(　　)		(　　)	
	(　　)		(　　)	
13	(　　)		(　　)	
	(　　)		(　　)	
	(　　)		(　　)	
	(　　)		(　　)	
14	(　　)		(　　)	
	(　　)		(　　)	
	(　　)		(　　)	
	(　　)		(　　)	
15	(　　)		(　　)	
	(　　)		(　　)	
	(　　)		(　　)	
	(　　)		(　　)	

第 2 問（20 点）

⑴　東京株式会社の 12 月末時点における現金実際有高は￥412,000 であった。以下の［資料］にもとづいて現金および当座預金勘定の勘定記入を行いなさい。なお、東京株式会社は銀行と当座借越限度額を￥500,000 とする契約を行っている。

［資料］

（1）東京株式会社の社内規定（一部抜粋）

①　現金および通貨代用証券は、すべて社内金庫に入れることとする。

②　現金の実際有高を毎月末に実地調査し、現金過不足が生じた場合は、その都度、雑損（雑益）勘定に振り替える。

③　毎月末各帳簿を締め切る。

（2）1 月の現金預金に関する取引

1．5 日に￥250,000 で商品を販売し、代金を現金で受け取った。

2．13 日に￥160,000 の商品を仕入れ、代金は小切手を振り出して支払った。

3．15 日に定期預金（年利率：0.2%）に現金￥350,000 を預け入れた。

4．23 日に売掛金￥120,000 の回収として他社振り出しの小切手を受け取った。

5．25 日に今月分の地代￥150,000 を現金で支払った。

6．29 日に￥360,000 で商品を販売し、代金は以前東京株式会社が振り出した小切手を受け取った。

（3）1 月末日時点の金庫の中身

紙幣	：￥ 143,000	硬貨	：￥ 13,000
他社振出約束手形	：￥ 180,000	自己振出小切手	：￥ 360,000
他社振出小切手	：￥ 120,000	収入印紙	：￥ 25,000

（4）勘定科目一覧（記号で摘要欄に記入すること）

ア．現金　イ．当座預金　ウ．定期預金　エ．受取手形　オ．売掛金
カ．貯蔵品　キ．売上　ク．受取利息　ケ．仕入　コ．支払地代

⑵　次の各補助簿の記入にもとづいて、答案用紙の各日付の仕訳を示しなさい。ただし、勘定科目は、設問ごとに最も適当と思われるものを選び、答案用紙の（　）の中に記号で解答すること。約束手形の取立・支払の処理は、すべて当座預金勘定で行っている。

ア．仕入　イ．支払手形　ウ．発送費　エ．当座預金　オ．売掛金
カ．買掛金　キ．受取利息　ク．受取手形　ケ．支払利息　コ．売上

当座預金出納帳

×4 年		摘要	預入	引出	借/貸	残高
5	1	前月繰越	150,000		借	150,000
	10	手形仕入・引取運賃支払		5,000	〃	145,000
	18	仕入掛代金支払		126,000	〃	19,000

受取手形記入帳

×4 年	摘要	手形金額	手形種類	手形番号	支払人	振出人または裏書人	振出日	満期日	支払場所	てん末	
										日付	摘要
5/12	売掛金	84,000	約手	5	埼玉商店	埼玉商店	5/12	8/31	東京銀行	8/31	取立

支払手形記入帳

×4 年	摘要	手形金額	手形種類	手形番号	受取人	振出人	振出日	満期日	支払場所	てん末	
										日付	摘要
5/10	仕入	150,000	約手	8	京都商店	当店	5/10	7/31	大阪銀行	7/31	支払
5/29	買掛金	125,000	約手	9	山形商店	当店	5/29	10/31	大阪銀行	10/31	支払

全国統一模擬試験第５回 答案用紙　３級③　商業簿記

採　点　欄	
第2問	

第２問（20点）

(1)

現　　　　金

1/ 1	前月繰越	（　　）	（　　）	（　　）	（　　）
（　　）	（　　）	（　　）	（　　）	（　　）	（　　）
（　　）	（　　）	（　　）	1/31	雑　　損	（　　）
1/31	雑　　益	（　　）	〃	次月繰越	（　　）
		（　　）			（　　）

（注）不要な欄は空欄にすること。

当座預金

1/ 1	前月繰越	100,000	（　　）	（　　）	（　　）
（　　）	（　　）	（　　）	1/31	次月繰越	（　　）
		（　　）			（　　）

(2)

取引日		借　方		貸　方	
月	日	記　号	金　額	記　号	金　額
5	10	（　　）		（　　）	
		（　　）		（　　）	
	12	（　　）		（　　）	
		（　　）		（　　）	
	18	（　　）		（　　）	
		（　　）		（　　）	
	29	（　　）		（　　）	
		（　　）		（　　）	
8	31	（　　）		（　　）	
		（　　）		（　　）	

第 3 問（35 点）

次の(1)決算整理前残高試算表および(2)決算整理事項等にもとづいて、**問**に答えなさい。なお、消費税の仮受け・仮払いは売上取引・仕入取引のみで行い、税抜方式で処理する。会計期間は×7 年 4 月 1 日から×8 年 3 月 31 日までの 1 年間である。

(1)

決算整理前残高試算表

借　　方	勘 定 科 目	貸　　方
498,000	現　　　　金	
	当 座 預 金	179,000
638,200	普 通 預 金	
580,000	売　掛　金	
340,000	電子記録債権	
264,000	繰 越 商 品	
320,000	仮払消費税	
23,000	仮払法人税等	
969,000	備　　　　品	
2,031,000	土　　　　地	
	買　掛　金	800,000
	仮受消費税	456,000
	借　入　金	540,000
	貸倒引当金	11,700
	備品減価償却累計額	260,000
	資　本　金	2,500,000
	繰越利益剰余金	719,680
	売　　　　上	6,200,000
	受取手数料	6,400
3,580,000	仕　　　　入	
1,650,000	給　　　　料	
370,000	支 払 家 賃	
52,000	水道光熱費	
31,000	通　信　費	
312,000	法定福利費	
14,580	支 払 利 息	
11,672,780		11,672,780

(2)　決算整理事項等

1．前期以前に倒産し、貸倒処理していた得意先M社から、当社の当座預金口座に￥200,000 が振り込まれていたが未処理であった。

2．決算日における現金の実際有高は￥494,500 であった。帳簿残高との差額のうち、￥3,300 については通信費の記入漏れであることが判明したが、残額については原因不明のため、雑損または雑益として処理する。

3．電子記録債権￥20,000 が決済され、普通預金へ入金されていたが未処理であった。

4．12 月 1 日に、備品￥369,000 を購入し、当日より使用を開始した。代金は 5 ヶ月後に支払うことになっている。購入時に誤って買掛金の計上をしていたため、これを適正に修正する。

5．売掛金および電子記録債権の期末残高に対して 3%の貸倒引当金を差額補充法により設定する。

6．期末商品棚卸高は、￥252,000 である。

7．備品について、残存価額ゼロ、耐用年数 5 年として定額法で減価償却を行う。なお、当期取得分は、月割で計算すること。

8．支払家賃には、9 月 1 日に 1 年間分の家賃￥162,000 を支払った際に計上したものが含まれている。そこで前払分を月割で計上する。

9．借入金（年利率 3.6%）について、3 ヶ月分の未払利息を計上する。

10．消費税の処理を行う。

11．法人税等（各自推定）と計算されたため、仮払法人税等との差額￥35,000 を未払法人税等として計上する。

問 1　答案用紙の決算整理後残高試算表を完成しなさい。

問 2　当期純利益または当期純損失の金額を答えなさい。
なお、当期純損失の場合は金額の頭に△を付すこと。

全国統一模擬試験第５回　答案用紙　３級④　商業簿記

採点欄	
第3問	

第３問（35点）

問１

決算整理後残高試算表

借方残高	勘定科目	貸方残高
	現金	
	当座預金	
	普通預金	
	売掛金	
	電子記録債権	
	繰越商品	
	(　　　　)家賃	
	備品	
	土地	
	買掛金	
	(　　　　)	
	(　　　　)利息	
	未払消費税	
	未払法人税等	
	借入金	
	貸倒引当金	
	備品減価償却累計額	
	資本金	
	繰越利益剰余金	
	売上	
	受取手数料	
	(　　　　)	
	仕入	
	給料	
	貸倒引当金繰入	
	減価償却費	
	支払家賃	
	水道光熱費	
	通信費	
	法定福利費	
	雑(　　　　)	
	支払利息	
	法人税等	

問２　当期純利益または当期純損失の金額　￥＿＿＿＿＿＿

第5回　チャレンジ 第3問①　貸借対照表・損益計算書作成

問題文は、第5回をそのまま使用してください。

貸　借　対　照　表

×8年3月31日　　　　(単位：円)

現　　　金		(　　)	買　掛　金	(　　)
当 座 預 金		(　　)	(　　)	(　　)
普 通 預 金		(　　)	(　　)費用	(　　)
売　掛　金	(　　)		未払消費税	(　　)
電子記録債権	(　　)		未払法人税等	(　　)
貸倒引当金	(△　　)	(　　)	借　入　金	(　　)
商　　　品		(　　)	資　本　金	(　　)
前 払 費 用		(　　)	繰越利益剰余金	(　　)
備　　　品	(　　)			
減価償却累計額	(△　　)	(　　)		
土　　　地		(　　)		
		(　　)		(　　)

損　益　計　算　書

自　×7年4月1日　至　×8年3月31日　　　　(単位：円)

売 上 原 価	(　　)	売　上　高	(　　)
給　　　料	(　　)	受取手数料	(　　)
貸倒引当金繰入	(　　)	(　　)	(　　)
減価償却費	(　　)		
支 払 家 賃	(　　)		
水道光熱費	(　　)		
通　信　費	(　　)		
法定福利費	(　　)		
雑　(　　)	(　　)		
支 払 利 息	(　　)		
法 人 税 等	(　　)		
当期純(　　)	(　　)		
	(　　)		(　　)

第5回　チャレンジ 第3問②　精算表作成

問題文は、第5回をそのまま使用してください。

精　　　　算　　　　表

勘定科目	残高試算表		修正記入		損益計算書		貸借対照表	
	借　方	貸　方	借　方	貸　方	借　方	貸　方	借　方	貸　方
現　　　金	498,000							
当　座　預　金		179,000						
普　通　預　金	638,200							
売　掛　金	580,000							
電子記録債権	340,000							
繰　越　商　品	264,000							
仮　払　消　費　税	320,000							
仮払法人税等	23,000							
備　　　品	969,000							
土　　　地	2,031,000							
買　掛　金		800,000						
仮　受　消　費　税		456,000						
借　入　金		540,000						
貸　倒　引　当　金		11,700						
備品減価償却累計額		260,000						
資　本　金		2,500,000						
繰越利益剰余金		719,680						
売　　　上		6,200,000						
受　取　手　数　料		6,400						
仕　　　入	3,580,000							
給　　　料	1,650,000							
支　払　家　賃	370,000							
水　道　光　熱　費	52,000							
通　信　費	31,000							
法　定　福　利　費	312,000							
支　払　利　息	14,580							
	11,672,780	11,672,780						
(　　　　　)								
雑　(　　　)								
(　　　　　)								
貸倒引当金繰入								
減　価　償　却　費								
(　　　)家　賃								
(　　　)利　息								
未　払　消　費　税								
未払法人税等								
法　人　税　等								
当期純(　　　)								

第5回　チャレンジ 第2問　勘定記入（売上債権）

富士株式会社の×2年8月における売上帳および受取手形記入帳は以下のとおりである。売掛金元帳および受取手形記入帳から**[答案用紙]**の各勘定の空欄を推定し、記入しなさい。摘要欄は［勘定科目等一覧］から選択し、記号で答えること。なお、得意先は静岡商店と山梨商店の2商店のみである。

売　上　帳

×2年		摘　　要				内　訳	金　額
8	5	静岡商店			掛		
			A商品	480個	@500円		240,000
	6	**静岡商店**			**掛戻り**		
			A商品	**30個**	**@500円**		**15,000**
	18	山梨商店			掛		
			B商品	600個	@700円		420,000
	25	静岡商店			約手		
			A商品	（　　）	@500円		（　　　）
	31			総　売　上　高			（　　　）
	〃			**売　上　戻　り　高**			**15,000**
				純　売　上　高			（　　　）

受　取　手　形　記　入　帳

×2年	摘要	手形金額	手形種類	手形番号	支払人	振出人または裏書人	振出日	満期日	支払場所	てん末	
										日付	摘要
7/10	売　上	140,000	約手	5	山梨商店	山梨商店	7/10	8/10	甲府銀行	8/10	取　立
8/15	売掛金	（　　　）	約手	10	山梨商店	山梨商店	8/15	10/15	甲府銀行		
8/25	売　上	（　　　）	約手	8	静岡商店	静岡商店	8/25	10/25	静岡銀行		

（注）　上記に記載されていないものは、8月1日までに取立が完了している。

［勘定科目等一覧］

ア．当座預金　　イ．受取手形　　ウ．売掛金　　エ．繰越商品
オ．売上　　カ．仕入　　キ．前月繰越　　ク．次月繰越

[答案用紙]

受　取　手　形

8/ 1	前　月　繰　越	（　　　）	8/10	当　座　預　金	（　　　）
8/15	売　掛　金	210,000	8/31	次　月　繰　越	335,000
8/25	（　　　）	（　　　）			
		475,000			475,000

売　掛　金

8/ 1	前　月　繰　越	430,000	8/ 6	売　　上	（　　　）
8/ 5	（　　　）	（　　　）	8/12	当　座　預　金	220,000
8/18	（　　　）	（　　　）	8/15	（　　　）	（　　　）
			8/31	（　　　）	（　　　）
		1,090,000			1,090,000

日商簿記検定３級　全国統一模擬試験　第６回

問　題・答　案　用　紙

（制限時間　60分）

受験者への注意事項

1.　本冊子は、持ち帰りできませんので全ページを必ず提出してください。持ち帰った場合は失格となり、以後の受験をお断りする場合があります。
2.　答えは、問題文の指示に従い定められたところに、誤字・脱字のないよう、ていねいに書いてください。
3.　答案の記入にあたっては、黒鉛筆または黒シャープペンシルを使用してください。仕訳問題の答案の記入方法は、下記を確認してください。
4.　問題および答案用紙の余白は計算用紙として使用できます（解答欄にかぶらないようにしてください）。

仕訳問題の解答にあたっての注意事項

以下の正答例を参考に、仕訳問題における各設問の解答にあたっては、各勘定科目の使用は、借方・貸方の中でそれぞれ１回ずつとしてください(各設問につき、同じ勘定科目を借方・貸方の中で２回以上使用してしまうと、不正解となります)。

ア．現金　　　イ．売掛金　　　ウ．売上

［正答例：勘定科目を借方・貸方の中で１回だけ使用している］

借方		貸方	
記号	金額	記号	金額
（ア）	10	（ウ）	100
（イ）	90	（　）	

［誤答例：同じ勘定科目を貸方の中で２回使用してしまっている］

借方		貸方	
記号	金額	記号	金額
（ア）	10	（ウ）	10
（イ）	90	（ウ）	90

第１問（45点）

下記の各取引について仕訳しなさい。ただし、勘定科目は、設問ごとに最も適当と思われるものを選び、答案用紙の（　）の中に記号で解答すること。なお、消費税は指示された問題のみ考慮すること。

1．事務所として賃借している物件のテナント料￥100,000を、当社普通預金口座から振り込んで支払いを行った。なお、振込手数料￥1,000が普通預金口座から引き落された。

ア．当座預金	イ．建物	ウ．普通預金
エ．現金	オ．支払家賃	カ．支払手数料

2．友好的な関係の会社に対して貸付期間８ヶ月、年利率3％の条件で￥500,000を貸し付け、利息を差し引いた金額を現金で渡した。なお、利息は月割計算で行う。

ア．現金	イ．借入金	ウ．貸付金
エ．支払利息	オ．受取利息	カ．普通預金

3．取引先銀行から借入期間185日、年利率3.066％の条件で￥500,000を借り入れ、利息を差し引いた金額が普通預金口座に振り込まれた。なお、利息は１年を365日とする日割計算で行う。

ア．受取利息	イ．普通預金	ウ．貸付金
エ．借入金	オ．現金	カ．支払利息

4．当社は期首を迎え、前期決算において前受計上を行った受取地代￥16,000について再振替仕訳を行った。

ア．前受金	イ．損益	ウ．前払金
エ．前受地代	オ．受取地代	カ．前払地代

5．当社従業員の出張旅費として渡していた概算額￥100,000の精算をしたところ、残額が￥20,000あり、現金での返金を受けた。

ア．現金	イ．通信費	ウ．仮払金
エ．前払金	オ．旅費交通費	カ．未払金

6．決算日において、受取家賃の勘定残高￥140,000および支払利息の勘定残高￥65,000を損益勘定に振り替えた。損益勘定は相殺しないこと。

ア．支払家賃	イ．受取家賃	ウ．受取利息
エ．繰越利益剰余金	オ．支払利息	カ．損益

7．当期首に、店舗の撤退にともなって不用になった車両（取得原価：￥1,000,000、減価償却累計額￥600,000、残存価額：ゼロ、耐用年数：５年、償却方法：定額法、記帳方法：間接法）を￥500,000で売却し、売却代金は現金で受け取った。

ア．現金	イ．車両運搬具	ウ．減価償却累計額
エ．固定資産売却益	オ．固定資産売却損	カ．減価償却費

8．現金の実際有高が帳簿残高より￥30,000多かったため現金過不足として処理していたが、決算日において、受取利息の受け取り￥10,000が未処理であることが判明した。残額の原因は判明しなかったため、雑益または雑損として処理する。

ア．支払利息	イ．現金過不足	ウ．受取利息
エ．雑益	オ．現金	カ．雑損

全国統一模擬試験第６回 答案用紙　３級①　商業簿記

採点欄	
第1問	

第１問（45点）

	借方		貸方	
	記号	金額	記号	金額
1	(　　)		(　　)	
	(　　)		(　　)	
	(　　)		(　　)	
	(　　)		(　　)	
2	(　　)		(　　)	
	(　　)		(　　)	
	(　　)		(　　)	
	(　　)		(　　)	
3	(　　)		(　　)	
	(　　)		(　　)	
	(　　)		(　　)	
	(　　)		(　　)	
4	(　　)		(　　)	
	(　　)		(　　)	
	(　　)		(　　)	
	(　　)		(　　)	
5	(　　)		(　　)	
	(　　)		(　　)	
	(　　)		(　　)	
	(　　)		(　　)	
6	(　　)		(　　)	
	(　　)		(　　)	
	(　　)		(　　)	
	(　　)		(　　)	
7	(　　)		(　　)	
	(　　)		(　　)	
	(　　)		(　　)	
	(　　)		(　　)	
8	(　　)		(　　)	
	(　　)		(　　)	
	(　　)		(　　)	
	(　　)		(　　)	

（次ページに続く）

9．納付書にもとづき、当社の普通預金口座から法人税を納付し、下記の領収証書を入手した。株式会社ＵＴ商事で必要な仕訳を示しなさい。

領　収　証　書

科目	
	法人税

本　　税	440,000
重加算税	
加　算　税	
利子税	
延滞税	
合計額	¥ 440,000

納期等の区分	
	07 04 01
	08 03 31

中間申告（○）　確定申告

住所	東京都八王子市東中野 742の1
氏名	株式会社　ＵＴ商事

出納印
×7.11.20
中央銀行

ア．法人税等　　イ．普通預金　　ウ．仮払法人税等
エ．当座預金　　オ．未払法人税等　　カ．租税公課

10．得意先に商品を売り上げた際の代金として受け取っていた商品券￥71,000を本日精算し、同額の現金を受け取った。

ア．現金　　イ．未収入金　　ウ．当座預金
エ．売上　　オ．受取商品券　　カ．売掛金

11．建物の改築と修繕を行い、代金￥60,000は現金で支払った。代金の内訳は、建物の資産価値を高めるような改築に係る支出額(資本的支出)￥40,000と、建物の現状を維持するための修繕に係る支出額(収益的支出)￥20,000である。

ア．現金　　イ．支払手数料　　ウ．建物
エ．当座預金　　オ．修繕費　　カ．土地

12．得意先に対して商品￥200,000(税抜価額)を販売し、代金は共通商品券を受け取った。なお、消費税は税抜価額に対して消費税率10%で計算し、税抜方式で記帳する。

ア．仮払消費税　　イ．受取手形　　ウ．受取商品券
エ．売掛金　　オ．仮受消費税　　カ．売上

13．当社は商品Ｍを￥79,000で玉村株式会社へ販売し、送料￥7,000を加えた合計額を掛けとした。また、同時に配送業者へ商品Ｍを引き渡し、送料￥7,000は後日支払うこととした。なお、送料は売上に含めること。

ア．未払金　　イ．買掛金　　ウ．売上
エ．仕入　　オ．発送費　　カ．売掛金

14．当社は確定申告を行い、決算の際に計上した未払消費税￥200,000を当座預金口座から納付した。

ア．租税公課　　イ．当座預金　　ウ．現金
エ．仮受消費税　　オ．未払消費税　　カ．仮払消費税

15．大阪商店から売掛金￥150,000の回収代金として、かつて当社が広島商店宛てに振り出した約束手形を受け取った。

ア．前受金　　イ．売掛金　　ウ．買掛金
エ．支払手形　　オ．前払金　　カ．受取手形

全国統一模擬試験第６回 答案用紙　３級② 商業簿記

採点欄	
第1問	

（前ページより）

	借方		貸方	
	記号	金額	記号	金額
9	(　　)		(　　)	
	(　　)		(　　)	
	(　　)		(　　)	
	(　　)		(　　)	
10	(　　)		(　　)	
	(　　)		(　　)	
	(　　)		(　　)	
	(　　)		(　　)	
11	(　　)		(　　)	
	(　　)		(　　)	
	(　　)		(　　)	
	(　　)		(　　)	
12	(　　)		(　　)	
	(　　)		(　　)	
	(　　)		(　　)	
	(　　)		(　　)	
13	(　　)		(　　)	
	(　　)		(　　)	
	(　　)		(　　)	
	(　　)		(　　)	
14	(　　)		(　　)	
	(　　)		(　　)	
	(　　)		(　　)	
	(　　)		(　　)	
15	(　　)		(　　)	
	(　　)		(　　)	
	(　　)		(　　)	
	(　　)		(　　)	

第 2 問（20 点）

⑴　埼玉株式会社（決算年 1 回、決算日 3 月 31 日）は、当期の 7 月 1 日に、毎期継続的に使用する目的で土地の賃借契約を結んだ。この契約で、地代は毎年 7 月 1 日に向こう 1 年分（12 ヶ月分）￥240,000 を現金で一括払いすることとしている。よって、次の勘定記入の手順にもとづいて、答案用紙に示す当期の支払地代勘定と前払地代勘定の記入を行いなさい。

勘定記入の手順

1．当期に、土地の賃借料の支払処理を行った。（期中取引）
2．決算日に、支払地代の前払分を適切に処理した。（決算整理仕訳）
3．決算日に、支払地代勘定の残高を損益勘定に振り替え、支払地代勘定を締め切った。（決算振替仕訳）
4．決算日に、前払地代勘定の残高を繰越記入し、前払地代勘定を締め切った。

⑵　次の 10 月におけるＺ商品に関する[資料]にもとづいて、下記の**問**に答えなさい。なお、払出単価の決定方法として、移動平均法を用いるものとする。ただし、仕入戻しについては払出高欄に商品を仕入れた時の単価で記入すること。

［資料］

10 月 1 日	前月繰越	200 個	@￥1,006
6 日	仕　　入	400 個	@￥1,120
9 日	仕入返品	6 日に仕入れた商品のうち、品質不良のため 30 個返品	
14 日	売　　上	500 個	@￥1,800
18 日	仕　　入	630 個	@￥1,030
21 日	売　　上	620 個	@￥1,750
23 日	売上返品	21 日に売り上げた商品のうち、品違いのため 20 個返品（受入高欄に記入すること）	

問 1　答案用紙の商品有高帳（Ｚ商品）を作成しなさい。なお、商品有高帳は締め切らなくてよい。
問 2　10 月のＺ商品の純売上高、売上原価および売上総利益を答えなさい。

全国統一模擬試験第6回 答案用紙 3級③ 商業簿記

採点欄	
第2問	

第2問（20点）

(1)

支払地代

×	年	摘要	借方	×	年	摘要	貸方

前払地代

×	年	摘要	借方	×	年	摘要	貸方

(2)

問1

商品有高帳

Z商品

日付		摘要	受入高			払出高			残高		
			数量	単価	金額	数量	単価	金額	数量	単価	金額
10	1										
	6										
	9										
	14										
	18										
	21										
	23										

問2

純売上高	売上原価	売上総利益
¥	¥	¥

第 3 問（35 点）

次の[決算整理事項等]にもとづいて、答案用紙の精算表を完成しなさい。なお、消費税の仮受け・仮払いは売上取引・仕入取引のみで行い、税抜方式で処理する。会計期間は×6 年 4 月 1 日から×7 年 3 月 31 日までの 1 年間である。

［決算整理事項等］

1．普通預金Ａ銀行口座から普通預金Ｂ銀行口座に￥670,000 を預け替えたが、この取引が未処理であった。
2．残高試算表に計上されている未払給料は、前期末の決算整理仕訳で計上された給料に関する未払分であるが、再振替仕訳を失念していた。これを適切に修正するとともに、当期末の給料に関する未払分￥305,000 を計上する。
3．受取手形￥60,000 の取立が行われ、普通預金Ａ銀行口座に振り込まれていたが、銀行からの通知を見落としてしまっていたため未処理である。
4．現金の実際有高は￥480,200 である。帳簿残高との差額のうち￥31,800 は旅費交通費の記帳漏れであったが、残額については不明のため、雑損または雑益で処理する。
5．消費税の処理を行う。
6．受取手形と売掛金の期末残高合計に対して 2％の貸倒れを見積る。なお、貸倒引当金の設定は差額補充法による。
7．期末商品棚卸高は￥666,000 である。売上原価は「仕入」の行で計算する。
8．有形固定資産について、次の要領で定額法により減価償却を行う。
　建物：耐用年数 25 年　残存価額ゼロ
　※　建物のうち取得原価￥240,000（×1 年度期首に取得）を当期首に売却し、代金は仮受金としている。当該取引以外で仮受金は発生していない。
　備品：耐用年数 4 年　残存価額ゼロ
9．貸付金は当期の 1 月 1 日に期間 1 年、年利率 2％の条件で貸し付けたもので、利息は返済時に一括して受け取ることとなっている。したがって、利息の未収分を月割で計上する。
10．保険料は当期の 2 月 1 日に 14 ヶ月分を前払いしているため、前払分を月割で計上する。
11．法人税等￥342,500 を計上する。

全国統一模擬試験第6回 答案用紙 3級④ 商業簿記

採点欄	
第3問	

第3問（35点）

精　　算　　表

勘定科目	残高試算表		修正記入		損益計算書		貸借対照表	
	借方	貸方	借方	貸方	借方	貸方	借方	貸方
現金	518,000							
普通預金A銀行	1,680,000							
普通預金B銀行	230,000							
受取手形	315,000							
売掛金	645,000							
仮払消費税	280,000							
繰越商品	551,000							
貸付金	540,000							
建物	3,600,000							
備品	1,440,000							
土地	2,700,000							
買掛金		550,000						
仮受金		205,800						
仮受消費税		550,000						
貸倒引当金		7,200						
未払給料		295,000						
建物減価償却累計額		1,152,000						
備品減価償却累計額		720,000						
資本金		6,120,000						
繰越利益剰余金		1,800,000						
売上		6,800,000						
仕入	4,000,000							
給料	1,188,000							
旅費交通費	317,000							
保険料	196,000							
	18,200,000	18,200,000						
雑（　　）								
未払消費税								
貸倒引当金繰入								
（　　　）								
減価償却費								
未収利息								
受取利息								
（　　）保険料								
（　　）法人税等								
法人税等								
当期純（　　）								

第６回　チャレンジ 第３問①　貸借対照表・損益計算書作成

問題文は第６回を、決算整理前残高試算表は精算表内の残高試算表をそのまま使用してください。

貸借対照表

×7年3月31日　　　　（単位：円）

現金		(　)	買掛金	(　)
普通預金		(　)	未払費用	(　)
受取手形	(　)		未払消費税	(　)
売掛金	(　)		(　)法人税等	(　)
貸倒引当金	(△　)	(　)	資本金	(　)
商品		(　)	繰越利益剰余金	(　)
(　)費用		(　)		
(　)収益		(　)		
貸付金		(　)		
建物	(　)			
減価償却累計額	(△　)	(　)		
備品	(　)			
減価償却累計額	(△　)	(　)		
土地		(　)		
		(　)		(　)

損益計算書

自　×6年4月1日　至　×7年3月31日　　　　（単位：円）

売上原価	(　)	売上高	(　)
給料	(　)	受取利息	(　)
貸倒引当金繰入	(　)	(　)	(　)
減価償却費	(　)		
旅費交通費	(　)		
保険料	(　)		
雑(　)	(　)		
法人税等	(　)		
当期純(　)	(　)		
	(　)		(　)

第6回　チャレンジ 第3問②　決算整理後残高試算表作成

問題文は第6回を、決算整理前残高試算表は精算表内の残高試算表をそのまま使用してください。

決算整理後残高試算表

借方残高	勘定科目	貸方残高
	現金	
	普通預金A銀行	
	普通預金B銀行	
	受取手形	
	売掛金	
	繰越商品	
	(　　　)利息	
	(　　　)保険料	
	貸付金	
	建物	
	備品	
	土地	
	買掛金	
	(　　　)法人税等	
	未払消費税	
	未払給料	
	貸倒引当金	
	建物減価償却累計額	
	備品減価償却累計額	
	資本金	
	繰越利益剰余金	
	売上	
	受取利息	
	(　　　)	
	仕入	
	給料	
	旅費交通費	
	保険料	
	貸倒引当金繰入	
	減価償却費	
	雑(　　　)	
	法人税等	

当期純利益または当期純損失の金額　¥＿＿＿＿＿＿＿＿

※　当期純損失の場合は金額の頭に△を付すこと。

第6回　チャレンジ 第2問　勘定記入（経過勘定項目・収益の前受）

当社(会計期間は4月1日から3月31日まで)は、保有する土地について賃貸契約を締結した。賃貸契約は×7年12月1日に締結しており、契約内容は毎年6月と12月の各初日に向こう6ヶ月分が普通預金口座に振り込まれることになっている(1ヶ月当たりの地代額は¥80,000)。×8年度の地代にかかる下記の事項にもとづいて、答案用紙の受取地代勘定と前受地代勘定に必要な記入をして締め切りなさい。なお、勘定記入にあたっては、日付、摘要および金額を(　　)内に日付順に記入すること。

4月1日	受取地代について再振替仕訳を行った。
6月1日 および 12月1日	土地の賃借人から、契約どおりの地代額が普通預金口座に振り込まれた。
3月31日	受取地代のうち前受分を月割で計上した。

[答案用紙]

受　取　地　代

(　　)	(　　　　)	(　　　　)	(　　)	(　　　　)	(　　　　)
3/31	(　　　　)	(　　　　)	(　　)	(　　　　)	(　　　　)
			(　　)	(　　　　)	(　　　　)
		(　　　　)			(　　　　)

前　受　地　代

(　　)	(　　　　)	(　　　　)	4/ 1	(　　　　)	(　　　　)
3/31	(　　　　)	(　　　　)	3/31	(　　　　)	(　　　　)
		(　　　　)			(　　　　)

日商簿記検定３級　全国統一模擬試験　第７回

問　題・答　案　用　紙

（制限時間　60 分）

受験者への注意事項

1.　本冊子は、持ち帰りできませんので全ページを必ず提出してください。持ち帰った場合は失格となり、以後の受験をお断りする場合があります。

2.　答えは、問題文の指示に従い定められたところに、誤字・脱字のないよう、ていねいに書いてください。

3.　答案の記入にあたっては、黒鉛筆または黒シャープペンシルを使用してください。仕訳問題の答案の記入方法は、下記を確認してください。

4.　問題および答案用紙の余白は計算用紙として使用できます（解答欄にかぶらないようにしてください）。

仕訳問題の解答にあたっての注意事項

以下の正答例を参考に、仕訳問題における各設問の解答にあたっては、各勘定科目の使用は、借方・貸方の中でそれぞれ１回ずつとしてください(各設問につき、同じ勘定科目を借方・貸方の中で２回以上使用してしまうと、不正解となります)。

ア．現金　　　イ．売掛金　　　ウ．売上

［正答例：勘定科目を借方・貸方の中で１回だけ使用している］

借方		貸方	
記　号	金　額	記　号	金　額
（ ア ）	10	（ ウ ）	100
（ イ ）	90	（　　）	

［誤答例：同じ勘定科目を貸方の中で２回使用してしまっている］

借方		貸方	
記　号	金　額	記　号	金　額
（ ア ）	10	（ ウ ）	10
（ イ ）	90	（ ウ ）	90

第１問（45点）

下記の各取引について仕訳しなさい。ただし、勘定科目は、設問ごとに最も適当と思われるものを選び、答案用紙の（　　）の中に記号で解答すること。なお、消費税は指示された問題のみ考慮すること。

1．消耗品を購入するための資金として、普通預金口座から現金￥50,000を引き出して会社の金庫に保管した。

ア．現金　　イ．消耗品費　　ウ．普通預金
エ．定期預金　　オ．支払手数料　　カ．当座預金

2．月末に、用度係から今月分の小口現金の支払高について次のとおり報告を受けた。なお、当社は定額資金前渡制度を採用しているが、用度係に対する小口現金は、来月に小切手を振り出して補給する。

ハガキ・切手代　￥5,000　　文房具代　￥2,000　　収入印紙　￥7,500

ア．小口現金　　イ．未払金　　ウ．当座預金
エ．通信費　　オ．消耗品費　　カ．租税公課

3．株式会社足立商店から掛けで仕入れていた商品110個（@￥3,200）について、小さな傷があった7個と汚損していた13個を返品した。

ア．当座預金　　イ．売掛金　　ウ．現金
エ．買掛金　　オ．売上　　カ．仕入

4．代金を共通商品券で受け取り販売した商品￥20,000に品違いがあったため、得意先から商品の返品を受け、代金を現金で支払った。

ア．現金　　イ．売掛金　　ウ．仕入
エ．受取商品券　　オ．売上　　カ．受取手形

5．月末に受け取ることになっていた備品の売却代金￥100,000について、本日月末を迎え、小切手を受け取り、ただちに当座預金とした。

ア．固定資産売却益　　イ．当座預金　　ウ．現金
エ．備品　　オ．売掛金　　カ．未収入金

6．本月分の従業員M氏に支給する給料￥300,000から、元金￥120,000、貸付期間12ヶ月、年利率1%を条件とする従業員貸付金の当月返済分（元金￥10,000、利息￥100）を控除して、現金で支払った。

ア．現金　　イ．立替金　　ウ．従業員貸付金
エ．役員貸付金　　オ．受取利息　　カ．給料

7．取引先銀行から借り入れていた資金￥500,000について、本日返済日を迎え、元利合計が当座預金口座から引き落された。なお、借り入れにともなう利率は年3.066%、借入期間は当期中の185日であり、利息は1年を365日とする日割計算によって行う。

ア．当座預金　　イ．貸付金　　ウ．受取利息
エ．借入金　　オ．普通預金　　カ．支払利息

8．仕入先への買掛金￥510,000について、電子債権記録機関に取引銀行を通じて電子記録債務の発生記録を行った。

ア．受取手形　　イ．電子記録債権　　ウ．支払手形
エ．売掛金　　オ．買掛金　　カ．電子記録債務

全国統一模擬試験第７回 答案用紙　３級① 商業簿記

採点欄	
第1問	

第１問（45点）

	借方		貸方	
	記号	金額	記号	金額
1	(　　)		(　　)	
	(　　)		(　　)	
	(　　)		(　　)	
	(　　)		(　　)	
2	(　　)		(　　)	
	(　　)		(　　)	
	(　　)		(　　)	
	(　　)		(　　)	
3	(　　)		(　　)	
	(　　)		(　　)	
	(　　)		(　　)	
	(　　)		(　　)	
4	(　　)		(　　)	
	(　　)		(　　)	
	(　　)		(　　)	
	(　　)		(　　)	
5	(　　)		(　　)	
	(　　)		(　　)	
	(　　)		(　　)	
	(　　)		(　　)	
6	(　　)		(　　)	
	(　　)		(　　)	
	(　　)		(　　)	
	(　　)		(　　)	
7	(　　)		(　　)	
	(　　)		(　　)	
	(　　)		(　　)	
	(　　)		(　　)	
8	(　　)		(　　)	
	(　　)		(　　)	
	(　　)		(　　)	
	(　　)		(　　)	

（次ページに続く）

9．商品を仕入れ、品物とともに次の納品書を受け取り、代金は後日支払うこととした。株式会社ＩＴ商事で必要な仕訳を示しなさい。なお、消費税は税抜方式によって処理している。

納　品　書

株式会社　ＩＴ商事　様

池袋食品　株式会社

品　物	数　量	単　価	金　額
タルタル弁当	600	680	￥　408,000
ハンバーグ弁当	500	1,000	￥　500,000
すき焼き弁当	180	2,200	￥　396,000
	消　費　税		￥　130,400
	合　　計		￥ 1,434,400

ア．未払金　　イ．仮払消費税　　ウ．買掛金
エ．雑費　　オ．仕入　　カ．貯蔵品

10．新しく事業活動を開始するために、店舗内の備品￥500,000を購入し、代金は翌月末に支払うことにした。なお、据付費￥50,000は小切手を振り出して支払った。

ア．支払手形　　イ．当座預金　　ウ．備品
エ．支払手数料　　オ．未払金　　カ．現金

11．×4年6月30日に、店舗の撤退にともなって不用になった車両（取得日：×1年4月1日、取得原価：￥1,000,000、残存価額：ゼロ、耐用年数：5年、償却方法：定額法、記帳方法：間接法）を￥200,000で売却し、売却代金は小切手で受け取り、直ちに当座預金とした。なお、当期は×4年4月1日からである。

ア．当座預金　　イ．車両運搬具　　ウ．減価償却累計額
エ．固定資産売却益　　オ．減価償却費　　カ．固定資産売却損

12．当社は中間申告を行い、法人税等￥100,000を当座預金口座から支払い、中間納付した。

ア．当座預金　　イ．租税公課　　ウ．仮払法人税等
エ．法人税等　　オ．普通預金　　カ．仮払金

13．当社の代表取締役Ｋ氏に、資金を貸し付ける目的で￥100,000の小切手を振り出した。

ア．手形貸付金　　イ．当座預金　　ウ．現金
エ．従業員貸付金　　オ．役員貸付金　　カ．売掛金

14．当社の株主総会で、繰越利益剰余金￥300,000の一部を次のとおり処分することが承認された。

株主配当金：￥200,000、利益準備金の積立：￥20,000

ア．資本金　　イ．買掛金　　ウ．未払配当金
エ．当座預金　　オ．利益準備金　　カ．繰越利益剰余金

15．当期決算整理後の各勘定の残高は、仕入勘定￥3,592,000、売上勘定￥6,200,000であった。これらを損益勘定へ振り替えた。損益勘定は相殺しないこと。

ア．繰越利益剰余金　　イ．売掛金　　ウ．繰越商品
エ．売上　　オ．仕入　　カ．損益

全国統一模擬試験第７回 答案用紙　３級② 商業簿記

採点欄	
第1問	

（前ページより）

	借方		貸方	
	記号	金額	記号	金額
9	（　）		（　）	
	（　）		（　）	
	（　）		（　）	
	（　）		（　）	
10	（　）		（　）	
	（　）		（　）	
	（　）		（　）	
	（　）		（　）	
11	（　）		（　）	
	（　）		（　）	
	（　）		（　）	
	（　）		（　）	
12	（　）		（　）	
	（　）		（　）	
	（　）		（　）	
	（　）		（　）	
13	（　）		（　）	
	（　）		（　）	
	（　）		（　）	
	（　）		（　）	
14	（　）		（　）	
	（　）		（　）	
	（　）		（　）	
	（　）		（　）	
15	（　）		（　）	
	（　）		（　）	
	（　）		（　）	
	（　）		（　）	

第 2 問（20 点）

⑴　株式会社田中商事（決算日：×6 年 3 月 31 日）の次の［資料］にもとづいて**問**に答えなさい。なお、減価償却の計算は残存価額ゼロ、定額法で行われており、会計期間の途中で取得または売却した備品については月割で減価償却費を計上している。

［資料］

1．固定資産台帳　（注）（　　）は各自推定しなさい。

固　定　資　産　台　帳　　　　×6 年 3 月 31 日現在

取得年月日	名称等	期末 数量	耐用 年数	期首(期中取得) 取得原価	期　首 減価償却累計額	期首(期中取得) 帳簿価額	期中売却	当　期 減価償却費
×2年10月 1日	備品A	4	7年	980,000	(　　　)	(　　　)	0	(　　　)
×3年 4月 1日	備品B	0	4年	420,000	210,000	210,000	(　　　)	(　　　)
×6年 1月 1日	備品C	6	5年	750,000	0	750,000	0	(　　　)
				2,150,000	(　　　)	(　　　)	(　　　)	(　　　)

2．当期×5 年 11 月 30 日に備品Bを￥130,000 で売却した。

問 1　答案用紙の備品勘定と備品減価償却累計額勘定への記入を行いなさい。
問 2　［資料］2．の取引により生じた固定資産売却損益の金額を答えなさい。

⑵　次の文章の（　1　）～（　5　）にあてはまる最も適切な語句を［語群］から選択して、記号で答えなさい。

1．前期以前に貸倒れとして処理した売掛金について、当期にその一部を回収したときは、その回収金額を収益勘定である（　1　）勘定で処理する。
2．株式会社が繰越利益剰余金を財源として配当を行ったときは、会社法で定められた上限額に達するまでは一定額を（　2　）として積み立てなければならない。
3．主要簿とは、仕訳帳と（　3　）のことである。
4．すでに取得済みの有形固定資産の修理、改良などのために支出した金額のうち、その有形固定資産の使用可能期間を延長または価値を増加させる部分を（　4　）支出という。
5．企業の活動にともなうお金やモノの出入りを一定のルールに従って帳簿に記録・計算・整理することを（　5　）という。

［語群］

ア．　補助元帳	イ．　総勘定元帳	ウ．　転記	エ．　簿記	オ．　試算表
カ．　収益的	キ．　貸倒引当金戻入	ク．　資本的	ケ．　利益準備金	コ．　決算
サ．　償却債権取立益	シ．　繰越利益剰余金			

採点欄	
第2問	

全国統一模擬試験第７回 答案用紙　３級③ 商業簿記

第２問（20点）

(1)

問１

備　　　品

年	月	日	摘　要	借　方	年	月	日	摘　要	貸　方
×5	4	1	前期繰越	(　　)	×5	11	30	(　　)	(　　)
×6	1	1	当座預金	(　　)	×6	3	31	次期繰越	(　　)
				(　　)					(　　)

備品減価償却累計額

年	月	日	摘　要	借　方	年	月	日	摘　要	貸　方
×5	11	30	(　　)	(　　)	×5	4	1	前期繰越	(　　)
×6	3	31	次期繰越	(　　)	×6	3	31	(　　)	(　　)
				(　　)					(　　)

問２　固定資産売却（ 損 ・ 益 ）　　　　　　円

（注）（　）内の損または益のいずれかに○印をつけること。

(2)

(1)	(2)	(3)	(4)	(5)

第３問（35点）

次の⑴決算整理前残高試算表および⑵決算整理事項等にもとづいて、答案用紙の貸借対照表および損益計算書を完成しなさい。会計期間は×5年4月1日から×6年3月31日までの1年間である。

⑴

決算整理前残高試算表

借　方	勘定科目	貸　方
592,000	現金	
231,000	普通預金	
240,000	受取手形	
560,000	売掛金	
280,000	仮払法人税等	
320,000	繰越商品	
6,400,000	建物	
500,000	備品	
560,000	車両運搬具	
3,500,000	土地	
	買掛金	780,000
	仮受金	150,000
	借入金	940,000
	貸倒引当金	4,800
	建物減価償却累計額	1,280,000
	備品減価償却累計額	250,000
	車両減価償却累計額	160,000
	資本金	6,000,000
	繰越利益剰余金	1,676,200
	売上	5,842,000
	受取地代	832,000
3,915,000	仕入	
421,000	給料	
87,000	水道光熱費	
85,000	通信費	
22,000	旅費交通費	
150,000	租税公課	
52,000	支払利息	
17,915,000		17,915,000

⑵　決算整理事項等

1．3月中に従業員が立替払いした経費について以下の領収書を受け取っていたが未処理である。なお、当店では従業員が立替払いした経費を毎月末に未払金として計上したうえで、従業員には翌月に支払っている。

領収書

琵琶商事㈱　様

領収年月日　×6年3月26日

金額　￥18,000

但し、乗車券代として　　北関東旅客事業㈱

2．12月末にすべての車両運搬具を￥150,000で売却したが、受け取った代金を仮受金として処理したのみである。そこで、決算にあたり適切に修正する。なお、車両運搬具は定額法（耐用年数7年、残存価額ゼロ）により減価償却を行う。

3．売掛金のうち￥70,000について得意先より普通預金口座へ入金があったが、その記帳がいまだ行われていない。

4．期末商品の棚卸高は￥285,000であった。

5．固定資産の減価償却を次のとおり行う。

建物　定額法　耐用年数50年　残存価額ゼロ

備品　定額法　耐用年数 4 年　残存価額ゼロ

6．受取手形および売掛金に対して1%の貸倒れを見積り、差額補充法により貸倒引当金を設定する。

7．購入時に費用処理した収入印紙の未使用高が￥70,000あるため、貯蔵品へ振り替える。

8．水道光熱費の決算日までの未払額が￥9,000ある。

9．支払利息のうち、￥17,000を前払いとして処理する。

10．決算整理前残高試算表の受取地代は来期1ヶ月分を含む13ヶ月分であるため、前受額を月割により計上する。

11．法人税等を￥540,000計上する。

採点欄
第3問

全国統一模擬試験第7回 答案用紙　3級④ 商業簿記

第3問（35点）

貸借対照表

×6年3月31日　　（単位：円）

現金		（　　）	買掛金	（　　）
普通預金		（　　）	未払金	（　　）
受取手形	（　　）		借入金	（　　）
売掛金	（　　）		（　　）費用	（　　）
貸倒引当金	（△　　）	（　　）	前受収益	（　　）
商品		（　　）	未払法人税等	（　　）
（　　）		（　　）	資本金	（　　）
（　　）費用		（　　）	（　　）	（　　）
建物	（　　）			
減価償却累計額	（△　　）	（　　）		
備品	（　　）			
減価償却累計額	（△　　）	（　　）		
土地		（　　）		
		（　　）		（　　）

損益計算書

自　×5年4月1日　至　×6年3月31日　　（単位：円）

売上原価	（　　）	売上高	（　　）
給料	（　　）	受取地代	（　　）
水道光熱費	（　　）		
通信費	（　　）		
旅費交通費	（　　）		
租税公課	（　　）		
減価償却費	（　　）		
貸倒引当金繰入	（　　）		
支払利息	（　　）		
固定資産（　　）	（　　）		
法人税等	（　　）		
当期純利益	（　　）		
	（　　）		（　　）

第7回　チャレンジ 第3問①　決算整理後残高試算表作成

問題文は、第7回をそのまま使用してください。

決算整理後残高試算表

借方残高	勘定科目	貸方残高
	現金	
	普通預金	
	受取手形	
	売掛金	
	繰越商品	
	(　　　　)	
	(　　　)利息	
	建物	
	備品	
	土地	
	買掛金	
	未払金	
	借入金	
	未払法人税等	
	(　　)水道光熱費	
	前受地代	
	貸倒引当金	
	建物減価償却累計額	
	備品減価償却累計額	
	資本金	
	(　　　　)	
	売上	
	受取地代	
	仕入	
	給料	
	水道光熱費	
	旅費交通費	
	通信費	
	租税公課	
	減価償却費	
	貸倒引当金繰入	
	支払利息	
	固定資産(　　　)	
	法人税等	

当期純利益または当期純損失の金額　　￥

※　当期純損失の場合は金額の頭に△を付すこと。

第7回　チャレンジ 第3問②　精算表作成

問題文は、第7回をそのまま使用してください。

精　　　算　　　表

勘定科目	残高試算表		修正記入		損益計算書		貸借対照表	
	借方	貸方	借方	貸方	借方	貸方	借方	貸方
現金	592,000							
普通預金	231,000							
受取手形	240,000							
売掛金	560,000							
仮払法人税等	280,000							
繰越商品	320,000							
建物	6,400,000							
備品	500,000							
車両運搬具	560,000							
土地	3,500,000							
買掛金		780,000						
仮受金		150,000						
借入金		940,000						
貸倒引当金		4,800						
建物減価償却累計額		1,280,000						
備品減価償却累計額		250,000						
車両減価償却累計額		160,000						
資本金		6,000,000						
繰越利益剰余金		1,676,200						
売上		5,842,000						
受取地代		832,000						
仕入	3,915,000							
給料	421,000							
水道光熱費	87,000							
通信費	85,000							
旅費交通費	22,000							
租税公課	150,000							
支払利息	52,000							
	17,915,000	17,915,000						
未払金								
減価償却費								
固定資産(　　)								
貸倒引当金繰入								
(　　　　)								
(　　)水道光熱費								
(　　)利息								
(　　)地代								
未払法人税等								
法人税等								
当期純(　　)								

第7回　チャレンジ 第2問　勘定記入（固定資産）

当期（×22年4月1日～×23年3月31日）の［資料］にもとづいて**問**に答えなさい。なお、当社は固定資産について、残存価額ゼロの定額法により毎期適切に減価償却費の計算をしている。

［資料］

Ⅰ．期首時点で保有の固定資産一覧

種　類	取得日	取得原価	耐用年数
建物A	×10年　4月1日	¥1,200,000	40年
備品A	×15年　4月1日	¥　800,000	10年
備品B	×20年10月1日	¥　600,000	10年
土　地	×10年　4月1日	¥5,000,000	―

Ⅱ．当期の固定資産に関する取引

1．6月30日に備品Aを¥200,000で売却し現金で受け取った。

2．12月1日に購入代価¥670,000の備品Cを（耐用年数5年）購入し、引取費用¥30,000および据付費¥50,000と合わせて小切手を振り出して支払った。

3．3月31日に建物Aの耐震工事¥300,000（資本的支出）および窓ガラスの修理¥100,000（収益的支出）を行い、代金は来月支払うことにした。なお、この取引によって建物勘定が増加した場合であっても、当期の減価償却は行わないこととする。

【解答上の注意】

採点箇所は金額欄のみとする。

問1　答案用紙の各勘定の勘定記入を行いなさい。

問2　固定資産売却損（益）の金額を答えなさい。

［答案用紙］

問1

建　物

4/1	前期繰越	1,200,000	3/31	次期繰越	（　　）
3/31	［　　］	（　　）			
		（　　）			（　　）

備品減価償却累計額

6/30	［　　］	（　　）	4/1	前期繰越	（　　）
3/31	［　　］	（　　）	3/31	［　　］	（　　）
		（　　）			（　　）

減価償却費

6/30	備　品	（　　）	3/31	［　　］	（　　）
3/31	建物減価償却累計額	（　　）			
〃	備品減価償却累計額	（　　）			
		（　　）			（　　）

問2　固定資産売却（　損　・　益　）　［　　　　　］円

（注）（　　）内の損または益のいずれかに○印をつけること。

日商簿記検定３級　全国統一模擬試験　第８回

問　題・答　案　用　紙

（制限時間　60分）

受験者への注意事項

1.　本冊子は、持ち帰りできませんので全ページを必ず提出してください。持ち帰った場合は失格となり、以後の受験をお断りする場合があります。
2.　答えは、問題文の指示に従い定められたところに、誤字・脱字のないよう、ていねいに書いてください。
3.　答案の記入にあたっては、黒鉛筆または黒シャープペンシルを使用してください。仕訳問題の答案の記入方法は、下記を確認してください。
4.　問題および答案用紙の余白は計算用紙として使用できます（解答欄にかぶらないようにしてください）。

仕訳問題の解答にあたっての注意事項

以下の正答例を参考に、仕訳問題における各設問の解答にあたっては、各勘定科目の使用は、借方・貸方の中でそれぞれ１回ずつとしてください（各設問につき、同じ勘定科目を借方・貸方の中で２回以上使用してしまうと、不正解となります）。

ア．現金　　　イ．売掛金　　　ウ．売上

［正答例：勘定科目を借方・貸方の中で１回だけ使用している］

借方		貸方	
記号	金額	記号	金額
（ ア ）	10	（ ウ ）	100
（ イ ）	90	（　　）	

［誤答例：同じ勘定科目を貸方の中で２回使用してしまっている］

借方		貸方	
記号	金額	記号	金額
（ ア ）	10	（ ウ ）	10
（ イ ）	90	（ ウ ）	90

第 1 問（45 点）

下記の各取引について仕訳しなさい。ただし、勘定科目は、設問ごとに最も適当と思われるものを選び、答案用紙の（　）の中に記号で解答すること。なお、消費税は指示された問題のみ考慮すること。

1．現金の帳簿残高が実際有高より￥30,000 多かったため現金過不足として処理していたが、決算日において、支払利息の支払い￥10,000 が未処理であることが判明した。残額の原因は判明しなかったため、雑益または雑損として処理する。

ア．普通預金　イ．現金過不足　ウ．雑益
エ．現金　オ．雑損　カ．支払利息

2．会社所有の営業用車両に係る自動車税￥30,000 を当座預金口座から納付した。

ア．通信費　イ．当座預金　ウ．現金
エ．貯蔵品　オ．租税公課　カ．消耗品費

3．従業員が出張から帰社し、旅費の精算を行ったところ、あらかじめ概算額で仮払いしていた￥60,000 では足りず、不足額￥15,000 を従業員が立替払いしていた。なお、この不足額は次の給料支払い時に従業員へ支払うため、未払金として計上する。

ア．通信費　イ．仮払金　ウ．未払金
エ．仮受金　オ．前払金　カ．旅費交通費

4．損益勘定の収益総額￥3,000,000 と費用総額￥2,500,000 の差額を繰越利益剰余金勘定に振り替えた。

ア．仕入　イ．資本金　ウ．繰越利益剰余金
エ．利益準備金　オ．売上　カ．損益

5．株式の増資の意思決定を行い、1 株当たり￥100 で株式を新たに 500 株発行し、出資者より当座預金口座に振り込まれた。なお、払込金額の全額を資本金とする。

ア．利益準備金　イ．当座預金　ウ．現金
エ．資本金　オ．普通預金　カ．繰越利益剰余金

6．取引先より商品￥100,000 を仕入れ、代金は注文時に支払った手付金￥20,000 を差し引き、残額は掛けとした。

ア．仮払金　イ．現金　ウ．前払金
エ．当座預金　オ．買掛金　カ．仕入

7．出張中の従業員から送金された内容不明の現金￥50,000 を仮受金として処理していたが、当該従業員が出張から戻り、出張先から送金された現金￥50,000 は、売掛金の回収であることが判明した。

ア．立替金　イ．売掛金　ウ．旅費交通費
エ．現金　オ．仮受金　カ．仮払金

8．当期首に（×4 年 4 月 1 日）、店舗の撤退にともなって不用になった備品（取得日：×1 年 4 月 1 日、取得原価：￥500,000、残存価額：ゼロ、耐用年数：5 年、償却方法：定額法、記帳方法：間接法）を￥100,000 で売却し、売却代金は小切手で受け取り、直ちに当座預金とした。なお、当社の決算日は 3 月 31 日である。

ア．固定資産売却益　イ．当座預金　ウ．備品
エ．備品減価償却累計額　オ．減価償却費　カ．固定資産売却損

採　点　欄	
第1問	

全国統一模擬試験第８回 答案用紙　3 級① 商業簿記

第 1 問（45 点）

	借方		貸方	
	記号	金額	記号	金額
1	(　　)		(　　)	
	(　　)		(　　)	
	(　　)		(　　)	
	(　　)		(　　)	
2	(　　)		(　　)	
	(　　)		(　　)	
	(　　)		(　　)	
	(　　)		(　　)	
3	(　　)		(　　)	
	(　　)		(　　)	
	(　　)		(　　)	
	(　　)		(　　)	
4	(　　)		(　　)	
	(　　)		(　　)	
	(　　)		(　　)	
	(　　)		(　　)	
5	(　　)		(　　)	
	(　　)		(　　)	
	(　　)		(　　)	
	(　　)		(　　)	
6	(　　)		(　　)	
	(　　)		(　　)	
	(　　)		(　　)	
	(　　)		(　　)	
7	(　　)		(　　)	
	(　　)		(　　)	
	(　　)		(　　)	
	(　　)		(　　)	
8	(　　)		(　　)	
	(　　)		(　　)	
	(　　)		(　　)	
	(　　)		(　　)	

（次ページに続く）

9．株式会社ＹＭ商事は、オフィスのデスクセット￥1,000,000(税抜価額)を購入し、代金は、据付作業にかかった代金￥8,000(税抜価額)を合わせた金額を後日支払うこととした。当社は消費税の処理方法として税抜方式を採用している。なお、消費税率は10%で計算すること。

ア．仮払消費税　イ．備品　ウ．仕入
エ．未払金　オ．支払手数料　カ．買掛金

10.かねて取立てを依頼していた得意先振出の約束手形￥200,000が支払期日になり、普通預金口座に￥200,000が入金された旨について取引銀行から通知を受けた。

ア．支払手形　イ．普通預金　ウ．受取手形
エ．現金　オ．売掛金　カ．買掛金

11．前期の決算において未収利息￥72,000、貯蔵品￥5,200（収入印紙代）、当座借越￥216,000（借入金勘定で処理）を計上していたので、本日（当期首）再振替仕訳を行った。

ア．当座預金　イ．貯蔵品　ウ．未収利息
エ．借入金　オ．受取利息　カ．租税公課

12．得意先に対して商品￥200,000を販売し、以前当社が振り出していた約束手形を受け取った。

ア．売掛金　イ．現金　ウ．買掛金
エ．支払手形　オ．受取手形　カ．売上

13．友好的な関係の会社に対して元金￥500,000、貸付期間８ヶ月、年利率3%の条件で貸し付けを行い、利息を差し引いた金額を普通預金口座から振り込んだ。なお、利息は月割計算によって行う。

ア．普通預金　イ．貸付金　ウ．支払利息
エ．借入金　オ．受取利息　カ．立替金

14．後日、Ｂ銀行普通預金口座からＦ銀行普通預金口座へ移動させるため、Ｂ銀行普通預金口座から現金￥70,000を引き出した。

ア．現金　イ．普通預金Ｂ銀行　ウ．資本金
エ．借入金　オ．貸付金　カ．普通預金Ｆ銀行

15．株式会社ＫＴ商事は、納付書にもとづき、従業員の給料に対する源泉所得税を当座預金から納付し、下記の領収証書を入手した。株式会社ＫＴ商事で必要な仕訳を示しなさい。

領　収　証　書

区　分	支払年月日	人　員	支　給　額	税　額
俸給・給料等	07 06 20	5	1,950,000	97,500
賞与(役員賞与を除く)				
日雇労務者の賃金				
退職手当等				
税理士等の報酬				
役員賞与				

納期等の区分
07 06

年末調整による不足税額	
年末調整による超過税額	
本　税	97,500
延滞税	
合計額	￥97,500

住所　群馬県高崎市○○-○
氏名　株式会社　ＫＴ商事

出納印
×7. 7.10
中央銀行

ア．当座預金　イ．租税公課　ウ．立替金
エ．所得税預り金　オ．普通預金　カ．給料

全国統一模擬試験第８回 答案用紙　３級②　商業簿記

採点欄	
第1問	

（前ページより）

	借方		貸方	
	記号	金額	記号	金額
9	（ ）		（ ）	
	（ ）		（ ）	
	（ ）		（ ）	
	（ ）		（ ）	
10	（ ）		（ ）	
	（ ）		（ ）	
	（ ）		（ ）	
	（ ）		（ ）	
11	（ ）		（ ）	
	（ ）		（ ）	
	（ ）		（ ）	
	（ ）		（ ）	
12	（ ）		（ ）	
	（ ）		（ ）	
	（ ）		（ ）	
	（ ）		（ ）	
13	（ ）		（ ）	
	（ ）		（ ）	
	（ ）		（ ）	
	（ ）		（ ）	
14	（ ）		（ ）	
	（ ）		（ ）	
	（ ）		（ ）	
	（ ）		（ ）	
15	（ ）		（ ）	
	（ ）		（ ）	
	（ ）		（ ）	
	（ ）		（ ）	

第 2 問（20 点）

⑴　下記の［資料］にもとづいて、当期（×2 年 4 月 1 日～×3 年 3 月 31 日）の消費税に関連する各勘定の空欄にあてはまる語句または金額を答えなさい。なお、商品売買はすべて掛けにより行っている。

【解答上の注意】

①　適用される消費税率は 10％である。

②　問題の便宜上、当期の商品売買および消費税に関する取引は［資料］にある取引のみとする。

③　［摘要欄］の勘定等は、以下の選択肢から記号で選択すること。また、勘定科目等はこの問題の中で複数回使用してよい。

ア．現金	イ．売掛金	ウ．仮払消費税	エ．買掛金	オ．仮受消費税
カ．未払消費税	キ．売上	ク．前期繰越	ケ．次期繰越	コ．諸口

［資料］

1．5 月 25 日に、前期（×1 年 4 月 1 日～×2 年 3 月 31 日）の消費税の確定申告を行うと同時に現金で納付した。なお、前期に計上した仮払消費税は￥350,000、仮受消費税は￥630,000 であり、確定申告における金額と差異はなかった。

2．6 月 15 日に仕入先から商品￥2,300,000（税抜価額）を仕入れた。

3．7 月 1 日に得意先に商品￥3,800,000（税抜価額）を販売した。

4．11 月 1 日に仕入先から商品￥2,500,000（税抜価額）を仕入れた。

5．1 月 15 日に得意先に商品￥4,800,000（税抜価額）を販売した。

6．1 月 16 日に前日販売した商品に一部品違いが生じたことが判明し、代金￥300,000（税抜価額）の商品の返品を受けた。なお、返品にともなう代金は、掛け代金で調整する。

7．決算日となり、消費税の納付額を計算し、これを確定した。

⑵　愛知商店は、日々の取引を入金伝票、出金伝票および振替伝票の 3 種類の伝票に記入し、これを 1 日分ずつ集計して仕訳日計表を作成し、この仕訳日計表から総勘定元帳に転記している。×7 年 5 月 1 日の取引について作成された次の各伝票(略式)にもとづいて、【１】答案用紙の仕訳日計表を作成し、総勘定元帳の現金勘定へ転記しなさい。また、【２】仮に出金伝票 No201 と振替伝票 No301 が分解方式によって起票された伝票であった場合、擬制方式ではどのような伝票が起票されるか、答案用紙の伝票を作成しなさい。なお、各伝票の科目欄には勘定科目名のみを記載すること。商店名を記載する必要はない。

入金伝票　No.101
売掛金(千葉商店)　31,000

入金伝票　No.102
売　上　65,000

入金伝票　No.103
受取手形　92,000

入金伝票　No.104
前受金　17,000

出金伝票　No.201
仕　入　53,000

出金伝票　No.202
買掛金(埼玉商店)　58,000

出金伝票　No.203
買掛金(群馬商店)　40,000

出金伝票　No.204
通信費　24,000

振替伝票　No.301
仕　入　26,000
買掛金(群馬商店)　26,000

振替伝票　No.302
買掛金(埼玉商店)　11,000
仕　入　11,000

振替伝票　No.303
受取手形　59,000
売掛金(茨城商店)　59,000

振替伝票　No.304
受取手形　74,000
売　上　74,000

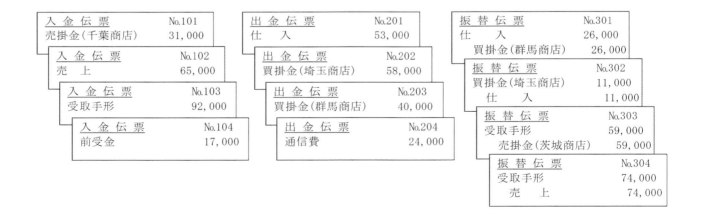

全国統一模擬試験第８回 答案用紙　３級③　商業簿記

採点欄	
第2問	

第２問（20点）

(1)

売　掛　金

4/ 1	前期繰越	1,760,000	8/25	当座預金	4,730,000
(　　)	[　　]	(　　)	(　　)	[　　]	(　　)
(　　)	[　　]	(　　)	(　　)	[　　]	(　　)
		(　　)			(　　)

仮払消費税

(　　)	[　　]	(　　)	(　　)	[　　]	(　　)
(　　)	[　　]	(　　)			
		(　　)			(　　)

仮受消費税

(　　)	[　　]	(　　)	(　　)	[　　]	(　　)
(　　)	[　　]	(　　)	(　　)	[　　]	(　　)
		(　　)			(　　)

未払消費税

(　　)	[　　]	(　　)	(　　)	[　　]	(　　)
(　　)	[　　]	(　　)	(　　)	[　　]	(　　)
		(　　)			(　　)

(2)

【１】　仕訳日計表

×7年5月1日

借　方	勘定科目	貸　方
	現　金	
	受取手形	
	売掛金	
	買掛金	
	前受金	
	売　上	
	仕　入	
	通信費	

現　金

×7/5/1	前月繰越	130,000	×7/5/1	仕訳日計表	(　　)
〃	仕訳日計表	(　　)			

【２】

出金伝票

科　目	金　額

振替伝票

借方科目	金　額	貸方科目	金　額

第 3 問（35 点）

次の(1)決算整理前残高試算表および(2)決算整理事項等にもとづいて、**問**に答えなさい。会計期間は×2 年 4 月 1 日から×3 年 3 月 31 日までの 1 年間である。

(1)

決算整理前残高試算表

借　　方	勘　定　科　目	貸　　方
290,000	現　　　　金	
100,000	小　口　現　金	
1,120,000	普　通　預　金	
800,000	定　期　預　金	
370,000	受　取　手　形	
506,600	売　　掛　　金	
17,000	仮 払 法 人 税 等	
294,000	繰　越　商　品	
900,000	備　　　　品	
	支　払　手　形	500,000
	買　　掛　　金	817,200
	貸 倒 引 当 金	20,900
	備品減価償却累計額	435,000
	資　　本　　金	2,000,000
	繰越利益剰余金	469,300
	売　　　　上	2,897,000
	受　取　利　息	34,100
1,936,000	仕　　　　入	
452,000	給　　　　料	
165,000	減 価 償 却 費	
167,400	支　払　家　賃	
33,600	消　耗　品　費	
21,900	旅 費 交 通 費	
7,173,500		7,173,500

(2) 決算整理事項等

1．小口現金を扱う用度係から次のとおり小口現金を使用したことの報告を受けていたが、未記帳であった。なお、この報告にもとづく補給は翌期に行うこととした。
　文房具￥4,000（使用済み）　タクシー代￥7,200

2．掛け代金の普通預金口座からの支払い￥56,000 の取引が、誤って借方・貸方ともに￥65,000 と記帳されていたため、その修正を行った。

3．前期に発生した売掛金のうち￥12,600 が貸倒れとなった。

4．受取手形および売掛金の期末残高に対して 4%の貸倒れを見積る。貸倒引当金の設定は差額補充法による。

5．期末商品棚卸高は￥311,000 である。

6．備品について耐用年数 5 年、残存価額はゼロとして、定額法により毎期減価償却を行っている。なお、減価償却費については、固定資産の期首の残高を基礎として、備品￥15,000 を 4 月から 2 月までの 11 ヶ月間に毎月見積り計上してきており、決算月においても同様の処理を行う。

7．定期預金は、当期の 11 月 6 日に 1 年満期（年利率 0.3%）で預け入れたものである。すでに経過した 146 日分の利息を未収計上する。なお、利息は 1 年を 365 日とする日割計算によること。

8．支払家賃のうち￥144,000 は、当期の 6 月 1 日に向こう 1 年 6 ヶ月分を支払ったものである。そこで、前払分を月割により計上する。

9．給料の未払分が￥25,000 ある。

10．未払法人税等（確定申告納付額）￥23,800 を計上する。

問 1　答案用紙の決算整理後残高試算表を完成しなさい。

問 2　当期純利益または当期純損失の金額を答えなさい。
　　なお、当期純損失の場合は金額の頭に△を付すこと。

全国統一模擬試験第８回 答案用紙　３級④　商業簿記

採点欄	
第3問	

第３問（35点）

問１

決算整理後残高試算表

借方残高	勘定科目	貸方残高
	現金	
	小口現金	
	普通預金	
	定期預金	
	受取手形	
	売掛金	
	繰越商品	
	(　　　) 家賃	
	(　　　) 利息	
	備品	
	支払手形	
	買掛金	
	(　　　) 給料	
	未払法人税等	
	貸倒(　　　)	
	備品減価償却累計額	
	資本金	
	繰越利益剰余金	
	売上	
	受取利息	
	仕入	
	給料	
	減価償却費	
	支払家賃	
	消耗品費	
	旅費交通費	
	貸倒引当金繰入	
	(　　　)	

問２　当期純利益または当期純損失の金額　　￥＿＿＿＿＿＿

第8回　チャレンジ 第3問①　貸借対照表・損益計算書作成

問題文は、第8回をそのまま使用してください。

貸　借　対　照　表

×3年3月31日　　　　（単位：円）

現金		(　　)	支払手形	(　　)
小口現金		(　　)	買掛金	(　　)
普通預金		(　　)	(　　)費用	(　　)
定期預金		(　　)	未払法人税等	(　　)
受取手形	(　　)		資本金	(　　)
売掛金	(　　)		繰越利益剰余金	(　　)
貸倒引当金	(△　　)	(　　)		
商品		(　　)		
(　　)費用		(　　)		
(　　)収益		(　　)		
備品	(　　)			
減価償却累計額	(△　　)	(　　)		
		(　　)		(　　)

損　益　計　算　書

自　×2年4月1日　至　×3年3月31日　　　　（単位：円）

売上原価	(　　)	売上高	(　　)
給料	(　　)	受取利息	(　　)
減価償却費	(　　)		
支払家賃	(　　)		
消耗品費	(　　)		
旅費交通費	(　　)		
貸倒引当金繰入	(　　)		
(　　)	(　　)		
当期純(　　)	(　　)		
	(　　)		(　　)

第8回　チャレンジ 第3問②　精算表作成

問題文は、第8回をそのまま使用してください。

精　　　算　　　表

勘定科目	残高試算表		修正記入		損益計算書		貸借対照表	
	借方	貸方	借方	貸方	借方	貸方	借方	貸方
現金	290,000							
小口現金	100,000							
普通預金	1,120,000							
定期預金	800,000							
受取手形	370,000							
売掛金	506,600							
仮払法人税等	17,000							
繰越商品	294,000							
備品	900,000							
支払手形		500,000						
買掛金		817,200						
貸倒(　　　)		20,900						
備品減価償却累計額		435,000						
資本金		2,000,000						
繰越利益剰余金		469,300						
売上		2,897,000						
受取利息		34,100						
仕入	1,936,000							
給料	452,000							
減価償却費	165,000							
支払家賃	167,400							
消耗品費	33,600							
旅費交通費	21,900							
	7,173,500	7,173,500						
貸倒引当金繰入								
(　　　)利息								
(　　　)家賃								
(　　　)給料								
未払法人税等								
(　　　　　)								
当期純(　　)								

第8回 チャレンジ 第2問 仕訳日計表

東京商店は、日々の取引を入金伝票、出金伝票および振替伝票の3種類の伝票に記入し、これを1日分ずつ集計して仕訳日計表を作成し、この仕訳日計表から総勘定元帳に転記している。×2年10月1日の取引について作成された次の各伝票(略式)にもとづいて、【1】答案用紙の仕訳日計表を作成し、総勘定元帳の現金勘定へ転記しなさい。また、【2】10月1日現在の横浜商店に対する売掛金残高、千葉商店に対する買掛金残高を求めなさい。なお、9月30日現在の横浜商店に対する売掛金残高は￥20,000、千葉商店に対する買掛金残高は￥53,000であった。

入金伝票 No.101
売上 40,000

入金伝票 No.102
売掛金(埼玉商店) 15,000

入金伝票 No.103
借入金 40,000

入金伝票 No.104
売掛金(横浜商店) 28,000

出金伝票 No.201
通信費 11,000

出金伝票 No.202
買掛金(山梨商店) 30,000

出金伝票 No.203
買掛金(千葉商店) 24,000

出金伝票 No.204
仕入 30,000

振替伝票 No.301
仕入 26,000
買掛金(山梨商店) 26,000

振替伝票 No.302
売掛金(埼玉商店) 44,000
売上 44,000

振替伝票 No.303
売掛金(横浜商店) 59,000
売上 59,000

振替伝票 No.304
買掛金(千葉商店) 11,000
電子記録債務 11,000

[答案用紙]

【1】 仕訳日計表

×2年10月1日

借方	勘定科目	貸方
	現金	
	売掛金	
	買掛金	
	電子記録債務	
	借入金	
	売上	
	仕入	
	通信費	

現金

×2/10/1	前月繰越	62,000	×2/10/1	仕訳日計表	( )
〃	仕訳日計表	( )			

【2】 10月1日現在の横浜商店に対する売掛金残高
￥(   )

10月1日現在の千葉商店に対する買掛金残高
￥(   )

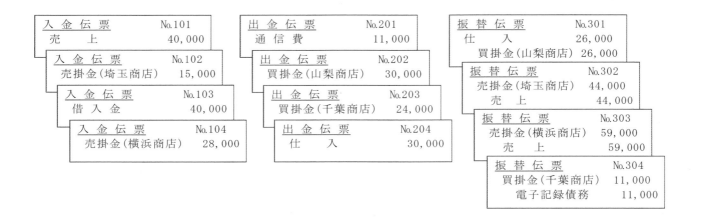

日商簿記検定３級　全国統一模擬試験　第９回

問 題・答 案 用 紙

（制限時間　60 分）

受験者への注意事項

1.　本冊子は、持ち帰りできませんので全ページを必ず提出してください。持ち帰った場合は失格となり、以後の受験をお断りする場合があります。
2.　答えは、問題文の指示に従い定められたところに、誤字・脱字のないよう、ていねいに書いてください。
3.　答案の記入にあたっては、黒鉛筆または黒シャープペンシルを使用してください。仕訳問題の答案の記入方法は、下記を確認してください。
4.　問題および答案用紙の余白は計算用紙として使用できます（解答欄にかぶらないようにしてください）。

仕訳問題の解答にあたっての注意事項

以下の正答例を参考に、仕訳問題における各設問の解答にあたっては、各勘定科目の使用は、借方・貸方の中でそれぞれ１回ずつとしてください（各設問につき、同じ勘定科目を借方・貸方の中で２回以上使用してしまうと、不正解となります）。

ア．現金　　イ．売掛金　　ウ．売上

［正答例：勘定科目を借方・貸方の中で１回だけ使用している］

借	方	貸	方
記　号	金　額	記　号	金　額
（ ア ）	10	（ ウ ）	100
（ イ ）	90	（　　）	

［誤答例：同じ勘定科目を貸方の中で２回使用してしまっている］

借	方	貸	方
記　号	金　額	記　号	金　額
（ ア ）	10	（ ウ ）	10
（ イ ）	90	（ ウ ）	90

第１問（45点）

下記の各取引について仕訳しなさい。ただし、勘定科目は、設問ごとに最も適当と思われるものを選び、答案用紙の（　）の中に記号で解答すること。なお、消費税は指示された問題のみ考慮すること。

１．得意先に対して商品￥200,000を販売し、代金のうち半額は当社宛ての約束手形を受け取り、残額は現金で受け取った。

ア．現金　イ．受取手形　ウ．受取手数料
エ．支払手形　オ．売上　カ．売掛金

２．×4年6月30日に、店舗の撤退にともなって不用になった車両（取得日：×1年4月1日、取得原価：￥1,000,000、残存価額：ゼロ、耐用年数：5年、償却方法：定額法、記帳方法：間接法）を￥500,000で売却し、売却代金は現金で受け取った。なお、当期は×4年4月1日からの1年間である。

ア．現金　イ．車両運搬具　ウ．減価償却累計額
エ．固定資産売却益　オ．減価償却費　カ．固定資産売却損

３．得意先であるＡ社が倒産したため、Ａ社に対する前期発生の受取手形￥100,000が貸倒れとなった。なお、Ａ社に対する受取手形に対して、貸倒引当金￥80,000を設定していた。

ア．受取手形　イ．貸倒引当金戻入　ウ．貸倒引当金
エ．貸倒引当金繰入　オ．売掛金　カ．貸倒損失

４．本日決算日（×1年3月31日）に、購入した建物（取得日：×0年10月1日、取得原価：￥2,000,000、残存価額：ゼロ、耐用年数：20年、償却方法：定額法、記帳方法：間接法）の減価償却を行う。

ア．未払金　イ．支払利息　ウ．減価償却累計額
エ．減価償却費　オ．建物　カ．消耗品費

５．仕入先に対して￥100,000の商品を注文し、代金の10%を手付金として小切手を振り出して支払った。

ア．仕入　イ．当座預金　ウ．前払金
エ．未払金　オ．現金　カ．仮払金

６．かねて取立てを依頼していた得意先振出の約束手形￥200,000が支払期日になり、当座預金口座に￥200,000が入金された旨について取引銀行から通知を受けた。

ア．当座預金　イ．受取手形　ウ．買掛金
エ．売上　オ．売掛金　カ．支払手形

７．本日当座預金口座の解約を行った。当座預金口座に残っていた残高￥181,000を現金で受け取った。

ア．現金　イ．消耗品費　ウ．当座預金
エ．現金過不足　オ．小口現金　カ．普通預金

８．売掛金￥30,000について、現金と当社宛ての約束手形で半額ずつ回収した取引について、入金伝票を次のように作成したとき、振替伝票に記入される仕訳を示しなさい。なお、3伝票制を採用している。

入金伝票
×7年7月1日
（売掛金）　15,000

ア．売上　イ．売掛金　ウ．現金
エ．受取手形　オ．支払手形　カ．当座預金

全国統一模擬試験第９回 答案用紙　３級①　商業簿記

採点欄	
第1問	

第１問（45点）

	借方		貸方	
	記号	金額	記号	金額
1	(　　)		(　　)	
	(　　)		(　　)	
	(　　)		(　　)	
	(　　)		(　　)	
2	(　　)		(　　)	
	(　　)		(　　)	
	(　　)		(　　)	
	(　　)		(　　)	
3	(　　)		(　　)	
	(　　)		(　　)	
	(　　)		(　　)	
	(　　)		(　　)	
4	(　　)		(　　)	
	(　　)		(　　)	
	(　　)		(　　)	
	(　　)		(　　)	
5	(　　)		(　　)	
	(　　)		(　　)	
	(　　)		(　　)	
	(　　)		(　　)	
6	(　　)		(　　)	
	(　　)		(　　)	
	(　　)		(　　)	
	(　　)		(　　)	
7	(　　)		(　　)	
	(　　)		(　　)	
	(　　)		(　　)	
	(　　)		(　　)	
8	(　　)		(　　)	
	(　　)		(　　)	
	(　　)		(　　)	
	(　　)		(　　)	

（次ページに続く）

9．事務作業に使用する物品をインターネット注文で購入し、品物とともに次の領収書を受け取った。なお、代金はすでに支払済みであり、仮払金勘定で処理してある。ＭＲ株式会社で必要な仕訳を示しなさい。なお、消費税は税抜方式によって処理している。

領　　収　　書

ＭＲ株式会社　様

名古屋電器　株式会社

品　　物	数　量	単　価	金　額
インクジェットプリンター	3	280,000	¥　840,000
コピー用紙	750	20	¥　15,000
据付費	—	—	¥　2,800
	消　費　税		¥　85,780
	合　　計		¥　943,580

上記の合計額を領収いたしました。

収入印紙 200円 印

ア．仮払金　　イ．仮払消費税　　ウ．備品
エ．租税公課　　オ．消耗品費　　カ．仕入

10. 販売用の建物(タワーマンション)を¥1,700,000 で購入し、代金は月末払いとした。なお、当社は不動産(建物や土地)の仲介業や販売業を営んでいる。

ア．建物　　イ．未払金　　ウ．備品
エ．買掛金　　オ．土地　　カ．仕入

11. 店舗として使用する建物の火災保険料¥80,000 がＸ銀行の普通預金口座から引き落とされた。

ア．当座預金　　イ．受取手数料　　ウ．普通預金
エ．支払手数料　　オ．保険料　　カ．現金

12. 当社は期首を迎え、前期決算において未収計上した受取利息¥16,000 について再振替仕訳を行った。

ア．支払利息　　イ．未払利息　　ウ．未収利息
エ．現金　　オ．受取利息　　カ．当座預金

13. 収入印紙¥60,000、郵便切手¥6,000 を購入し、いずれも費用として処理していたが、決算日に収入印紙¥20,000、郵便切手¥1,640 が未使用であることが判明したため、これらを貯蔵品勘定に振り替えることとした。

ア．備品　　イ．貯蔵品　　ウ．現金
エ．消耗品費　　オ．通信費　　カ．租税公課

14. 収入印紙¥20,000 分を購入し、代金は普通預金口座から支払った。なお、この収入印紙はただちに使用した。

ア．通信費　　イ．普通預金　　ウ．支払手数料
エ．租税公課　　オ．現金　　カ．当座預金

15. 得意先に対して資金¥400,000 を、期間５ヶ月、年利率3%の条件で貸し付け、その際得意先の振り出した同額の約束手形を受け取り、利息(月割計算)を差し引いた残額について小切手を振り出して支払った。

ア．当座預金　　イ．未収入金　　ウ．支払手形
エ．手形貸付金　　オ．受取手形　　カ．受取利息

全国統一模擬試験第９回 答案用紙 ３級② 商業簿記

採点欄	
第1問	

（前ページより）

	借方		貸方	
	記号	金額	記号	金額
9	(　　)		(　　)	
	(　　)		(　　)	
	(　　)		(　　)	
	(　　)		(　　)	
10	(　　)		(　　)	
	(　　)		(　　)	
	(　　)		(　　)	
	(　　)		(　　)	
11	(　　)		(　　)	
	(　　)		(　　)	
	(　　)		(　　)	
	(　　)		(　　)	
12	(　　)		(　　)	
	(　　)		(　　)	
	(　　)		(　　)	
	(　　)		(　　)	
13	(　　)		(　　)	
	(　　)		(　　)	
	(　　)		(　　)	
	(　　)		(　　)	
14	(　　)		(　　)	
	(　　)		(　　)	
	(　　)		(　　)	
	(　　)		(　　)	
15	(　　)		(　　)	
	(　　)		(　　)	
	(　　)		(　　)	
	(　　)		(　　)	

第 2 問（20 点）

⑴ 株式会社山形商店(決算年 1 回、3 月 31 日)における次の取引にもとづいて、×4 年度の受取利息勘定と未収利息勘定の空欄①から⑤にあてはまる適切な語句または金額を答案用紙に記入しなさい。なお、利息の計算はすべて月割計算とする。

×3年度

2月 1日　金沢商店に対して￥1,500,000(年利率 1.6%、期間 1 年、利払日は 1 月と 7 月の各末日)を貸し付け、普通預金口座から振り込んだ。

3月31日　金沢商店に対する貸付金について、未収分の利息を計上した。

×4年度

4月 1日　再振替仕訳を行う。

7月31日　金沢商店に対する貸付金について、普通預金口座に利息が振り込まれた。

9月 1日　仙台商店に対して￥2,400,000(年利率 1.8%、期間 1 年)を貸し付けた。なお、利息は元本回収時に一括で振り込まれる契約である。

1月31日　金沢商店に対する貸付金について、普通預金口座に元本と利息が振り込まれた。

3月31日　仙台商店に対する貸付金について、未収分の利息を計上した。

受　取　利　息

4/ 1	（　①　）	（　　）	7/31	普通預金	（　　）
3/31	（　　）	（　②　）	1/31	普通預金	（　　）
			3/31	（　　）	（　③　）
		（　　）			（　　）

未　収　利　息

4/ 1	（　　）	（　④　）	4/ 1	（　　）	（　　）
3/31	（　⑤　）	（　　）	3/31	（　　）	（　　）
		（　　）			（　　）

⑵ 株式会社秋田商店における×7 年 8 月中の商品売買および代金決済に関する取引は次のとおりである。これらの取引にもとづいて、答案用紙の当座預金出納帳に必要な記入を行いなさい。なお、当社は取引銀行と￥300,000 を限度額とする当座借越契約を結んでいる。7 月 31 日時点の当座預金勘定は、貸方残高￥30,000 であった。

8 月 2 日　青森商店からＡ商品￥400,000 を仕入れ、代金のうち半額は小切手を振り出し、残額は掛けとした。

5 日　岩手商店からＢ商品￥370,000 を仕入れ、代金は掛けとした。

12 日　先月販売の商品掛け代金￥250,000 を得意先振り出しの小切手で回収し、ただちに当座預金に預け入れた。

14 日　先月分の商品掛け代金の支払いとして、青森商店に￥120,000、岩手商店に￥160,000 の小切手を振り出して支払った。

18 日　得意先にＡ商品￥412,500(原価￥330,000)を売り上げ、代金は得意先振り出しの小切手で受け取った。

21 日　18 日に受け取った小切手を、取引銀行に当座預金として預け入れた。

27 日　得意先にＢ商品￥372,000(原価￥297,600)を売り上げ、代金のうち半額は得意先振り出しの小切手で受け取り、残額は掛けとした。

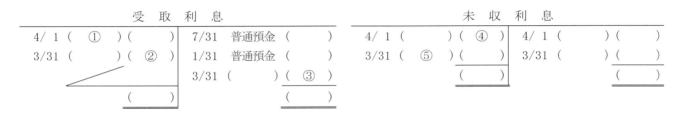

採点欄	
第2問	

全国統一模擬試験第９回 答案用紙　３級③ 商業簿記

第２問（20点）

(1)

①	②	③	④	⑤
	¥	¥	¥	

(2)

当座預金出納帳

×7年		摘要	預入	引出	借または貸	残高
8	1	(　　　　　)				
		省略				
	31	(　　　　　)				
9	1	(　　　　　)				

第3問（35点）

次の[決算整理事項等]にもとづいて、答案用紙の精算表を完成しなさい。なお、消費税の仮受け・仮払いは売上取引・仕入取引のみで行い、税抜方式で処理する。会計期間は×5年4月1日から×6年3月31日までの1年間である。

[決算整理事項等]

1．期末の現金実際有高¥385,000である。現金の帳簿残高との差異は、出張旅費の精算時に受け取った残金であったことが原因と判明した。なお、この出張にあたり旅費の概算額¥40,000を支払っており、精算の処理が未記帳となっている。

2．当期中に1株当たり¥650で株式を新たに2,000株発行し、出資者より当社の当座預金口座に払込金が振り込まれていたが、未処理であった。なお、払込金額の全額を資本金とする。

3．電子記録債務のうち¥60,000について取引先に普通預金口座から支払っていたが、その記帳がまだ行われていなかった。

4．期末商品の棚卸高は¥215,000であった。売上原価は「仕入」の行で計算する。

5．売掛金および電子記録債権に対して2%の貸倒れを見積り、差額補充法により貸倒引当金を設定する。

6．固定資産の減価償却を次のとおり行う。

建物　定額法　耐用年数40年　残存価額10%

備品　定額法　耐用年数6年　残存価額ゼロ

7．借入金は×5年6月1日に借入期間1年、年利率3%で借り入れたもので、利息は元金とともに返済時に支払うことになっている。利息の計算は月割による。

8．受取手数料のうち¥270,000は、12月1日に向こう1年間の手数料を受け取ったものである。

9．家賃の前払額が¥33,000ある。

10．消費税(税抜方式)の処理を行う。

11．法人税等が¥410,000と計算されたので、仮払法人税等との差額を未払法人税等として計上する。

採点欄
第3問

全国統一模擬試験第９回 答案用紙　3 級④　商業簿記

第 3 問（35 点）

精　　　算　　　表

勘定科目	残高試算表		修正記入		損益計算書		貸借対照表	
	借　方	貸　方	借　方	貸　方	借　方	貸　方	借　方	貸　方
現　　　金	372,600							
当座預金		672,000						
普通預金	2,490,000							
売　掛　金	690,000							
電子記録債権	480,000							
仮　払　金	40,000							
仮払法人税等	200,000							
仮払消費税	288,000							
繰越商品	196,000							
建　　　物	5,000,000							
備　　　品	870,000							
土　　　地	3,700,000							
買　掛　金		290,000						
電子記録債務		360,000						
仮受消費税		528,000						
借　入　金		880,000						
貸倒引当金		8,400						
建物減価償却累計額		2,475,000						
備品減価償却累計額		326,250						
資　本　金		7,000,000						
繰越利益剰余金		411,750						
売　　　上		5,163,000						
受取手数料		914,000						
仕　　　入	3,851,000							
給　　　料	439,000							
支払家賃	296,000							
旅費交通費	75,300							
支払利息	40,500							
	19,028,400	19,028,400						
（　　　　）								
減価償却費								
（　　）利息								
前受手数料								
（　　）家賃								
未払消費税								
（　　）法人税等								
法人税等								
当期純（　　）								

第9回　チャレンジ 第3問①　貸借対照表・損益計算書作成

問題文は第９回を、決算整理前残高試算表は精算表内の残高試算表をそのまま使用してください。

貸借対照表
×6年3月31日　　（単位：円）

現金		（　　）	買掛金	（　　）
当座預金		（　　）	電子記録債務	（　　）
普通預金		（　　）	前受収益	（　　）
売掛金	（　　）		（　　）費用	（　　）
電子記録債権	（　　）		未払消費税	（　　）
貸倒引当金	（△　　）	（　　）	（　　）法人税等	（　　）
商品		（　　）	借入金	（　　）
（　　）費用		（　　）	資本金	（　　）
建物	（　　）		繰越利益剰余金	（　　）
減価償却累計額	（△　　）	（　　）		
備品	（　　）			
減価償却累計額	（△　　）	（　　）		
土地		（　　）		
		（　　）		（　　）

損益計算書
自 ×5年4月1日　至 ×6年3月31日　　（単位：円）

売上原価	（　　）	売上高	（　　）
給料	（　　）	受取手数料	（　　）
減価償却費	（　　）		
支払家賃	（　　）		
旅費交通費	（　　）		
（　　）	（　　）		
支払利息	（　　）		
法人税等	（　　）		
当期純（　　）	（　　）		
	（　　）		（　　）

第9回　チャレンジ 第3問②　決算整理後残高試算表作成

問題文は第9回を、決算整理前残高試算表は精算表内の残高試算表をそのまま使用してください。

決算整理後残高試算表

借方残高	勘定科目	貸方残高
	現金	
	当座預金	
	普通預金	
	売掛金	
	電子記録債権	
	繰越商品	
	(　　　)家賃	
	建物	
	備品	
	土地	
	買掛金	
	電子記録債務	
	(　　　)法人税等	
	未払消費税	
	(　　　)手数料	
	(　　　)利息	
	借入金	
	貸倒引当金	
	建物減価償却累計額	
	備品減価償却累計額	
	資本金	
	繰越利益剰余金	
	売上	
	受取手数料	
	仕入	
	給料	
	支払家賃	
	旅費交通費	
	(　　　)	
	減価償却費	
	支払利息	
	法人税等	

当期純利益または当期純損失の金額　¥__________

※　当期純損失の場合は金額の頭に△を付すこと。

第9回　チャレンジ 第2問　勘定記入（経過勘定項目・費用の未払）

当店(当期は×3年4月1日から×4年3月31日まで)における手数料の支払いが生じた取引および決算整理事項にもとづいて、答案用紙の支払手数料勘定と未払手数料勘定に必要な記入を行い締め切りなさい。なお、勘定記入にあたっては、日付、摘要および金額を(　　)内に取引日順に記入すること。

6月30日　得意先に対する売掛金￥300,000の回収期日が到来し、普通預金口座に￥296,000が振り込まれた。振込額は当店負担の振込手数料が控除されている。

10月26日　倉庫の建設に供するための土地￥2,400,000を購入し、代金は小切手を振り出して支払った。なお、仲介手数料￥30,000は不動産会社に現金で支払った。

2月 1日　当店の主力商品に関連する市場調査(調査期間は翌年7月末までの6ヶ月間)を調査会社に依頼し、調査に係る委託契約を締結した。調査に必要な手数料は￥180,000(1ヶ月当たりの金額￥30,000)であり、手数料は調査終了後の調査結果報告時に全額支払う契約となっている。

3月31日　2月1日に締結した調査委託契約に係る手数料のうち未払分を月割で計上する。

[答案用紙]

支　払　手　数　料

(　　)	(　　　　)	(　　　　)	(　　)	(　　　　)	(　　　　)
(　　)	(　　　　)	(　　　　)			
		(　　　　)			(　　　　)

未　払　手　数　料

(　　)	(　　　　)	(　　　　)	(　　)	(　　　　)	(　　　　)

日商簿記検定３級　全国統一模擬試験　第10回

問　題・答　案　用　紙

（制限時間　60分）

受験者への注意事項

1.　本冊子は、持ち帰りできませんので全ページを必ず提出してください。持ち帰った場合は失格となり、以後の受験をお断りする場合があります。
2.　答えは、問題文の指示に従い定められたところに、誤字・脱字のないよう、ていねいに書いてください。
3.　答案の記入にあたっては、黒鉛筆または黒シャープペンシルを使用してください。仕訳問題の答案の記入方法は、下記を確認してください。
4.　問題および答案用紙の余白は計算用紙として使用できます（解答欄にかぶらないようにしてください）。

仕訳問題の解答にあたっての注意事項

以下の正答例を参考に、仕訳問題における各設問の解答にあたっては、各勘定科目の使用は、借方・貸方の中でそれぞれ１回ずつとしてください（各設問につき、同じ勘定科目を借方・貸方の中で２回以上使用してしまうと、不正解となります）。

ア．現金　　イ．売掛金　　ウ．売上

［正答例：勘定科目を借方・貸方の中で１回だけ使用している］

借方		貸方	
記号	金額	記号	金額
（ア）	10	（ウ）	100
（イ）	90	（　）	

［誤答例：同じ勘定科目を貸方の中で２回使用してしまっている］

借方		貸方	
記号	金額	記号	金額
（ア）	10	（ウ）	10
（イ）	90	（ウ）	90

第１問（45点）

下記の各取引について仕訳しなさい。ただし、勘定科目は、設問ごとに最も適当と思われるものを選び、答案用紙の（　）の中に記号で解答すること。なお、消費税は指示された問題のみ考慮すること。

1．定期預金￥3,000,000が、本日、満期日を迎え、利息とともに普通預金口座に振り替えられた。なお、満期となった定期預金は、3ヶ月満期、年利率0.1％の条件で預け入れたものである。

ア．支払利息　イ．現金　ウ．普通預金
エ．定期預金　オ．受取利息　カ．当座預金

2．取引先銀行から借入期間1年、年利率3％の条件で￥500,000を借り入れ、利息を差し引いた金額が普通預金口座に振り込まれた。なお、利息は￥15,000である。

ア．支払手数料　イ．普通預金　ウ．現金
エ．借入金　オ．支払利息　カ．貸付金

3．当社は決算を迎え、×1年8月1日に支払った向こう1年分の店舗に対する損害保険料￥24,000に関して必要な決算整理仕訳を行った。なお、当社の決算日は3月31日である。

ア．前払金　イ．未払保険料　ウ．前払保険料
エ．現金　オ．未払金　カ．支払保険料

4．期首に、備品（取得原価￥500,000、減価償却累計額￥300,000）を￥100,000で売却し、代金は毎月末の4分割で受け取ることとした。なお、減価償却は、間接法により記帳されている。

ア．未収入金　イ．備品　ウ．減価償却累計額
エ．固定資産売却益　オ．減価償却費　カ．固定資産売却損

5．株主総会で承認された株主配当金￥200,000について、株主に対して現金で支払った。

ア．現金　イ．受取手数料　ウ．買掛金
エ．未払配当金　オ．当座預金　カ．受取利息

6．取引先より商品￥100,000を仕入れ、代金のうち半額は小切手を振り出して支払い、残額は取引先宛ての約束手形を振り出して支払った。なお、引取運賃￥10,000を現金で支払っている。

ア．現金　イ．当座預金　ウ．買掛金
エ．支払手形　オ．受取手形　カ．仕入

7．会計係は、小口現金を扱う社内の用度係に対して、小切手￥20,000を振り出して渡した。

ア．消耗品費　イ．小口現金　ウ．当座預金
エ．旅費交通費　オ．普通預金　カ．現金

8．当社は株式会社伊香保旅館に対して掛けで販売していた商品の代金￥30,000を、同社振出の小切手で受け取った。

ア．現金　イ．売上　ウ．普通預金
エ．当座預金　オ．売掛金　カ．受取手形

全国統一模擬試験第10回 答案用紙 **3級① 商業簿記**

採 点 欄	
第1問	

第1問（45点）

	借方		貸方	
	記号	金額	記号	金額
1	（　）		（　）	
	（　）		（　）	
	（　）		（　）	
	（　）		（　）	
2	（　）		（　）	
	（　）		（　）	
	（　）		（　）	
	（　）		（　）	
3	（　）		（　）	
	（　）		（　）	
	（　）		（　）	
	（　）		（　）	
4	（　）		（　）	
	（　）		（　）	
	（　）		（　）	
	（　）		（　）	
5	（　）		（　）	
	（　）		（　）	
	（　）		（　）	
	（　）		（　）	
6	（　）		（　）	
	（　）		（　）	
	（　）		（　）	
	（　）		（　）	
7	（　）		（　）	
	（　）		（　）	
	（　）		（　）	
	（　）		（　）	
8	（　）		（　）	
	（　）		（　）	
	（　）		（　）	
	（　）		（　）	

（次ページに続く）

9．電子債権記録機関より発生記録の通知を受けていた電子記録債権￥46,000 の支払期日が到来し、当社負担の決済手数料￥880（税込価額）を差し引いた金額が当座預金口座に振り込まれた。なお、消費税の記帳方法は税抜方式を採用しており、消費税率は 10％とする。

ア．当座預金　　イ．電子記録債権　　ウ．仮払消費税
エ．租税公課　　オ．支払手数料　　カ．仮受消費税

10．新しく事業活動を開始するために、店舗用の建物￥2,000,000 を購入し、仲介手数料￥100,000 と合わせて普通預金口座から支払った。

ア．未払手数料　　イ．普通預金　　ウ．建物
エ．当座預金　　オ．土地　　カ．支払手数料

11．当月分の従業員給料総額￥4,000,000 から、従業員への立替金￥10,000、健康保険料および厚生年金保険料￥500,000、所得税￥300,000 を控除した残額を、普通預金口座から支払った。

ア．普通預金　　イ．従業員立替金　　ウ．買掛金
エ．社会保険料預り金　　オ．所得税預り金　　カ．給料

12．クレジット払いの条件で販売した商品￥20,000 に品違いがあったため、得意先から返品を受けた。なお、信販会社へのクレジット手数料（販売代金の 2％）は入金時に認識している。

ア．支払手数料　　イ．クレジット売掛金　　ウ．売上
エ．売掛金　　オ．仕入　　カ．受取手数料

13．当社は増資を行うことになり、1 株当たり￥80,000 で株式を新たに 200 株発行し、出資者より当社の普通預金口座に払込金が振り込まれた。払込価額の全額を資本金とする。

ア．売上　　イ．普通預金　　ウ．利益準備金
エ．資本金　　オ．借入金　　カ．当座預金

14．得意先であるＡ社が倒産したため、Ａ社に対する当期発生の受取手形￥100,000 が貸倒れとなった。

ア．受取手形　　イ．貸倒引当金繰入　　ウ．売上
エ．貸倒引当金　　オ．未収入金　　カ．貸倒損失

15．納付書にもとづき、現金で法人税を納付し、下記の領収証書を入手した。ＣＡＴ株式会社で必要な仕訳を答えなさい。

領　収　証　書

科目　法人税

本　　税	2,000,000
重加算税	
加　算　税	
利子税	
延滞税	
合計額	￥　2,000,000

納期等の区分　07 04 01　08 03 31

中間申告　確定申告

住所	東京都千代田区丸の内２丁目 2020 の 12
氏名	ＣＡＴ　株式会社

出納印
×8.5.30
中央銀行

ア．現金　　イ．法人税等　　ウ．当座預金
エ．未払法人税等　　オ．租税公課　　カ．仮払法人税等

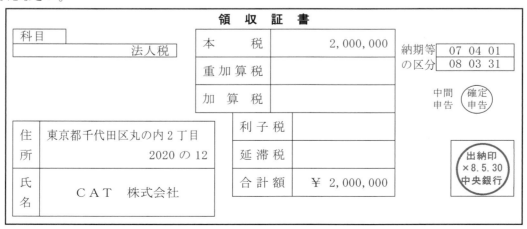

採　点　欄
第1問

全国統一模擬試験第 10 回 答案用紙 3 級② 商業簿記

（前ページより）

	借方		貸方	
	記号	金額	記号	金額
9	( )		( )	
	( )		( )	
	( )		( )	
	( )		( )	
10	( )		( )	
	( )		( )	
	( )		( )	
	( )		( )	
11	( )		( )	
	( )		( )	
	( )		( )	
	( )		( )	
12	( )		( )	
	( )		( )	
	( )		( )	
	( )		( )	
13	( )		( )	
	( )		( )	
	( )		( )	
	( )		( )	
14	( )		( )	
	( )		( )	
	( )		( )	
	( )		( )	
15	( )		( )	
	( )		( )	
	( )		( )	
	( )		( )	

第 2 問（20 点）

⑴　源平株式会社の当座預金出納帳および固定資産台帳にもとづいて、×6 年 3 月 31 日（決算日）における各勘定の勘定記入を行いなさい。なお、当社は取引銀行とは￥3,000,000 を限度額とする当座借越契約を結んでいる。また、備品の減価償却費の計算は、償却方法：定額法、残存価額：ゼロで行っている。

【解答上の注意】
1．問題の便宜上 2 月末日までの当座預金の増減は、「期中増加額」または「期中減少額」にまとめている。
2．損益勘定において独立して存在しない収益・費用勘定は「諸収益」または、「諸費用」に含まれている。
3．固定資産売却損・益勘定のいずれかは不要である。よって不要な箇所は空欄のままにすること。
4．採点箇所は金額欄のみである。

当　座　預　金　出　納　帳

×6 年		摘　　要	預　　入	引　　出	借または貸	残　　高
3	1	前月繰越		30,000	貸	30,000
	10	備品 γ の売却	100,000		(　　)	(　　　　)
	15	鎌倉商店の売掛金回収	(　　　　)		〃	570,000
	17	伊勢商店からの仕入れ		150,000	〃	(　　　　)
	28	家賃の支払い		(　　　　)	〃	(　　　　)
	31	次期繰越		320,000		
			(　　　　)	(　　　　)		

固　定　資　産　台　帳　　　　×6 年 3 月 31 日現在

取得年月日	名称等	期末数量	耐用年数	期首(期中取得)取得原価	期首減価償却累計額	期首(期中取得)帳簿価額	期中売却	当期減価償却費
×1年10月 1日	備品 α	7	10 年	(　　　　)	122,500	227,500	0	(　　　　)
×3年 4月 1日	備品 γ	6	5 年	240,000	96,000	144,000	(　　　　)	(　　　　)
×5年 7月 1日	備品 β	2	10 年	200,000	0	200,000	0	(　　　　)
				790,000	(　　　　)	(　　　　)	(　　　　)	(　　　　)

⑵　九州株式会社における、9 月中の商品販売および掛け代金に関連する取引は次のとおりである。これらの取引および答案用紙の売掛金明細表にもとづいて、答案用紙の売掛金元帳(宮崎商店勘定)に必要な記入を行うとともに、売掛金明細表(月末)を完成しなさい。ただし、売掛金元帳の摘要には下記の語群の中から最も適当と思われるものを選び、その番号を記入すること。

9 月 4 日　宮崎商店に商品￥320,000 を売り渡し、代金のうち 4 分の 1 は同店振り出しの約束手形で受け取り、残額は掛けとした。
6 日　大分商店に商品￥130,000 を売り渡し、代金は当座預金口座に振り込まれた。
10 日　売掛金￥280,000(宮崎商店￥190,000、大分商店￥90,000)を、現金で受け取った。
15 日　仕入先である鹿児島商店に対する買掛金￥80,000 の支払いのため、約束手形を振り出した。
21 日　大分商店に商品￥150,000 を売り渡し、代金のうち￥60,000 は大分商店振り出しの約束手形を受け取り、残額は掛けとした。
24 日　宮崎商店に売り渡した商品の一部に品違いがあり、￥53,000 分の返品を受けた。なお、返品分の代金は掛けと相殺する。
25 日　大分商店より、売掛金￥70,000 を現金で受け取った。
29 日　宮崎商店より、売掛金￥120,000 を同店振り出しの小切手で受け取り、直ちに当座預金へ預け入れた。

【摘要の語群】
①売り上げ　②約手回収　③値引き　④現金回収　⑤小切手回収(当座入金)
⑥返品　⑦約手入金　⑧次月繰越　⑨前月繰越

採点欄	
第2問	

全国統一模擬試験第10回 答案用紙 3級③ 商業簿記

第2問（20点）

(1)

当座預金

4/ 1	前期繰越	（　　　）	―	期中減少額	3,480,000
―	期中増加額	3,000,000	3/17	仕　　入	（　　　）
3/10	諸　　口	100,000	3/28	支払家賃	（　　　）
3/15	（　　　）	（　　　）	3/31	次期繰越	（　　　）
		（　　　）			（　　　）

損　　益

3/31	諸　費　用	8,456,000	3/31	諸　収　益	9,750,000
〃	減価償却費	（　　　）	〃	固定資産売却益	（　　　）
〃	固定資産売却損	（　　　）			
〃	繰越利益剰余金	（　　　）			
		（　　　）			（　　　）

(2)

売掛金元帳
宮崎商店

×6年		摘　要	借　方	貸　方	借または貸	残　高
9	1	（　　　）				
		（　　　）				
		（　　　）				
		（　　　）				
		（　　　）				
		（　　　）				
10	1	（　　　）				

※摘要欄の記入は、（　　）内に番号で行うこと。

売掛金明細表

	9月1日	9月30日
宮崎商店	￥　280,000	￥
大分商店	￥　190,000	￥
	￥　470,000	￥

第 3 問（35 点）

次の(1)決算整理前残高試算表および(2)決算整理事項等にもとづいて、答案用紙の貸借対照表および損益計算書を完成しなさい。会計期間は×4 年 4 月 1 日から×5 年 3 月 31 日までの 1 年間である。

(1)

決算整理前残高試算表

借　方	勘定科目	貸　方
136,200	現金	
316,000	当座預金	
300,000	受取手形	
350,000	売掛金	
270,000	繰越商品	
50,000	仮払金	
1,200,000	建物	
300,000	備品	
900,000	土地	
	支払手形	310,000
	買掛金	240,000
	借入金	600,000
	貸倒引当金	4,000
	建物減価償却累計額	432,000
	備品減価償却累計額	299,999
	資本金	1,000,000
	繰越利益剰余金	467,001
	売上	4,200,000
	受取地代	57,600
3,240,000	仕入	
430,000	給料	
71,000	修繕費	
17,400	消耗品費	
30,000	支払利息	
7,610,600		7,610,600

(2)　決算整理事項等

1．決算日直前に当社が仕入先に商品の仕入れに係る手付金を支払っていたが、仮払金と処理したままであるため修正する。仮払金は全額この手付金である。

2．得意先K社が当期中に倒産したが、貸倒れに関する処理が行われていなかった。決算日現在のK社に対する売掛金残高（全額前期販売分）は¥30,000 であった。

3．修繕費のうち¥16,000 は、3 月下旬に実施した駐車場（土地）の整地工事にかかるものであるため、修繕費から土地に振り替える。

4．倉庫を調べたところ、商品の期末棚卸残高は¥324,000 であった。

5．受取手形および売掛金の期末残高に対して、3%の貸倒引当金を設定する（差額補充法）。

6．建物については、定額法（耐用年数 30 年、残存価額は取得価額の 10%）による減価償却を行う。

7．備品については、すでに昨年度において当初予定していた耐用年数を迎えたが、来年度も使用し続ける予定である。そこで、今年度の減価償却は不要であり、残高試算表の金額をそのまま貸借対照表へ記載する。

8．借入金は、×4 年 6 月 1 日に、期間 1 年、年利率 5%、借入時に利息を支払う条件で借り入れたものである。決算にあたり必要な処理を行う。

9．受取地代は、当社が保有する土地を×4 年 9 月 1 日に賃貸し、向こう 1 年分を受け取ったものである。決算にあたり前受分を計上する。

10．未払法人税等（確定申告納付額）¥180,000 を計上する。

全国統一模擬試験第10回 答案用紙 3級④ 商業簿記

採点欄
第3問

第3問 (35点)

貸借対照表

×5年3月31日 (単位：円)

現金		( )	支払手形	( )
当座預金		( )	買掛金	( )
受取手形	( )		( )収益	( )
売掛金	( )		未払法人税等	( )
貸倒引当金	(△)	( )	借入金	( )
商品		( )	資本金	( )
( )		( )	繰越利益剰余金	( )
( )費用		( )		
建物	( )			
減価償却累計額	(△)	( )		
備品	( )			
減価償却累計額	(△)	( )		
土地		( )		
		( )		( )

損益計算書

自 ×4年4月1日 至 ×5年3月31日 (単位：円)

売上原価	( )	売上高	( )
給料	( )	受取地代	( )
修繕費	( )		
( )	( )		
貸倒引当金繰入	( )		
消耗品費	( )		
減価償却費	( )		
支払利息	( )		
法人税等	( )		
当期純( )	( )		
	( )		( )

第10回　チャレンジ 第3問①　決算整理後残高試算表作成

問題文は、第10回をそのまま使用してください。

決算整理後残高試算表

借方残高	勘定科目	貸方残高
	現金	
	当座預金	
	受取手形	
	売掛金	
	繰越商品	
	(　　　　)	
	(　　　)利息	
	建物	
	備品	
	土地	
	支払手形	
	買掛金	
	(　　)法人税等	
	(　　　)地代	
	借入金	
	貸倒引当金	
	建物減価償却累計額	
	備品減価償却累計額	
	資本金	
	繰越利益剰余金	
	売上	
	受取地代	
	仕入	
	給料	
	修繕費	
	(　　　　)	
	貸倒引当金繰入	
	消耗品費	
	減価償却費	
	支払利息	
	法人税等	

当期純利益または当期純損失の金額　¥

※　当期純損失の場合は金額の頭に△を付すこと。

第10回　チャレンジ 第3問②　精算表作成

問題文は、第10回をそのまま使用してください。

精　　　算　　　表

勘定科目	残高試算表		修正記入		損益計算書		貸借対照表	
	借方	貸方	借方	貸方	借方	貸方	借方	貸方
現金	136,200							
当座預金	316,000							
受取手形	300,000							
売掛金	350,000							
繰越商品	270,000							
仮払金	50,000							
建物	1,200,000							
備品	300,000							
土地	900,000							
支払手形		310,000						
買掛金		240,000						
借入金		600,000						
貸倒引当金		4,000						
建物減価償却累計額		432,000						
備品減価償却累計額		299,999						
資本金		1,000,000						
繰越利益剰余金		467,001						
売上		4,200,000						
受取地代		57,600						
仕入	3,240,000							
給料	430,000							
修繕費	71,000							
消耗品費	17,400							
支払利息	30,000							
	7,610,600	7,610,600						
(　　　)								
(　　　)								
貸倒引当金繰入								
減価償却費								
(　　)利息								
(　　)地代								
未払法人税等								
法人税等								
当期純(　　)								

第10回　チャレンジ 第2問　複合問題（証憑）

大阪食品株式会社は食料品の販売を主たる営業活動としており、東京電機株式会社は家電量販店を展開している。そこで、以下の証憑にもとづき、**問**に答えなさい。なお、東京電機株式会社はノートパソコンを発送した際に、送料（発送費）￥8,900を現金で支払っている。

納品書兼請求書

大阪食品　株式会社　様

東京電機　株式会社

品　　物	数量	単価	金　額
ノートパソコン	7	320,000	￥ 2,240,000
	合	計	￥ 2,240,000

発送・納品日：9月26日　　振込期限：10月31日

振込先：東京銀行新宿支店　普通 5252010　ﾄｳｷｮｳﾃﾞﾝｷ(ｶ

当座勘定照合表（抜粋）

大阪食品　株式会社　様

株式会社　関西銀行　難波支店

取引日	摘　　要	支払金額
10.31	お振込　東京電機	￥ 2,240,000
10.31	お振込手数料	￥ 1,120

問　下記の取引時の仕訳を作成しなさい。勘定科目は次の中から選び、記号で答えること。

ア．現　　　金	イ．当座預金	ウ．普通預金	エ．売　掛　金	オ．未収入金
カ．備　　　品	キ．買　掛　金	ク．未　払　金	ケ．売　　　上	コ．受取手数料
サ．仕　　　入	シ．発　送　費	ス．修　繕　費	セ．支払手数料	

① 東京電機株式会社がノートパソコンを発送・納品した時
② 大阪食品株式会社がノートパソコンの納品を受けた時
③ 東京電機株式会社が代金の振り込みを受けた時
④ 大阪食品株式会社が代金を振り込んだ時

［答案用紙］

	借方		貸方	
	記　号	金　額	記　号	金　額
①	(　　)		(　　)	
	(　　)		(　　)	
②	(　　)		(　　)	
	(　　)		(　　)	
③	(　　)		(　　)	
	(　　)		(　　)	
④	(　　)		(　　)	
	(　　)		(　　)	

3級 仕訳ファイナルチェック

仕訳ファイナルチェックの説明

これまで実施してきた全統模試全10回の中から、日商簿記検定3級の出題範囲になっている各論点の仕訳について、出題可能性を考慮して網羅的に50問収録しました。本試験に向けた最後の総仕上げとして、『仕訳ファイナルチェック』をご活用ください。収録されている問題の論点は、出題論点表の第1問に明記しています。

1問でも多くの仕訳を収録するために、答案用紙は省略しました。実際に問題を解く場合には、各自で白紙を用意し、解答してください。

現　金　預　金

1．現金【第10回8問】

当社は株式会社伊香保旅館に対して掛けで販売していた商品の代金￥30,000を、同社振出の小切手で受け取った。

ア．現金	イ．売上	ウ．普通預金
エ．当座預金	オ．売掛金	カ．受取手形

2．普通預金【第6回1問】

事務所として賃借している物件のテナント料￥100,000を、当社普通預金口座から振り込んで支払いを行った。なお、振込手数料￥1,000が普通預金口座から引き落された。

ア．当座預金	イ．建物	ウ．普通預金
エ．現金	オ．支払家賃	カ．支払手数料

3．当座預金【第3回15問】

利用者を拡大するための広告宣伝費￥100,000について、小切手を振り出して支払った。

ア．旅費交通費	イ．当座預金	ウ．現金
エ．普通預金	オ．広告宣伝費	カ．通信費

4．定期預金【第10回1問】

定期預金￥3,000,000が、本日、満期日を迎え、利息とともに普通預金口座に振り替えられた。なお、満期となった定期預金は、3ヶ月満期、年利率0.1%の条件で預け入れたものである。

ア．支払利息	イ．現金	ウ．普通預金
エ．定期預金	オ．受取利息	カ．当座預金

5．小口現金【第７回２問】

月末に、用度係から今月分の小口現金の支払高について次のとおり報告を受けた。なお、当社は定額資金前渡制度を採用しているが、用度係に対する小口現金は、来月に小切手を振り出して補給する。

ハガキ・切手代　¥5,000　　文房具代　¥2,000　　収入印紙　¥7,500

ア．小口現金	イ．未払金	ウ．当座預金
エ．通信費	オ．消耗品費	カ．租税公課

6．複数口座の開設【第５回１２問】

Ａ銀行当座預金口座から、Ｄ銀行当座預金口座に¥403,000 を口座振替によって移動させた。なお、振替手数料としてＡ銀行当座預金口座から¥660 が引き落とされている。

ア．当座預金Ａ銀行	イ．当座預金Ｄ銀行	ウ．支払利息
エ．普通預金Ｄ銀行	オ．支払手数料	カ．普通預金Ａ銀行

商　品　売　買

7．掛けによる仕入【第９回１０問】

販売用の建物（タワーマンション）を¥1,700,000 で購入し、代金は月末払いとした。なお、当社は不動産（建物や土地）の仲介業や販売業を営んでいる。

ア．建物	イ．未払金	ウ．備品
エ．買掛金	オ．土地	カ．仕入

8．手形による仕入【第４回６問】

取引先より商品¥100,000 を仕入れ、代金は取引先宛ての約束手形を振り出して支払った。なお、引取運賃¥10,000 を現金で支払っている。

ア．現金	イ．発送費	ウ．支払手形
エ．受取手形	オ．仕入	カ．買掛金

9．その他（前払金等）の仕入【第９回５問】

仕入先に対して¥100,000 の商品を注文し、代金の 10%を手付金として小切手を振り出して支払った。

ア．仕入	イ．当座預金	ウ．前払金
エ．未払金	オ．現金	カ．仮払金

10．掛けによる売上【第３回４問】

北高崎株式会社に商品¥1,749,000（消費税 10%を含む）を販売し、代金は掛けとした。なお、消費税は税抜方式で処理する。

ア．売上	イ．仮受消費税	ウ．売掛金
エ．買掛金	オ．仕入	カ．仮払消費税

11. 手形による売上【第9回1問】

得意先に対して商品￥200,000 を販売し、代金のうち半額は当社宛ての約束手形を受け取り、残額は現金で受け取った。

ア．現金　イ．受取手形　ウ．受取手数料
エ．支払手形　オ．売上　カ．売掛金

12. その他（前受金等）の売上【第1回4問】

得意先から￥200,000 の商品の注文を請け、注文を請けた商品の 10%を手付金として当社宛ての小切手を受け取り、直ちに当座預金とした。

ア．売上　イ．当座預金　ウ．現金
エ．売掛金　オ．前受金　カ．前払金

13. 返品【第2回13問】

代金を掛けで仕入れた商品￥20,000 に品違いがあったため、取引先に返品をした。

ア．貯蔵品　イ．売上　ウ．売掛金
エ．買掛金　オ．支払手形　カ．仕入

14. 売上諸掛【第6回13問】

当社は商品Mを￥79,000 で玉村株式会社へ販売し、送料￥7,000 を加えた合計額を掛けとした。また、同時に配送業者へ商品Mを引き渡し、送料￥7,000 は後日支払うこととした。なお、送料は売上に含めること。

ア．未払金　イ．買掛金　ウ．売上
エ．仕入　オ．発送費　カ．売掛金

債　権　債　務

15. 未収入金【第7回5問】

月末に受け取ることになっていた備品の売却代金￥100,000 について、本日月末を迎え、小切手を受け取り、ただちに当座預金とした。

ア．固定資産売却益　イ．当座預金　ウ．現金
エ．備品　オ．売掛金　カ．未収入金

16. 貸付金【第8回13問】

友好的な関係の会社に対して元金￥500,000、貸付期間８ヶ月、年利率 3%の条件で貸し付けを行い、利息を差し引いた金額を普通預金口座から振り込んだ。なお、利息は月割計算によって行う。

ア．普通預金　イ．貸付金　ウ．支払利息
エ．借入金　オ．受取利息　カ．立替金

17. 立替金【第3回8問】

当月分の従業員給料総額￥400,000 から、従業員への立替金￥10,000 を控除した残額を、普通預金口座から支払った。

ア．仮払金　イ．普通預金　ウ．従業員預り金
エ．従業員立替金　オ．当座預金　カ．給料

18. 預り金（社会保険料）【第１０回１１問】

当月分の従業員給料総額￥4,000,000 から、従業員への立替金￥10,000、健康保険料および厚生年金保険料￥500,000、所得税￥300,000 を控除した残額を、普通預金口座から支払った。

ア．普通預金　イ．従業員立替金　ウ．買掛金
エ．社会保険料預り金　オ．所得税預り金　カ．給料

19. 手形借入金【第５回３問】

取引先から資金￥400,000 を、期間５ヶ月、年利率 3%の条件で借り入れ、その際、同額の約束手形を振り出し、利息￥5,000 を差し引いた残額について小切手を受け取った。

ア．現金　イ．支払手形　ウ．当座預金
エ．手形貸付金　オ．手形借入金　カ．支払利息

20. 役員貸付金【第１回８問】

当社専務取締役Ｋ氏から、資金を借り入れる目的で￥200,000 が普通預金口座に振り込まれた。

ア．売掛金　イ．普通預金　ウ．買掛金
エ．役員貸付金　オ．現金　カ．役員借入金

21. 受取商品券【第６回１０問】

得意先に商品を売り上げた際の代金として受け取っていた商品券￥71,000 を本日精算し、同額の現金を受け取った。

ア．現金　イ．未収入金　ウ．当座預金
エ．売上　オ．受取商品券　カ．売掛金

22. クレジット売掛金【第４回１３問】

クレジット払いの条件で販売した商品￥200,000 の代金について、信販会社から 2%の手数料を差し引いた手取額が当社の普通預金口座に入金された。なお、信販会社へのクレジット手数料(販売代金の 2%)は販売時に認識している。

ア．普通預金　イ．支払利息　ウ．クレジット売掛金
エ．売掛金　オ．支払手数料　カ．売上

23. 差入保証金【第２回１０問】

事務所として賃借していたビルの 1 階部分の契約が終了した。終了にともなって差し入れていた敷金￥200,000 から、建物の原状回復費用￥160,000 を差し引いた残額が普通預金口座に振り込まれた。

ア．普通預金　イ．租税公課　ウ．差入保証金
エ．建物　オ．修繕費　カ．立替金

24. 仮払金【第６回５問】

当社従業員の出張旅費として渡していた概算額￥100,000 の精算をしたところ、残額が￥20,000 あり、現金での返金を受けた。

ア．現金　イ．通信費　ウ．仮払金
エ．前払金　オ．旅費交通費　カ．未払金

手　　形

25. 支払手形【第５回１問】

買掛金の支払いとして￥350,000 の約束手形を振り出し、仕入先に対して郵送した。なお、郵送代金￥1,000 は現金で支払った。

ア．現金　　イ．発送費　　ウ．支払手形
エ．買掛金　　オ．受取手形　　カ．通信費

26. 電子記録債権【第４回２問】

金沢商事株式会社は、得意先に対する売掛金￥350,000 の回収にあたり、電子債権記録機関より取引銀行を通じて電子記録債権の発生記録の通知を受けた。

ア．買掛金　　イ．売掛金　　ウ．電子記録債権
エ．受取手形　　オ．電子記録債務　　カ．支払手形

固　定　資　産

27. 取得【第７回１０問】

新しく事業活動を開始するために、店舗内の備品￥500,000 を購入し、代金は翌月末に支払うことにした。なお、据付費￥50,000 は小切手を振り出して支払った。

ア．支払手形　　イ．当座預金　　ウ．備品
エ．支払手数料　　オ．未払金　　カ．現金

28. 期首売却【第１０回４問】

期首に、備品（取得原価￥500,000、減価償却累計額￥300,000）を￥100,000 で売却し、代金は毎月末の 4 分割で受け取ることとした。なお、減価償却は、間接法により記帳されている。

ア．未収入金　　イ．備品　　ウ．減価償却累計額
エ．固定資産売却益　　オ．減価償却費　　カ．固定資産売却損

29. 期中売却【第１回１４問】

×4 年 6 月 30 日に、店舗の撤退にともなって不用になった備品（取得日：×1 年 4 月 1 日、取得原価：￥500,000、残存価額：ゼロ、耐用年数：5 年、償却方法：定額法、記帳方法：間接法）を￥300,000 で売却し、売却代金は翌月末に普通預金口座に振り込まれることになった。なお、決算日は 3 月 31 日である。

ア．未収入金　　イ．備品　　ウ．減価償却累計額
エ．固定資産売却益　　オ．減価償却費　　カ．固定資産売却損

30. 修繕費と改良【第５回１３問】

建物の改築と修繕を行い、代金￥495,000 を普通預金口座から支払った。このうち、建物の資産価値を高める支出額は￥426,800 であり、建物の現状を維持するための支出額は￥68,200 であった。

ア．消耗品費　　イ．普通預金　　ウ．建物
エ．当座預金　　オ．減価償却累計額　　カ．修繕費

資本金と税金

31. 株式会社の設立【第5回6問】

株式会社の設立にあたり、1株当たり￥100で株式を500株発行し、出資者より現金を受け取った。なお、払込金額の全額を資本金とする。

ア．現金　イ．繰越利益剰余金　ウ．普通預金
エ．資本金　オ．当座預金　カ．利益準備金

32. 租税公課【第2回2問】

収入印紙￥20,000分を購入し、代金は当座預金口座から支払った。なお、この収入印紙はただちに使用した。

ア．支払手数料　イ．当座預金　ウ．現金
エ．租税公課　オ．貯蔵品　カ．消耗品費

33. 法人税、住民税及び事業税【第3回3問】

当社は確定申告を行い、法人税等￥200,000を現金で支払い、確定納付した。

ア．現金　イ．租税公課　ウ．法人税等
エ．未払法人税等　オ．当座預金　カ．仮払法人税等

34. 消費税【第5回5問】

決算において消費税（税率 10%）の納付額を計算し確定させた。当期における消費税の仮受額は￥400,000、仮払額は￥336,000であった。なお、消費税の記帳方法は税抜方式を採用している。

ア．未払金　イ．仮払消費税　ウ．仮受消費税
エ．租税公課　オ．未払消費税　カ．仮払金

決　　　算

35. 貯蔵品の計上【第4回3問】

当社は決算日を迎え、期中に費用処理した切手・はがきのうち￥10,000分が未使用であることが判明したため、必要な決算整理仕訳を行う。

ア．貯蔵品　イ．消耗品費　ウ．租税公課
エ．前払通信費　オ．通信費　カ．未払通信費

36. 固定資産の減価償却【第9回4問】

本日決算日（×1年3月31日）に、購入した建物（取得日：×0年10月1日、取得原価：￥2,000,000、残存価額：ゼロ、耐用年数：20年、償却方法：定額法、記帳方法：間接法）の減価償却を行う。

ア．未払金　イ．支払利息　ウ．減価償却累計額
エ．減価償却費　オ．建物　カ．消耗品費

37. 現金過不足【第３回５問】

現金の帳簿残高が実際有高より￥30,000 多かったため現金過不足として処理していたが、決算日において、支払利息の支払い￥10,000、受取手数料の受け取り￥5,000 が未処理であることが判明した。残額の原因は判明しなかったため、雑益または雑損として処理する。

ア．雑益　イ．現金過不足　ウ．受取手数料
エ．現金　オ．雑損　カ．支払利息

38. 収益の未収【第３回１１問】

×1 年 12 月 31 日に決算を迎え、×1 年 8 月 1 日に現金￥600,000、期間 1 年、年利率 4%の条件で貸し付けた貸付金の利息(元本と共に回収)に関して必要な決算整理仕訳を行った。

ア．支払利息　イ．未収利息　ウ．未払利息
エ．未払金　オ．受取利息　カ．未収入金

39. 決算振替仕訳【第５回１１問】

損益勘定の収益総額￥2,500,000 と費用総額￥3,000,000 の差額を繰越利益剰余金勘定に振り替えた。

ア．仕入　イ．資本金　ウ．繰越利益剰余金
エ．利益準備金　オ．売上　カ．損益

そ の 他

40. 貸倒れ【第１回５問】

得意先であるＡ社が倒産したため、Ａ社に対する前期発生の売掛金￥100,000 が貸倒れとなった。なお、Ａ社に対する売掛金に対して、貸倒引当金￥80,000 を設定していた。

ア．償却債権取立益　イ．売掛金　ウ．貸倒引当金
エ．貸倒引当金繰入　オ．現金　カ．貸倒損失

41. 償却債権取立益【第２回７問】

前期に得意先であるＡ社が倒産したため貸倒れとして処理していた売掛金￥100,000 のうち、￥60,000 が普通預金口座に振り込まれた。

ア．普通預金　イ．貸倒引当金繰入　ウ．貸倒引当金
エ．貸倒引当金戻入　オ．償却債権取立益　カ．売掛金

42. 剰余金の配当【第２回１１問】

株主総会で、繰越利益剰余金￥480,000 の一部を次のとおり処分することが承認された。
株主配当金：￥360,000、利益準備金の積立：￥36,000

ア．買掛金　イ．損益　ウ．未払配当金
エ．利益準備金　オ．繰越利益剰余金　カ．現金

伝票式会計

43. 伝票作成【第9回8問】

売掛金￥30,000について、現金と当社宛ての約束手形で半額ずつ回収した取引について、入金伝票を次のように作成したとき、振替伝票に記入される仕訳を示しなさい。なお、3伝票制を採用している。

入金伝票
×7年7月1日
(売掛金)　　15,000

ア．売上　　イ．売掛金　　ウ．現金
エ．受取手形　　オ．支払手形　　カ．当座預金

証憑

44. 商品売買【第7回9問】

商品を仕入れ、品物とともに次の納品書を受け取り、代金は後日支払うこととした。株式会社ＩＴ商事で必要な仕訳を示しなさい。なお、消費税は税抜方式によって処理している。

納　品　書

株式会社　ＩＴ商事　様

池袋食品　株式会社

品　物	数　量	単　価	金　額
タルタル弁当	600	680	￥　408,000
ハンバーグ弁当	500	1,000	￥　500,000
すき焼き弁当	180	2,200	￥　396,000
	消　費　税		￥　130,400
	合　計		￥ 1,434,400

ア．未払金　　イ．仮払消費税　　ウ．買掛金
エ．雑費　　オ．仕入　　カ．貯蔵品

45. 物品の購入【第9回9問】

事務作業に使用する物品をインターネット注文で購入し、品物とともに次の領収書を受け取った。なお、代金はすでに支払済みであり、仮払金勘定で処理してある。MR株式会社で必要な仕訳を示しなさい。なお、消費税は税抜方式によって処理している。

領　収　書

MR株式会社　様

名古屋電器　株式会社

品　　物	数　量	単　価	金　　額
インクジェットプリンター	3	280,000	¥ 840,000
コピー用紙	750	20	¥ 15,000
据付費	—	—	¥ 2,800
	消　費　税		¥ 85,780
	合　　計		¥ 943,580

上記の合計額を領収いたしました。

収入印紙 200円 印

ア．仮払金　　イ．仮払消費税　　ウ．備品
エ．租税公課　　オ．消耗品費　　カ．仕入

46. 費用の計上【第5回15問】

出張旅費を立替えていた従業員Y氏が出張から帰社し、下記の領収書および旅費交通費等報告書を提示したため、普通預金口座から従業員の指定する普通預金口座へ振り込み精算した。

領　収　書

運賃　¥3,680

上記のとおり領収しました

高知交通(株)

領　収　書

宿泊費 シングル1名　¥12,700

またのご利用お待ちしております。

ホテル高知(株)

旅費交通費等報告書

氏名　山田太郎

移動先	手段等	領収書	金　額
高知駅	電車	無	¥ 4,240
高知交通	タクシー	有	¥ 3,680
ホテル高知	宿泊	有	¥ 12,700
帰社	電車	無	¥ 4,890
	合　　計		¥ 25,510

ア．雑費　　イ．普通預金　　ウ．給料
エ．当座預金　　オ．旅費交通費　　カ．立替金

47. 税金の納付【第10回15問】

納付書にもとづき、現金で法人税を納付し、下記の領収証書を入手した。ＣＡＴ株式会社で必要な仕訳を答えなさい。

領　収　証　書

科目	法人税	本　　税	2,000,000
		重加算税	
		加　算　税	
住所	東京都千代田区丸の内２丁目 2020の12	利子税	
		延滞税	
氏名	ＣＡＴ　株式会社	合計額	￥　2,000,000

納期等の区分　07 04 01　08 03 31

中間申告　確定申告

出納印 ×8.5.30 中央銀行

ア．現金　　イ．法人税等　　ウ．当座預金
エ．未払法人税等　　オ．租税公課　　カ．仮払法人税等

応用論点

48. 訂正仕訳【第5回10問】

土地￥890,000を購入し、代金は後日支払うこととしたが、誤って買掛金の増加として記帳していたため、これを訂正する。

ア．未払地代　　イ．土地　　ウ．現金
エ．買掛金　　オ．未払金　　カ．売掛金

49. 再振替仕訳【第8回11問】

前期の決算において未収利息￥72,000、貯蔵品￥5,200（収入印紙代）、当座借越￥216,000（借入金勘定で処理）を計上していたので、本日（当期首）再振替仕訳を行った。

ア．当座預金　　イ．貯蔵品　　ウ．未収利息
エ．借入金　　オ．受取利息　　カ．租税公課

50. 自己振出小切手【第2回8問】

京都商店から未収入金￥100,000および京都商店振り出しの約束手形（当社宛て）￥180,000の回収として、小切手を受け取った。当該小切手は、かつて当社が徳島商店に対して振り出したものである。

ア．支払手形　　イ．当座預金　　ウ．受取手形
エ．現金　　オ．未収入金　　カ．売掛金

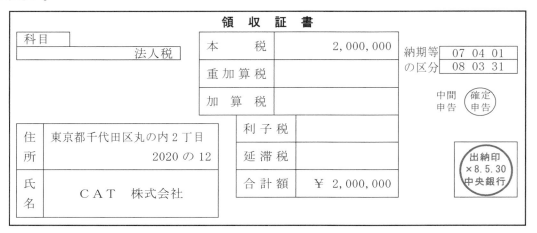

3級 決算整理ファイナルチェック

決算整理ファイナルチェックの説明

日商簿記検定３級では、第３問で財務諸表作成問題が出題されます。決算整理ファイナルチェックでは、下記の論点を次ページ以降で、決算整理仕訳が確認できるように作成しています。本試験前の第３問の最終確認として『決算整理ファイナルチェック』をご活用ください。なお、問題文中の★マークは、決算整理前残高試算表の数値を表しています。

問題の前提条件として、会計期間は×4年4月1日～×5年3月31日としています。

1．売上原価の計算

期末商品棚卸高は￥450,000である。★繰越商品：￥420,000

2．貸倒引当金の設定

受取手形および売掛金の期末残高に対して、差額補充法により2%の貸倒引当金を計上する。

★受取手形：￥450,000、売掛金：￥350,000、貸倒引当金：￥7,000

3．貯蔵品の計上

購入時に費用処理した収入印紙の未使用残高が￥20,000あるため、貯蔵品に振り替える。

4．固定資産の減価償却

建物について、残存価額ゼロ、耐用年数25年の定額法で減価償却(間接法)を行う。★建物：￥1,200,000

5．当座借越の振替

当座預金の貸方残高金額を借入金に振り替える。取引先銀行とは、借越限度額を￥600,000とする当座借越契約を結んでいる。★当座預金（貸方）：￥400,000

6．現金過不足の決算整理

決算日における現金の実際有高は￥494,500であった。帳簿残高との差額のうち、￥3,300については通信費の記入漏れであることが判明したが、残額については原因不明のため、雑損または雑益として処理する。

★現金：￥498,000

7．費用の前払

支払家賃は、×4年7月1日に向こう1年分を支払ったものである。決算にあたり前払分を計上する。

★支払家賃：￥204,000

8．費用の未払

借入金は、×4年7月1日に借入期間3年、年利率2%、利払日6月末日の条件で借り入れたものである。決算にあたり未払分を計上する。★借入金：￥400,000

9．収益の前受

受取地代は、当社が保有する土地を×4年9月1日に賃貸し、向こう1年分を受け取ったものである。決算にあたり前受分を計上する。★受取地代：￥57,600

10．収益の未収

貸付金は当期の1月1日に期間1年、年利率2%の条件で貸し付けたもので、利息は返済時に一括して受け取ることとなっている。したがって、利息の未収分を月割で計上する。★貸付金￥540,000

11．未払消費税の計上

消費税の処理を行う。★仮払消費税：￥245,000、仮受消費税：￥360,000

12．未払法人税等の計上

法人税等を￥120,000計上する。★仮払法人税等：￥55,000

1．売上原価の計算

期末商品棚卸高は￥450,000 である。★繰越商品：￥420,000

前 T/B の繰越商品の金額を仕入に振り替える。

決算整理前残高試算表

借　方	勘 定 科 目	貸　方
420,000	繰　越　商　品	

(借)	仕　入	**420,000**	(貸)	繰　越　商　品	**420,000**
	繰　越　商　品	**450,000**		仕　入	**450,000**

問題文の期末商品棚卸高の金額を仕入から繰越商品に振り替える。

仕入戻しや売上戻り、売上計上が未処理のとき、期末商品の金額を調整する問題があるため注意すること。
例：売上計上が未処理で期末商品棚卸高に販売分の商品原価が、
含まれる場合→期末商品棚卸高から販売分の商品原価を差し引く。
含まれない場合→期末商品棚卸高をそのまま利用する。

2．貸倒引当金の設定

受取手形および売掛金の期末残高に対して、差額補充法により 2%の貸倒引当金を計上する。

★受取手形：￥450,000、売掛金：￥350,000、貸倒引当金：￥7,000

決算整理前残高試算表

借　方	勘 定 科 目	貸　方
450,000	受　取　手　形	
350,000	売　掛　金	
	貸　倒　引　当　金	7,000

(借)	貸倒引当金繰入	9,000	(貸)	貸　倒　引　当　金	9,000

見積額：(前 T/B 受取手形 450,000 円＋前 T/B 売掛金 350,000 円)×貸倒見積率 2%＝**16,000 円**

繰入額：見積額 16,000 円－**前 T/B 7,000 円**＝9,000 円

売掛金の貸倒れが未処理等、未処理事項があるとき、未処理事項を反映した売掛金に対して貸倒見積率を乗じたり、見積額から未処理事項を反映した貸倒引当金を差し引いたりする問題があるため注意すること。

見積額から**前 T/B の貸倒引当金を差し引いて**仕訳の金額を計算する。

B/S に表示される貸倒引当金の金額を意味する。

3．貯蔵品の計上

購入時に費用処理した収入印紙の未使用残高が￥20,000 あるため、貯蔵品に振り替える。

(借)	貯　蔵　品	20,000	(貸)	**租　税　公　課**	20,000

未使用残高が切手・はがきの場合は、通信費から貯蔵品に振り替える。

収入印紙の未使用残高であるため、**租税公課**から貯蔵品に振り替える。

4．固定資産の減価償却

建物について、残存価額ゼロ、耐用年数 25 年の定額法で減価償却(間接法)を行う。★建物：￥1,200,000

決算整理前残高試算表

借　方	勘定科目	貸　方
1,200,000	建　　物	

(借)	減価償却費	48,000	(貸)	減価償却累計額	48,000

(前 T/B 建物 1,200,000 円－残存価額 0 円)÷耐用年数 25 年＝**48,000 円**

■　期中に取得した固定資産がある問題
既存分と区別して、取得(使用)した月から決算日までの使用期間分の減価償却費を計算する。
■　月次決算を行っている問題
期首から期末の１ヶ月前までの 11 ヶ月間で減価償却費を毎月見積計上するため、残り１ヶ月分の減価償却費を計算する。

取得原価・残存価額・耐用年数を使って**１年間の減価償却費**を計算する。

5．当座借越の振替

当座預金の貸方残高金額を借入金に振り替える。取引先銀行とは、借越限度額を￥600,000 とする当座借越契約を結んでいる。★当座預金（貸方）：￥400,000

借入限度額は、仕訳作成上、不要なデータとなる。

決算整理前残高試算表

借　方	勘定科目	貸　方
	当座預金	400,000

(借)	当座預金	400,000	(貸)	**借入金**	400,000

当座借越は、銀行からの借り入れを意味するため、**借入金に振り替える。**

6．現金過不足の決算整理

決算日における現金の実際有高は￥494,500 であった。帳簿残高との差額のうち、￥3,300 については通信費の記入漏れであることが判明したが、残額については原因不明のため、雑損または雑益として処理する。

★現金：￥498,000

決算整理前残高試算表

借　方	勘定科目	貸　方
498,000	現　　金	

(借)	通信費	3,300	(貸)	現金	3,500
	雑損	200			

借方残額で**原因不明**なとき、**雑損**で仕訳する。

帳簿残高を**実際有高と一致**させるために**現金を減少**させる。

7．費用の前払

支払家賃は、×4年7月1日に向こう1年分を支払ったものである。決算にあたり前払分を計上する。
★支払家賃：￥204,000

前T/Bの支払家賃を当期9ヶ月分にするため、**次期3ヶ月分を差し引く。**

決算整理前残高試算表

借　方	勘　定　科　目	貸　方
204,000	支　払　家　賃	

(借) 前　払　家　賃	51,000	(貸) 支　払　家　賃	51,000

$$\text{前T/B 支払家賃204,000円} \times \frac{\text{3ヶ月(×5年4月～×5年6月)}}{\text{12ヶ月}} = \text{51,000円}$$

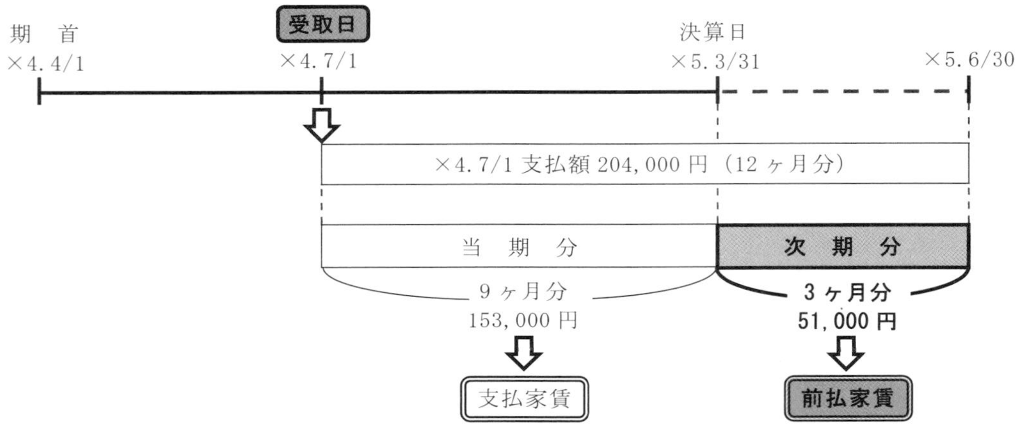

8．費用の未払

借入金は、×4年7月1日に借入期間3年、年利率2%、利払日6月末日の条件で借り入れたものである。決算にあたり未払分を計上する。★借入金：￥400,000

支払利息の仕訳は次期に発生するため、**当期9ヶ月分を発生させる。**

決算整理前残高試算表

借　方	勘　定　科　目	貸　方
	借　入　金	400,000

(借) 支　払　利　息	6,000	(貸) 未　払　利　息	6,000

$$\text{前T/B 借入金400,000円} \times \text{年利率2\%} \times \frac{\text{9ヶ月(×4年7月～×5年3月)}}{\text{12ヶ月}} = \text{6,000円}$$

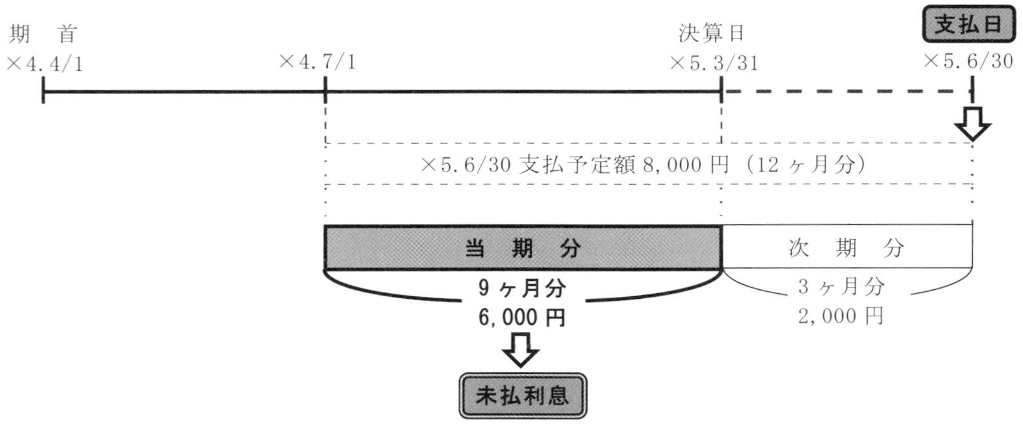

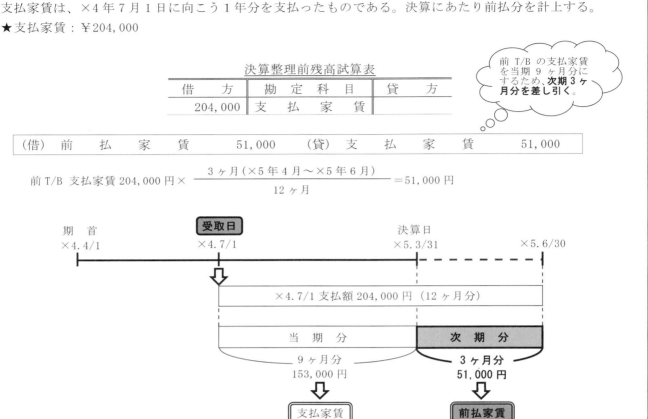

9．収益の前受

受取地代は、当社が保有する土地を×4 年 9 月 1 日に賃貸し、向こう 1 年分を受け取ったものである。決算にあたり前受分を計上する。★受取地代：￥57,600

前 T/B の支払家賃を当期 7 ヶ月分にするため、**次期 5 ヶ月分を差し引く**。

決算整理前残高試算表

借　方	勘　定　科　目	貸　方
	受　取　地　代	57,600

(借) 受　取　地　代	24,000	(貸) 前　受　地　代	24,000

$$\text{前 T/B 受取地代 57,600 円} \times \frac{\text{5 ヶ月（×5 年 4 月～×5 年 8 月）}}{\text{12 ヶ月}} = \text{24,000 円}$$

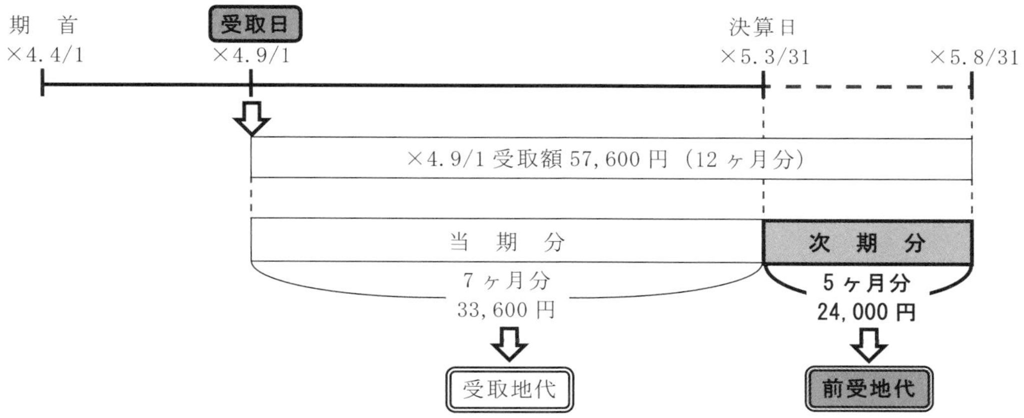

10. 収益の未収

貸付金は当期の 1 月 1 日に期間 1 年、年利率 2%の条件で貸し付けたもので、利息は返済時に一括して受け取ることとなっている。したがって、利息の未収分を月割で計上する。★貸付金￥540,000

受取利息の仕訳は次期に発生するため、**当期 3 ヶ月分を発生させる**。

決算整理前残高試算表

借　方	勘　定　科　目	貸　方
540,000	貸　付　金	

(借) 未　収　利　息	2,700	(貸) 受　取　利　息	2,700

$$\text{前 T/B 貸付金 540,000 円} \times \text{年利率 2\%} \times \frac{\text{3 ヶ月（×5 年 1 月～×5 年 3 月）}}{\text{12 ヶ月}} = \text{2,700 円}$$

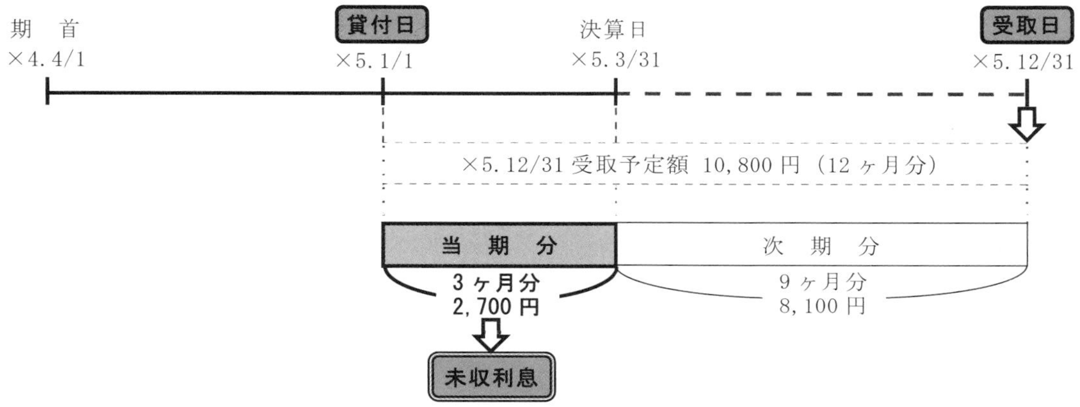

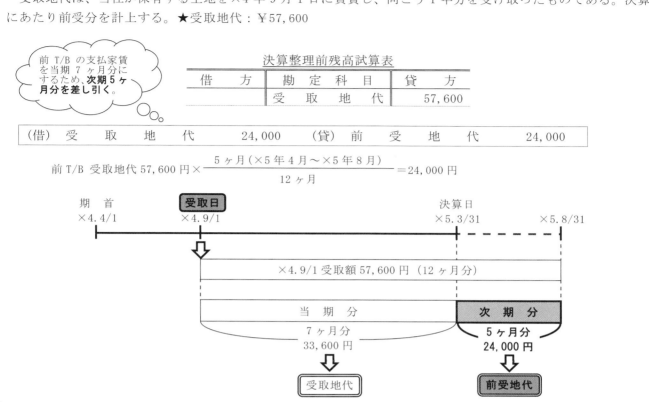

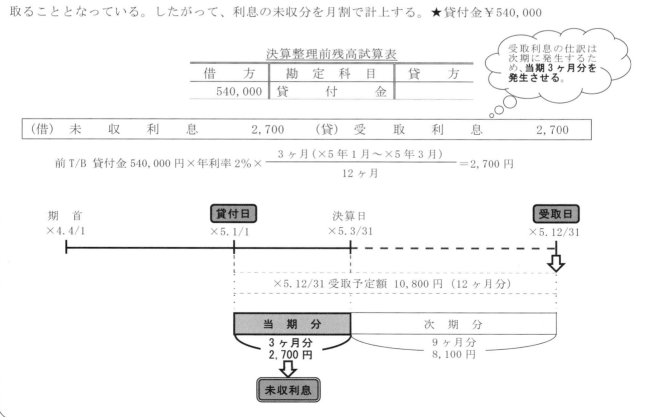

11. 未払消費税の計上

消費税の処理を行う。★仮払消費税：￥245,000、仮受消費税：￥360,000

決算整理前残高試算表

借　　方	勘　定　科　目	貸　　方
245,000	仮　払　消　費　税	
	仮　受　消　費　税	360,000

前 T/B の仮払消費税を取り崩す仕訳をする。

(借)	仮　受　消　費　税	360,000	(貸)	仮　払　消　費　税	245,000
				未　払　消　費　税	115,000

前 T/B の仮受消費税を取り崩す仕訳をする。

差額で未払消費税の金額を計算する。確定納付額を意味する。

12. 未払法人税等の計上

法人税等を￥120,000 計上する。★仮払法人税等：￥55,000

決算整理前残高試算表

借　　方	勘　定　科　目	貸　　方
55,000	仮　払　法　人　税　等	

前 T/B の仮払法人税等を取り崩す仕訳をする。中間納付額を意味する。

(借)	法　人　税　等	120,000	(貸)	仮　払　法　人　税　等	55,000
				未　払　法　人　税　等	65,000

問題文の法人税等の金額で仕訳する。確定税額を意味する。

法人税等の金額ではなく、未払法人税等の金額が与えられる問題がある。
この場合、仮払法人税等と未払法人税等の合計金額で法人税等の金額を計算する。

差額で未払法人税等の金額を計算する。確定納付額を意味する。

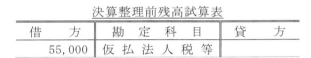

日商簿記３級
統一試験・団体試験
模擬問題集

解答解説編

Ver.3.0

東京法令
とうほう

3級 全国統一模擬試験 第1回 解答解説

第1問 【解答】 各3点 計45点

	借方科目名	記号	金額	貸方科目名	記号	金額
1	普通預金	イ	515,000	貸付金 受取利息	ウ オ	500,000 15,000
2	前受金 受取手形 発送費	エ イ カ	147,000 588,000 14,000	売上 現金	オ ア	735,000 14,000
3	備品 消耗品費	ウ カ	1,100,000 10,000	普通預金	イ	1,110,000
4	当座預金	イ	20,000	前受金	オ	20,000
5	貸倒引当金 貸倒損失	ウ カ	80,000 20,000	売掛金	イ	100,000
6	貯蔵品	エ	20,000	租税公課	オ	20,000
7	保険料	カ	8,000	前払保険料	イ	8,000
8	普通預金	イ	200,000	役員借入金	カ	200,000
9	定期預金	エ	3,000,000	普通預金	ウ	3,000,000
10	当座預金	イ	20,000	仕入	カ	20,000
11	旅費交通費	カ	2,000	現金	ア	2,000
12	普通預金	ウ	50,000	資本金	オ	50,000
13	支払手形	オ	100,000	普通預金	ウ	100,000
14	未収入金 減価償却累計額 減価償却費	ア ウ オ	300,000 300,000 25,000	備品 固定資産売却益	イ エ	500,000 125,000
15	未払消費税	オ	430,000	普通預金	イ	430,000

第1問 【解説】

1．貸付金の回収

(借)	普通預金	515,000	(貸)	貸付金	500,000
				受取利息	15,000 *1

*1 問題文に「貸し付けていた資金について、利息」と記載があるため、受取利息勘定で仕訳する。

2．売上（販売諸掛、前受金）

(借)	前受金	147,000 *1	(貸)	売上	735,000
	受取手形	588,000 *2		現金	14,000
	発送費	14,000 *3			

*1 問題文に「受注時に受け取っていた手付金」と記載があるため、前受金勘定で仕訳する。
*2 問題文に「神田商店振り出しの約束手形で受け取った」と記載があるため、受取手形勘定で仕訳する。
*3 問題文に「当社負担の発送運賃」と記載があるため、発送費勘定で仕訳する。

3．備品と消耗品の購入

(借)	備品	1,100,000 *1	(貸)	普通預金	1,110,000
	消耗品費	10,000 *2			

*1 問題文に「事務用のオフィス機器」と記載があるため、備品勘定で仕訳する。
*2 問題文に「コピー用紙」と記載があるため、消耗品費勘定で仕訳する。

4．前受金の計上

(借)	当座預金	20,000 *2	(貸)	前受金	20,000 *1

*1 問題文に「注文を請けた商品の10%を手付金」と記載があるため、前受金勘定で仕訳する。
*2 問題文に「小切手を受け取り、直ちに当座預金とした」と記載があるため、当座預金勘定で仕訳する。

5．貸倒れの処理

(借)	貸倒引当金	80,000 *1	(貸)	売掛金	100,000
	貸倒損失	20,000 *2			

*1 前期以前に発生したA社に対する売掛金について貸倒引当金を設定しているため、貸倒引当金勘定で仕訳し、貸倒引当金で充当できなかった分については、貸倒損失勘定で仕訳する。
*2 売掛金100,000円－貸倒引当金80,000円(*1)＝20,000円

6．貯蔵品への振替

(借)	貯蔵品	20,000 *1	(貸)	租税公課	20,000 *2

*1 購入時に租税公課で処理した収入印紙のうち20,000円分が未使用であるため、貯蔵品勘定に振り替える。
*2 収入印紙は、租税公課勘定で仕訳する。

7．前払保険料の再振替仕訳

（1）決算整理仕訳（前期末の仕訳）

（借）	前払保険料	8,000	（貸）	保険料	8,000

（2）再振替仕訳（当期首の仕訳）

（借）	保険料	8,000	（貸）	前払保険料	8,000

前期末の決算整理仕訳を取り消す仕訳をする。

8．役員借入金の計上

（借）	普通預金	200,000	（貸）	役員借入金	200,000 *1

*1 問題文に「当社専務取締役K氏から、資金を借り入れる目的」と記載があるため、役員借入金勘定で仕訳する。

9．定期預金の預入

（借）	定期預金	3,000,000	（貸）	普通預金	3,000,000

10．仕入商品の返品

（借）	当座預金	20,000 *1	（貸）	仕入	20,000

*1 小切手を受け取ることになるが、当社が振り出した小切手の返却を受けているため、小切手振出時の当座預金の減少を取り消す仕訳をする。

11．小口現金の精算と補給

【本問】 問題文に小口現金勘定の選択肢がない場合

（借）	旅費交通費	2,000 *1	（貸）	現金	2,000

*1 問題文に「交通費」と記載があるため、旅費交通費勘定で仕訳する。

【参考】 問題文に小口現金勘定の選択肢があり、特段問題文に指示がない場合

（借）	旅費交通費	2,000	（貸）	小口現金	2,000
	小口現金	2,000		現金	2,000

問題文に小口現金勘定の選択肢がないため、【本問】が解答すべき仕訳となる。一方で、小口現金勘定が選択肢にあり、特段問題文に指示がない場合には【参考】の仕訳をするのが無難である。

12．増資

（借）	普通預金	50,000	（貸）	資本金	50,000

1株当たり100円×500株=50,000円

13．支払手形の決済

（借）	支払手形	100,000 *1	（貸）	普通預金	100,000

*1 問題文に「かねて取引先宛てに振り出した約束手形」と記載があるため、支払手形勘定で仕訳する。

14．備品の期中売却

（借）	未収入金	300,000 *1	（貸）	備品	500,000
	減価償却累計額	300,000 *2		固定資産売却益	125,000 *4
	減価償却費	25,000 *3			

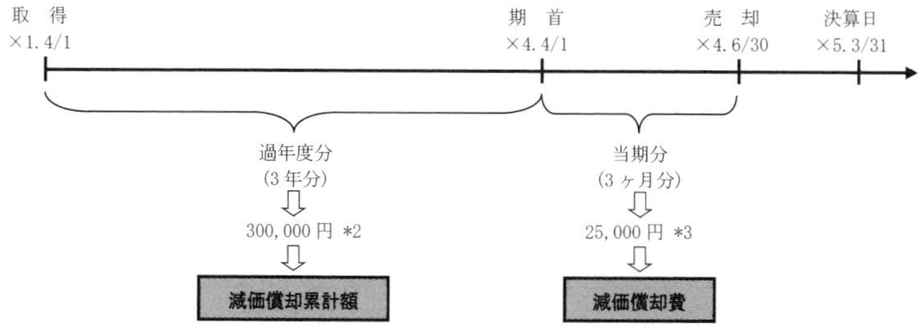

*1 問題文に「売却代金は翌月末に普通預金口座に振り込まれる」と記載があるため、未収入金勘定で仕訳する。（備品売却は主たる営業活動に係る取引には該当しないため、売却代金に係る債権は「未収入金」となる。）

*2 備品500,000円×$\frac{3年（×1年4月～×4年3月）}{耐用年数5年}$=300,000円

*3 備品500,000円÷耐用年数5年×$\frac{3ヶ月（×4年4月～6月）}{12ヶ月}$=25,000円

*4 貸借差額

15．消費税の納付

（借）	未払消費税	430,000 *1	（貸）	普通預金	430,000

*1 税金を納付する際には、定められた納付書を利用するが、納付後は「納付書」でなく「領収証書」が手元に残る。そのため、今回は「領収証書」で仕訳を行う。その領収証書の科目が消費税および地方消費税、申告区分については確定申告に○がついているため、消費税の確定納付の仕訳となる。よって、未払消費税勘定の減少の仕訳をする。

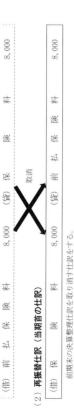

第2問 【解答】 (1) 10点 (2) 10点 計20点

(1) ● 2点×5箇所 計10点

仕 入

1/11	買 掛 金	220,000	1/16	(買 掛 金)	(● 20,000)
1/13	(買 掛 金)	(130,000)	1/31	繰 越 商 品	50,000
1/25	支 払 手 形	(120,000)	1/31	損 益	(● 470,000)
1/31	繰 越 商 品	70,000			
		540,000			540,000

支 払 手 形

(1/10)	当 座 預 金	(● 150,000)	(1/ 1)	前 月 繰 越	150,000
1/31	次 月 繰 越	(● 370,000)	1/ 8	(買 掛 金)	(250,000)
			1/25	(仕 入)	(● 120,000)
		(520,000)			(520,000)

(2) 問1 完答2点、問2 各2点×4箇所 計10点

問1

日付＼補助簿	現金出納帳	当座預金出納帳	商品有高帳	売掛金元帳(得意先元帳)	買掛金元帳(仕入先元帳)	仕入帳	売上帳	固定資産台帳
15日	○	○						○
19日			○	○			○	

問2

①	②	③	④
¥ 300,000	¥ 150,000	¥ 660,000	¥ 137,500

第2問 【解説】

(1)

簿記の一連の流れは、企業の取引を主要簿である仕訳帳に**仕訳をし**、その結果を**総勘定元帳や補助簿に転記する**ことである。したがって、本問は、**総勘定元帳や補助簿の内容から仕訳を推定できるか**どうかが重要なポイントになる。

また、支払手形記入帳は、下記図のように**てん末欄は、支払手形の減少取引**が行われたときに記帳され、**てん末欄の左側は、支払手形の増加取引**が行われたときに記帳される。

解説では日付順に、仕訳の作成と総勘定元帳や補助簿に転記する過程を示すことにする。上記のポイントを意識しながら復習してほしい。

支 払 手 形 記 入 帳

×4年	摘要	手形金額	手形種類	手形番号	支払人	振出人または	振出日	満期日	支払場所	てん末 日付	てん末 摘要

← 増加取引 ｜ 減少取引 →

① **1月以前の取引**

(借) 仕 入 150,000 (貸) 支 払 手 形 150,000

支払手形記入帳の11月20日の記載から、手形による仕入取引が行われていることがわかる。

支 払 手 形 記 入 帳

×12年	摘要	手形金額	手形種類	手形番号	受取人	振出人	振出日	満期日	支払場所	てん末 日付	てん末 摘要
11/20	**仕 入**	**150,000**	**約手**	**11**	**大和(株)**	**当 社**	**11/20**	**1/10**	**奈良銀行**		

仕 入

支 払 手 形

	1/ 1 前月繰越 150,000

支払手形記入帳に「上記に記載されていないものは、1月1日までに支払が完了している」と記載があるため、11月20日に振り出した手形金額150,000円が前月繰越に該当する。

② **1月1日 開始記入**

買 掛 金 元 帳

大 和 株 式 会 社

×12年		摘 要	借 方	貸 方	借または貸	残 高
1	1	**前 月 繰 越**		**100,000**	**貸**	**100,000**

樺 太 株 式 会 社

×12年		摘 要	借 方	貸 方	借または貸	残 高
1	1	**前 月 繰 越**		**310,000**	**貸**	**310,000**

③ **1月8日 買掛金の決済**

(借)	買掛金	250,000	(貸)	支払手形	250,000

買掛金元帳・樺太株式会社から仕訳を推定する。金額は、1月1日の残高と1月8日の残高の差額で計算する。
1月1日残高310,000円－1月8日残高60,000円＝250,000円

樺太株式会社

×12年		摘要	借方	貸方	借または貸	残高
1	1	前月繰越		310,000	貸	310,000
	8	**約手決済**	**250,000**		**〃**	**60,000**

支払手形記入帳

×12年	摘要	手形金額	手形種類	手形番号	受取人	振出人	振出日	満期日	支払場所	てん末 日付	てん末 摘要
11/20	仕入	150,000	約手	11	大和(株)	当社	11/20	1/10	奈良銀行		
1/8	**買掛金**	**250,000**	**約手**	**12**	**樺太(株)**	**当社**	**1/8**	**2/28**	**札幌銀行**		

仕入

支払手形

	1/1 前月繰越 150,000
	1/8 買掛金 250,000

④ **1月10日 支払手形の決済**

(借)	支払手形	150,000	(貸)	当座預金	150,000

支払手形記入帳のてん末欄および答案用紙・支払手形勘定から仕訳を推定する。

支払手形記入帳

×4年	摘要	手形金額	手形種類	手形番号	受取人	振出人	振出日	満期日	支払場所	てん末 日付	てん末 摘要
11/20	仕入	150,000	約手	11	大和(株)	当社	11/20	1/10	奈良銀行	**1/10**	**支払**
1/8	買掛金	250,000	約手	12	樺太(株)	当社	1/8	2/28	札幌銀行		

仕入

支払手形

1/10 当座預金 150,000	1/1 前月繰越 150,000
	1/8 買掛金 250,000

5

⑤ **1月11日 掛け仕入**

(借)	仕入	220,000	(貸)	買掛金	220,000

答案用紙・仕入勘定から仕訳を推定する。

買掛金元帳
大和株式会社

×12年		摘要	借方	貸方	借または貸	残高
1	1	前月繰越		100,000	貸	100,000
	11	**仕入**		**220,000**	**〃**	**320,000**

仕入

1/11 買掛金 220,000	

支払手形

1/10 当座預金 150,000	1/1 前月繰越 150,000
	1/8 買掛金 250,000

⑥ **1月13日 掛け仕入**

(借)	仕入	130,000	(貸)	買掛金	130,000

買掛金元帳・樺太株式会社から仕訳を推定する。

樺太株式会社

×12年		摘要	借方	貸方	借または貸	残高
1	1	前月繰越		310,000	貸	310,000
	8	約手決済	250,000		〃	60,000
	13	**仕入**		**130,000**	**〃**	**190,000**

仕入

1/11 買掛金 220,000	
1/13 買掛金 130,000	

支払手形

1/10 当座預金 150,000	1/1 前月繰越 150,000
	1/8 買掛金 250,000

⑦ **1月16日 返品**

(借)	買掛金	20,000	(貸) 仕入	20,000

買掛金元帳・大和株式会社から仕訳を推定する。金額は、1月11日の残高と1月16日の残高の差額で計算する。
1月11日残高320,000円－1月16日残高300,000円＝20,000円

買掛金元帳
大和株式会社

×12年		摘要	借方	貸方	借または貸	残高
1	1	前月繰越		100,000	貸	100,000
	11	仕入		220,000	〃	320,000
	16	**返品**	**20,000**		**〃**	**300,000**

仕入

借方		貸方	
1/11 買掛金	220,000	**1/16 買掛金**	**20,000**
1/13 買掛金	130,000		

支払手形

借方		貸方	
1/10 当座預金	150,000	1/ 1 前月繰越	150,000
		1/ 8 買掛金	250,000

⑧ **1月25日 手形による仕入**

(借)	仕入	120,000	(貸) 支払手形	120,000

支払手形記入帳から仕訳を推定する。

支払手形記入帳

×12年	摘要	手形金額	手形種類	手形番号	受取人	振出人	振出日	満期日	支払場所	てん末 日付	てん末 摘要
11/20	仕入	150,000	約手	11	大和(株)	当社	11/20	1/10	奈良銀行	1/10	支払
1/ 8	買掛金	250,000	約手	12	樺太(株)	当社	1/ 8	2/28	札幌銀行		
1/25	**仕入**	**120,000**	**約手**	**13**	**樺太(株)**	**当社**	**1/25**	**3/15**	**札幌銀行**		

仕入

借方		貸方	
1/11 買掛金	220,000	1/16 買掛金	20,000
1/13 買掛金	130,000		
1/25 支払手形	**120,000**		

支払手形

借方		貸方	
1/10 当座預金	150,000	1/ 1 前月繰越	150,000
		1/ 8 買掛金	250,000
		1/25 仕入	**120,000**

⑨ **1月29日 買掛金の決済**

(借)	買掛金	170,000	(貸) 当座預金	170,000

買掛金元帳・大和株式会社から仕訳を推定する。金額は、1月16日の残高と1月29日の残高の差額で計算する。なお、次月繰越の金額は、最後に取引した日の残高が記載されるため、1月29日の残高と次月繰越の金額は一致する関係にある。
1月16日残高300,000円－1月29日残高130,000円＝170,000円

買掛金元帳
大和株式会社

×12年		摘要	借方	貸方	借または貸	残高
1	1	前月繰越		100,000	貸	100,000
	11	仕入		220,000	〃	320,000
	16	返品	20,000		〃	300,000
	29	**当座決済**	**170,000**		**〃**	**130,000**

⑩ **1月31日 決算整理仕訳**

(借)	仕入	70,000	(貸) 繰越商品	70,000
	繰越商品	50,000	仕入	50,000

答案用紙・仕入勘定から仕訳を推定する。

仕入

借方		貸方	
1/11 買掛金	220,000	1/16 買掛金	20,000
1/13 買掛金	130,000	**1/31 繰越商品**	**50,000**
1/25 支払手形	120,000		
1/31 繰越商品	**70,000**		

支払手形

借方		貸方	
1/10 当座預金	150,000	1/ 1 前月繰越	150,000
		1/ 8 買掛金	250,000
		1/25 仕入	120,000

⑪ **1月31日 帳簿の締切り**

買掛金元帳
大和株式会社

×12年		摘要	借方	貸方	借または貸	残高
1	1	前月繰越		100,000	貸	100,000
	11	仕入		220,000	〃	320,000
	16	返品	20,000		〃	300,000
	29	当座決済	170,000		〃	130,000
	31	**次月繰越**	**130,000**			
			320,000	**320,000**		

樺太株式会社

×12年		摘要	借方	貸方	借または貸	残高
1	1	前月繰越		310,000	貸	310,000
	8	約手決済	250,000		〃	60,000
	13	仕入		130,000	〃	190,000
	31	**次月繰越**	**190,000**			
			440,000	**440,000**		

仕入

借方		貸方	
1/11 買掛金	220,000	1/16 買掛金	20,000
1/13 買掛金	130,000	1/31 繰越商品	50,000
1/25 支払手形	120,000	**1/31 損益**	**470,000**
1/31 繰越商品	70,000		
	540,000		**540,000**

支払手形

借方		貸方	
1/10 当座預金	150,000	1/ 1 前月繰越	150,000
1/31 次月繰越	**370,000**	1/ 8 買掛金	250,000
		1/25 仕入	120,000
	520,000		**520,000**

(2)

問1

（1）**15日 備品購入**

固定資産台帳 ⇦

借方		貸方	
備品	660,000 *1	当座預金	600,000
		現金	60,000

⇨ **当座預金出納帳**
⇨ **現金出納帳**

*1 備品B 600,000円＋据付費60,000円（付随費用のため備品勘定に含める）＝660,000円

（2）**19日 商品売上**

売掛金元帳 ⇦

借方		貸方	
前受金	60,000 *1	売上	675,000
売掛金	615,000 *2		

⇨ **商品有高帳**
⇨ **売上帳**

*1 問題文に「注文時に振り込まれた手付金」と記載があるため、前受金勘定で仕訳する。
*2 売上高675,000円－前受金60,000円(*1)＝615,000円

問2

固定資産台帳　×3年3月31日現在

取得年月日	名称等	期末数量	償却方法	耐用年数	期首(期中取得)取得原価	期首減価償却累計額	期首(期中取得)帳簿価額	期中売却	当期減価償却費
×0年 4月 1日	備品A	1	定額法	6年	900,000	①	(　　)	0	②
×2年 6月15日	備品B	1	定額法	4年	③	(　　)	(　　)	0	④
					(　　)	(　　)	(　　)	(　　)	(　　)

①：備品A900,000円(取得原価)×$\dfrac{2年(×0年4月～×2年3月)}{耐用年数6年}$＝300,000円
②：備品A900,000円(取得原価)÷耐用年数6年＝150,000円
③：購入代価600,000円＋付随費用60,000円＝備品B660,000円(取得原価)
④：備品B660,000円(取得原価)÷耐用年数4年×$\dfrac{10ヶ月(×2年6月～×3年3月)※}{12ヶ月}$＝137,500円
※ 1ヶ月に満たない端数が生じたときは1ヶ月とするため、6月を1ヶ月とカウントする。

【参考】

固定資産台帳　×3年3月31日現在

取得年月日	名称等	期末数量	償却方法	耐用年数	期首(期中取得)取得原価	期首減価償却累計額	期首(期中取得)帳簿価額	期中売却	当期減価償却費
×0年 4月 1日	備品A	1	定額法	6年	900,000	300,000	600,000	0	150,000
×2年 6月15日	備品B	1	定額法	4年	660,000	0	660,000	0	137,500
					1,560,000	300,000	1,260,000	0	287,500

第3問　【解答】　○ 勘定科目と金額をセットで正解4点×5箇所　● 3点×5箇所　　計35点

貸借対照表

×5年3月31日　　　　(単位：円)

現　　　金		(189,200)	支払手形	(280,000)
当座預金		(842,000)	買　掛　金	(370,000)
受取手形	(260,000)		(前受)収益	(○ 214,900)
売　掛　金	(377,500)		(未払)消費税	(○ 70,000)
(貸倒引当金)	(△ 12,750)	(○ 624,750)	未払法人税等	(● 95,000)
商　　　品		(236,000)	資　本　金	(2,000,000)
貯　蔵　品		(4,720)	繰越利益剰余金	(1,001,020)
前払費用		(63,000)		
備　　　品	(700,000)			
減価償却累計額	(△ 228,750)	(● 471,250)		
土　　　地		(1,600,000)		
		(4,030,920)		(4,030,920)

損益計算書

自 ×4年4月1日　至 ×5年3月31日　　　　(単位：円)

売上原価	(●3,274,000)	売　上　高	(●4,587,500)
給　　　料	(373,000)	受取地代	(153,500)
通　信　費	(55,680)		
支払家賃	(● 189,000)		
貸倒引当金繰入	(7,450)		
減価償却費	(123,750)		
(雑　　損)	(○ 3,500)		
法人税等	(235,000)		
当期純(利益)	(○ 479,620)		
	(4,741,000)		(4,741,000)

第3問　【解説】

決算整理事項等

1．現金過不足の精算

(借)	雑　　損	3,500 *1	(貸)	現　　金	3,500

*1　実際有高189,200円－前T/B 現金192,700円＝△3,500円(*2)

*2　現金の実際有高が前T/B(帳簿残高)より少なく、現金が不足しているため雑損勘定で仕訳する。

2．販売商品の返品

(借)	売　　上	32,500	(貸)	売　掛　金	32,500

売り上げた商品の返品であるため、売価32,500円で仕訳する。

3．仮払金の精算（備品の取得）

(借)	備　　品	300,000	(貸)	仮　払　金	300,000

問題文に「仮払金は全額備品の購入代金であることが判明した」と記載されているため、前T/Bの仮払金300,000円を全額備品に振り替える仕訳をする。

4．売上原価の算定

(借)	仕　　入	250,000	(貸)	繰越商品	250,000 *1
	繰越商品	236,000 *2		仕　　入	236,000

*1　前T/B 繰越商品250,000円

*2　問題文・期末商品棚卸高210,000円＋問題文・2.返品商品の原価26,000円＝236,000円

5．貸倒引当金の計上

(借)	貸倒引当金繰入	7,450	(貸)	貸倒引当金	7,450

見積額：(前T/B 受取手形260,000円＋前T/B 売掛金410,000円
－32,500円(上記2.「販売商品の返品」参照))×2%＝12,750円

繰入額：見積額12,750円－前T/B 貸倒引当金5,300円＝7,450円

6．減価償却費の計上

(借)	減価償却費	123,750	(貸)	備品減価償却累計額	123,750

既存分：前T/B 備品400,000円×0.9÷耐用年数4年＝90,000円

取得分：300,000円(上記3.「仮払金の精算」参照)×0.9÷耐用年数4年×$\frac{6ヶ月(×4年10月〜×5年3月)}{12ヶ月}$＝33,750円

既存分90,000円＋取得分33,750円＝123,750円

7．貯蔵品への振替

(借)	貯　蔵　品	4,720 *1	(貸)	通　信　費	4,720 *2

*1　購入時に費用処理した切手・はがきのうち4,720円が未使用であるため、貯蔵品勘定に振り替える。

*2　切手・はがきは、通信費勘定で仕訳する。

8．前払家賃の計上

(借)	前払家賃	63,000	(貸)	支払家賃	63,000

前T/B 支払家賃252,000円×3ヶ月(×5年4月～6月)/12ヶ月＝63,000円

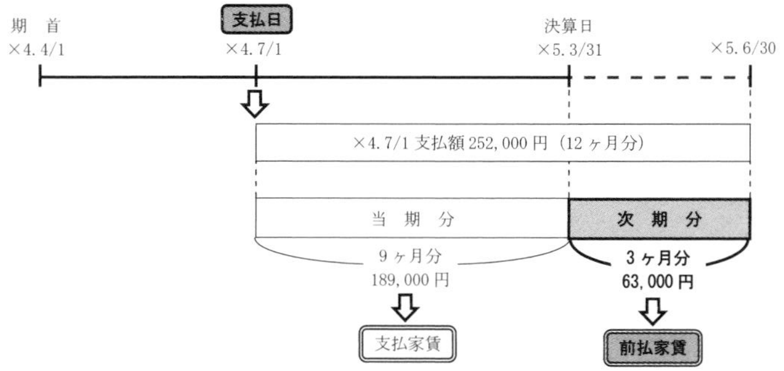

9．前受地代の計上

(借)	受取地代	214,900	(貸)	前受地代	214,900

前T/B 受取地代368,400円×7ヶ月(×5年4月～×5年10月)/12ヶ月＝214,900円

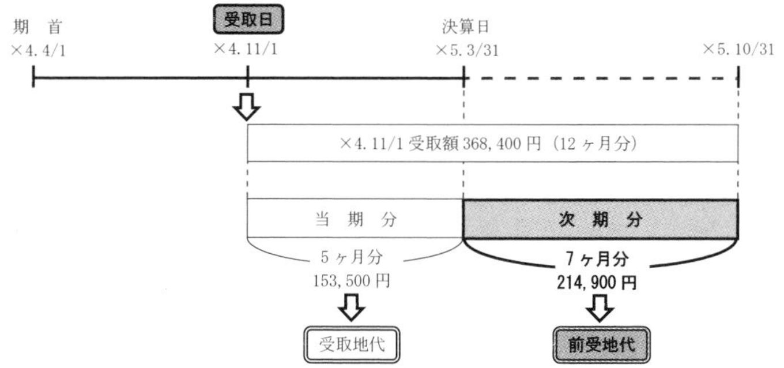

10．未払消費税の計上

(借)	仮受消費税	199,900 *2	(貸)	仮払消費税	129,900 *1
				未払消費税	70,000 *3

*1 前T/B 仮払消費税129,900円
*2 前T/B 仮受消費税199,900円
*3 貸借差額

11．法人税等の計上

(借)	法人税等	235,000	(貸)	仮払法人税等	140,000 *1
				未払法人税等	95,000 *2

*1 前T/B 仮払法人税等140,000円
*2 貸借差額

12．財務諸表の作成

貸倒引当金	受取手形や売掛金といった、設定対象の下に表示し、対象資産からマイナスして表示する。その結果、受取手形や売掛金は、貸倒引当金をマイナスした後の残額で表示する。
商品	仕訳上では「繰越商品」勘定を使用するが、貸借対照表では「商品」で表示する。
減価償却累計額	仕訳上では「備品減価償却累計額」勘定を使用するが、貸借対照表上では「減価償却累計額」で表示する。また、備品といった関連する資産の下に表示し、関連する資産からマイナスして表示する。その結果、備品は、減価償却累計額をマイナスした後の残額で表示する。
前払費用	仕訳上では「前払家賃」勘定を使用するが、貸借対照表では「前払費用」で表示する。
前受収益	仕訳上では「前受地代」勘定を使用するが、貸借対照表では「前受収益」で表示する。
売上高	仕訳上では「売上」勘定を使用するが、損益計算書では「売上高」で表示する。
売上原価	仕訳上では「仕入」勘定を使用するが、損益計算書では「売上原価」で表示する。
当期純利益	損益計算書における貸借差額で当期純利益479,620円を計算し、「損益計算書」の借方に記載する。
繰越利益剰余金	前T/B 繰越利益剰余金521,400円＋当期純利益479,620円(当期純利益参照)＝1,001,020円

3級 全国統一模擬試験 第２回 解答解説

第１問 【解答】 各３点 計45点

	借方科目名	記号	金額	貸方科目名	記号	金額
1	当座預金	イ	1,000	現金	ア	1,000
2	租税公課	エ	20,000	当座預金	イ	20,000
3	支払利息	カ	10,000	未払利息	エ	10,000
4	電子記録債務	カ	100,000	普通預金	イ	100,000
5	備品	ウ	550,000	現金	ア	550,000
6	当座預金	イ	50,000	資本金	エ	50,000
7	普通預金	ア	60,000	償却債権取立益	オ	60,000
8	当座預金	イ	280,000	未収入金 受取手形	オ ウ	100,000 180,000
9	現金 減価償却累計額 固定資産売却損	ア エ カ	200,000 600,000 200,000	車両運搬具	ウ	1,000,000
10	修繕費 普通預金	オ ア	160,000 40,000	差入保証金	ウ	200,000
11	繰越利益剰余金	オ	396,000	未払配当金 利益準備金	ウ エ	360,000 36,000
12	売上	オ	700,000	売掛金	イ	700,000
13	買掛金	エ	20,000	仕入	カ	20,000
14	仮払金	オ	100,000	普通預金	イ	100,000
15	買掛金	エ	1,397,000	当座預金	イ	1,397,000

第１問 【解説】

1. 当座預金口座の開設

(借)	当座預金	1,000	(貸)	現金	1,000

2. 収入印紙の購入

(借)	租税公課	20,000 *1	(貸)	当座預金	20,000

*1 問題文に「収入印紙」と記載があるため、租税公課勘定で処理する。

3. 未払利息の計上

(借)	支払利息	10,000	(貸)	未払利息	10,000

借入金600,000円×年利率4%×$\frac{6ヶ月(×1年8月～×2年1月)}{12ヶ月}$＝12,000円(6ヶ月分)

12,000円(6ヶ月分)×$\frac{5ヶ月(×1年8月～12月)}{6ヶ月}$＝10,000円(5ヶ月分)

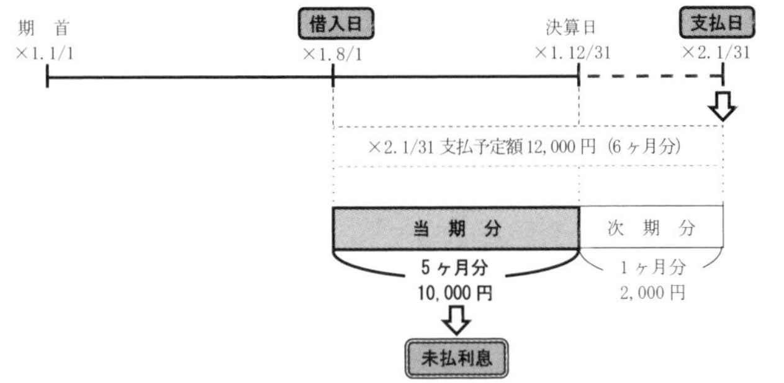

4. 電子記録債務の決済

(借)	電子記録債務	100,000	(貸)	普通預金	100,000

5. 備品の購入（付随費用）

(借)	備品	550,000 *1	(貸)	現金	550,000

*1 備品500,000円＋据付費50,000円（付随費用のため備品勘定に含める）＝550,000円

6. 設立

(借)	当座預金	50,000	(貸)	資本金	50,000

1株当たり100円×500株＝50,000円

7. 償却債権取立益の計上

(借)	普通預金	60,000	(貸)	償却債権取立益	60,000 *1

*1 前期以前に貸倒処理した債権を回収した場合、回収した金額を償却債権取立益勘定で仕訳する。

8．未収入金の回収と受取手形の取立（自己振出小切手）

(借)	当座預金	280,000 *2	(貸)	未収入金	100,000
				受取手形	180,000 *1

*1 問題文に「京都商店振り出しの約束手形（当社宛て）」と記載があるため、受取手形勘定で仕訳する。
*2 問題文に「小切手は、かつて当社が徳島商店に対して振り出したもの」と記載があるため、当座預金勘定で仕訳する。

9．車両運搬具の期首売却

(借)	現金	200,000	(貸)	車両運搬具	1,000,000
	減価償却累計額	600,000 *1			
	固定資産売却損	200,000 *2			

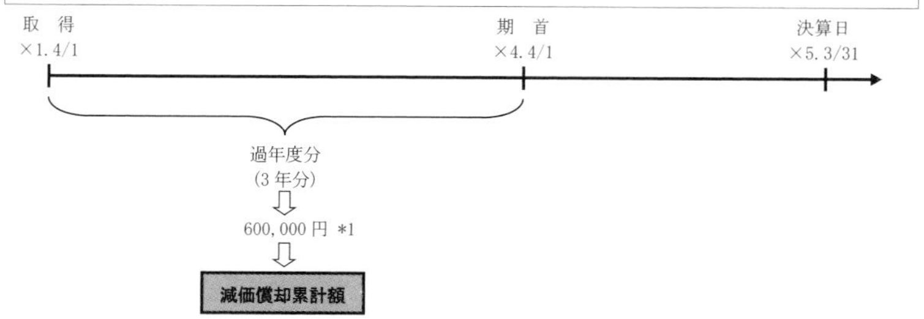

*1 車両運搬具 1,000,000 円× $\frac{3\text{年}(\times1\text{年}4\text{月}\sim\times4\text{年}3\text{月})}{\text{耐用年数}5\text{年}}$ =600,000 円
*2 貸借差額

10. 差入保証金の精算

(借)	修繕費	160,000 *2	(貸)	差入保証金	200,000 *1
	普通預金	40,000			

*1 問題文に「差し入れていた敷金」と記載があるため、差入保証金勘定で仕訳する。
*2 問題文に「建物の原状回復費用」と記載があるため、修繕費勘定で仕訳する。

11. 剰余金の配当

(借)	繰越利益剰余金	396,000 *3	(貸)	未払配当金	360,000 *1
				利益準備金	36,000 *2

*1 処分することが承認された時点であるため、未払配当金勘定で仕訳する。
*2 問題文に「利益準備金の積立」と記載があるため、利益準備金勘定で仕訳する。
*3 株主配当金 360,000 円＋利益準備金 36,000 円＝396,000 円

12. 販売商品の返品

(借)	売上	700,000	(貸)	売掛金	700,000

13. 仕入商品の返品

(借)	買掛金	20,000	(貸)	仕入	20,000

14. 仮払金の計上

(借)	仮払金	100,000 *1	(貸)	普通預金	100,000

*1 問題文に「旅費の概算額」と記載があるため、仮払金勘定で仕訳する。

15. 買掛金の決済

(借)	買掛金	1,397,000	(貸)	当座預金	1,397,000

買掛金は税込みの金額を用いるため、請求書上の合計欄の金額で仕訳する。

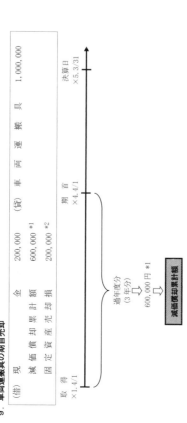

第2問 【解答】 ⑴ 10点 ⑵ 10点 計20点

⑴ 各2点×5箇所 計10点

(ア)	(イ)	(ウ)	(エ)	(オ)
¥ 1,860,000	¥ 539,000	¥ 600,000	¥ 275,000	¥ 580,000

⑵ 1．2．完答各2点、3．4．完答各3点 計10点

1．

入金伝票

科目	金額
（未収入金）	（ 60,000）

振替伝票

借方科目	金額	貸方科目	金額
減価償却累計額	200,000	備品	300,000
（未収入金）	150,000	（固定資産売却益）	（ 50,000）

2．

出金伝票

科目	金額
（売上）	（ 10,000）

振替伝票

借方科目	金額	貸方科目	金額
（売上）	60,000	（売掛金）	60,000

3．

出金伝票

科目	金額
（電子記録債務）	（ 80,000）

振替伝票

借方科目	金額	貸方科目	金額
仕入	240,000	（電子記録債務）	240,000

4．

入金伝票

科目	金額
売上	（ 200,000）

振替伝票

借方科目	金額	貸方科目	金額
（受取手形）	（ 470,000）	（売上）	（ 470,000）

第2問 【解説】

⑴

（ア）：仕入（売上原価）

純仕入高1,820,000円(※)＋期首商品棚卸高270,000円－期末商品棚卸高230,000円＝1,860,000円

※ 総仕入高から返品額を控除した金額である。

（イ）：当期純利益

① 売上3,400,000円＋受取利息40,000円＋受取家賃180,000円＝3,620,000円

② 仕入(売上原価)1,860,000円（上記(ア)参照）＋給料670,000円＋貸倒引当金繰入30,000円
＋減価償却費290,000円＋法人税等231,000円＝3,081,000円

∴ ①－②＝539,000円

（ウ）：資本金の増加額

資本金勘定・次期繰越2,100,000円－資本金勘定・前期繰越1,500,000円(※)＝600,000円

※ 前期に増資が行われていないため、設立時の株式発行・払込価額が前期繰越の金額となる。
1株当たり3,000円×500株＝1,500,000円

（エ）：諸口

配当金支払額250,000円＋利益準備金の積立額25,000円＝275,000円

（オ）：次期繰越

① 繰越利益剰余金勘定・前期繰越316,000円(※)＋当期純利益(上記(イ)参照)539,000円＝855,000円

② 繰越利益剰余金の処分275,000円（上記(エ)参照）

∴ ①－②＝580,000円

※ 前期繰越の金額は、前期に配当が行われていないため、前会計期間の当期純利益の金額となる。

（参考）空欄記入後の損益勘定、資本金勘定、繰越利益剰余金勘定

損益

日付	摘要	金額	日付	摘要	金額
3/31	仕入	（ 1,860,000 ）	3/31	売上	（ 3,400,000 ）
〃	給料	670,000	〃	受取利息	40,000
〃	貸倒引当金繰入	30,000	〃	受取家賃	180,000
〃	減価償却費	290,000			
〃	法人税等	（ 231,000 ）			
〃	（繰越利益剰余金）	（ 539,000 ）			
		（ 3,620,000 ）			（ 3,620,000 ）

資本金

日付	摘要	金額	日付	摘要	金額
3/31	次期繰越	2,100,000	4/1	前期繰越	（ 1,500,000 ）
			10/1	普通預金	（ 600,000 ）
		2,100,000			（ 2,100,000 ）

繰越利益剰余金

日付	摘要	金額	日付	摘要	金額
6/1	諸口	（ 275,000 ）	4/1	前期繰越	（ 316,000 ）
3/31	次期繰越	（ 580,000 ）	3/31	（損益）	（ 539,000 ）
		（ 855,000 ）			（ 855,000 ）

(2)

1．取引1．について

<1>**仕訳の全体像**

(借)	減価償却累計額	200,000	(貸)	備品	300,000
	現金	60,000		固定資産売却益	50,000
	未収入金	90,000			

<2>**伝票への記載**

① **分解方式**

借方「現金」の反対である貸方が複数の勘定科目であり、現金との対応関係が判明しないため、分解方式による仕訳を作成することができない。

② **擬制方式**　※下記2つの仕訳を合わせると、上記1．<1>の仕訳になる

(借)	減価償却累計額	200,000	(貸)	備品	300,000	⇨ **振替伝票**
	未収入金	150,000		固定資産売却益	50,000	

(借)	現金	60,000	(貸)	未収入金	60,000	⇨ **入金伝票**

<3>**分解方式か擬制方式かの推定**

分解方式では、仕訳を作成することができないことおよび、答案用紙の振替伝票の借方金額が「150,000」であることから、擬制方式であると推定できる。したがって、擬制方式により入金伝票および振替伝票を作成する。

2．取引2．について

<1>**仕訳の全体像**

(借)	売上	70,000	(貸)	現金	10,000
				売掛金	60,000

<2>**伝票への記載**

① **分解方式**　※下記2つの仕訳を合わせると、上記2．<1>の仕訳になる

(借)	売上	10,000	(貸)	現金	10,000	⇨ **出金伝票**
(借)	売上	60,000	(貸)	売掛金	60,000	⇨ **振替伝票**

② **擬制方式**　※下記2つの仕訳を合わせると、上記2．<1>の仕訳になる

(借)	売上	70,000	(貸)	売掛金	70,000	⇨ **振替伝票**
(借)	売掛金	10,000	(貸)	現金	10,000	⇨ **出金伝票**

<3>**分解方式か擬制方式かの推定**

答案用紙の振替伝票の金額が「60,000」であることから、分解方式であると推定できる。仮に擬制方式であるならば、振替伝票の金額欄は「70,000」となるからである。したがって、分解方式により、出金伝票および振替伝票を作成する。

3．取引3．について

<1>**仕訳の全体像**

(借)	仕入	240,000	(貸)	現金	80,000 *1
				電子記録債務	160,000 *2

*1　仕入代金240,000円×1/3＝80,000円

*2　仕入代金240,000円－現金80,000円(*1)＝160,000円

<2>**伝票への記載**

① **分解方式**　※下記2つの仕訳を合わせると、上記3．<1>の仕訳になる

(借)	仕入	80,000	(貸)	現金	80,000	⇨ **出金伝票**
(借)	仕入	160,000	(貸)	電子記録債務	160,000	⇨ **振替伝票**

② **擬制方式**　※下記2つの仕訳を合わせると、上記3．<1>の仕訳になる

(借)	仕入	240,000	(貸)	電子記録債務	240,000	⇨ **振替伝票**
(借)	電子記録債務	80,000	(貸)	現金	80,000	⇨ **出金伝票**

<3>**分解方式か擬制方式かの推定**

答案用紙の振替伝票の金額が「240,000」であることから、擬制方式であると推定できる。仮に分解方式であるならば、振替伝票の金額は「160,000」となるからである。したがって、擬制方式により、出金伝票および振替伝票を作成する。

4．取引4．について

<1>**仕訳の全体像**

(借)	現金	200,000 *1	(貸)	売上	670,000
	受取手形	470,000			

*1　売上代金670,000円－受取手形470,000円＝200,000円

<2>**伝票への記載**

① **分解方式**　※下記2つの仕訳を合わせると、上記4．<1>の仕訳になる

(借)	現金	200,000	(貸)	売上	200,000	⇨ **入金伝票**
(借)	受取手形	470,000	(貸)	売上	470,000	⇨ **振替伝票**

② **擬制方式**　※下記2つの仕訳を合わせると、上記4．<1>の仕訳になる

(借)	受取手形	670,000	(貸)	売上	670,000	⇨ **振替伝票**
(借)	現金	200,000	(貸)	受取手形	200,000	⇨ **入金伝票**

<3>**分解方式か擬制方式かの推定**

答案用紙の入金伝票の貸方科目が「売上」であることから、分解方式であると推定できる。仮に擬制方式であるならば、入金伝票の貸方科目は「受取手形」となるからである。したがって、分解方式により、入金伝票および振替伝票を作成する。

第3問 【解答】 ○ 勘定科目と金額をセットで正解4点×5箇所 ● 3点×5箇所 計35点

問1

決算整理後残高試算表

借方	勘定科目	貸方
● 120,200	現金	
300,000	受取手形	
350,000	売掛金	
● 300,000	繰越商品	
400,000	備品	
1,800,000	土地	
	支払手形	310,000
	買掛金	240,000
	（前受金）	○ 30,000
	（未払）消費税	○ 80,000
	（未払）法人税等	○ 70,000
	未払利息	10,000
	（前受）地代	○ 19,200
	借入金	880,000
	貸倒引当金	19,500
	備品減価償却累計額	● 288,000
	資本金	1,000,000
	繰越利益剰余金	135,600
	売上	4,470,000
	受取地代	38,400
3,210,000	仕入	
430,000	給料	
● 87,000	修繕費	
○ 15,500	貸倒引当金（繰入）	
301,000	支払家賃	
72,000	減価償却費	
25,000	支払利息	
180,000	法人税等	
7,590,700		7,590,700

問2 当期純利益または当期純損失の金額 ¥ ● 187,900

第3問 【解説】

問1 決算整理後残高試算表の作成

決算整理事項等

1．当座借越の借入金への振替

（借）当座預金	280,000	（貸）借入金	280,000

2．会計処理の訂正

① **適切な仕訳**

（借）現金	30,000	（貸）前受金	30,000

② **当社が行っていた仕訳**

（借）現金	30,000	（貸）売上	30,000

③ **訂正仕訳（①－②）**

（借）売上	30,000	（貸）前受金	30,000 *1

*1 問題文に「内金を現金で受け取り」と記載があるため、前受金勘定に訂正する仕訳をする。

3．収益的支出

（借）修繕費	16,000 *1	（貸）現金	16,000

*1 問題文に「パソコンの液晶画面に不具合が生じたため、修理に出した」と記載があるため、修繕費勘定で仕訳する。

4．売上原価の算定

（借）仕入	270,000	（貸）繰越商品	270,000 *1
繰越商品	300,000 *2	仕入	300,000

*1 前T/B 繰越商品270,000円

*2 問題文・期末商品棚卸高300,000円

5．貸倒引当金の計上

（借）貸倒引当金繰入	15,500	（貸）貸倒引当金	15,500

見積額：（前T/B 受取手形300,000円＋前T/B 売掛金350,000円）×3%＝19,500円

繰入額：見積額19,500円－前T/B 貸倒引当金4,000円＝15,500円

6．減価償却費の計上

（借）減価償却費	72,000	（貸）備品減価償却累計額	72,000

前T/B 備品400,000円×0.9÷耐用年数5年＝72,000円

7. 未払利息の計上

(借)	支払利息	10,000	(貸)	未払利息	10,000

前T/B 借入金600,000円×年利率5%× 6ヶ月(×4年12月～×5年5月) / 12ヶ月 ＝15,000円(6ヶ月分)

15,000円(6ヶ月分)× 4ヶ月(×4年12月～×5年3月) / 6ヶ月 ＝10,000円(4ヶ月分)

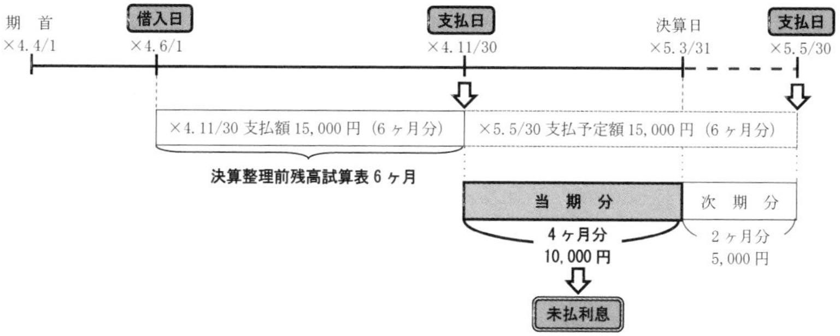

8. 前受地代の計上

(借)	受取地代	19,200	(貸)	前受地代	19,200

前T/B 受取地代57,600円× 4ヶ月(×5年4月～7月) / 12ヶ月 ＝19,200円

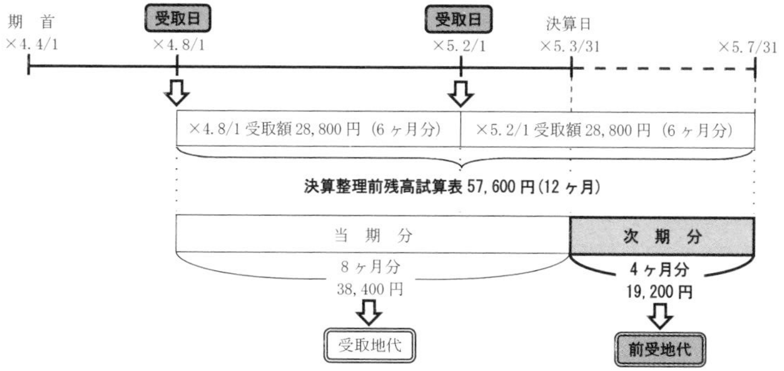

9. 未払消費税の計上

(借)	仮受消費税	400,000 *2	(貸)	仮払消費税	320,000 *1
				未払消費税	80,000 *3

*1 前T/B 仮払消費税320,000円
*2 前T/B 仮受消費税400,000円
*3 貸借差額

10. 法人税等の計上

(借)	法人税等	180,000	(貸)	仮払法人税等	110,000 *1
				未払法人税等	70,000 *2

*1 前T/B 仮払法人税等110,000円
*2 貸借差額

問2 当期純利益の計算

当期純利益は収益と費用の差で計算する。本問は、収益が費用より大きいため、当期純利益となる。

借方		貸方	
費用勘定合計 4,320,500円		**収益勘定合計 4,508,400円**	
仕入	3,210,000円	売上	4,470,000円
給料	430,000円	受取地代	38,400円
修繕費	87,000円		
貸倒引当金繰入	15,500円		
支払家賃	301,000円		
減価償却費	72,000円		
支払利息	25,000円		
法人税等	180,000円		
当期純利益 187,900円			

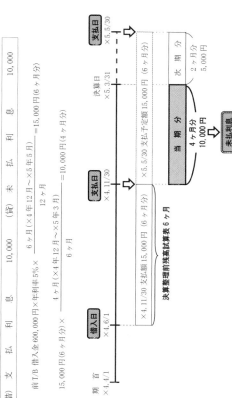

3級 全国統一模擬試験 第3回 解答解説

第1問 【解答】 各3点 計45点

	借方科目名	記号	金額	貸方科目名	記号	金額
1	差入保証金	エ	272,000	普通預金	イ	544,000
	支払手数料	カ	136,000			
	支払家賃	オ	136,000			
2	買掛金	オ	540,000	支払手形	エ	540,000
3	未払法人税等	エ	200,000	現金	ア	200,000
4	売掛金	ウ	1,749,000	売上	ア	1,590,000
				仮受消費税	イ	159,000
5	支払利息	カ	10,000	現金過不足	イ	30,000
	雑損	オ	25,000	受取手数料	ウ	5,000
6	社会保険料預り金	エ	45,000	普通預金	ア	180,000
	法定福利費	カ	135,000			
7	損益	カ	3,592,000	仕入	オ	3,592,000
8	給料	カ	400,000	従業員立替金	エ	10,000
				普通預金	イ	390,000
9	備品	ウ	1,580,000	未払金	オ	1,738,000
	仮払消費税	イ	158,000			
10	現金	ア	300,000	備品	イ	500,000
	減価償却累計額	ウ	300,000	固定資産売却益	エ	125,000
	減価償却費	オ	25,000			
11	未収利息	イ	10,000	受取利息	オ	10,000
12	建物	ウ	20,000	未払金	オ	20,000
13	クレジット売掛金	イ	216,000	売上	オ	200,000
	支払手数料	カ	4,000	仮受消費税	エ	20,000
14	手形貸付金	ウ	400,000	普通預金	ア	395,000
				受取利息	オ	5,000
15	広告宣伝費	オ	100,000	当座預金	イ	100,000

第1問 【解説】

1．差入保証金の計上

(借)	差入保証金	272,000 *1	(貸) 普通預金	544,000 *4
	支払手数料	136,000 *2		
	支払家賃	136,000 *3		

*1 問題文に「敷金(家賃の2ヶ月分)」と記載があるため、家賃2ヶ月分の金額272,000円(136,000円×2ヶ月)を差入保証金勘定で仕訳する。

*2 問題文に「不動産業者に対する仲介手数料(家賃の1ヶ月分)」と記載があるため、家賃1ヶ月分の金額136,000円を支払手数料勘定で仕訳する。

*3 問題文に「1ヶ月分の家賃」と記載があるため、家賃1ヶ月分の金額136,000円を支払家賃勘定で仕訳する。

*4 借方合計

2．買掛金の決済

(借)	買掛金	540,000	(貸) 支払手形	540,000 *1

*1 問題文に「同社宛ての約束手形を振り出した」と記載があるため、支払手形勘定で仕訳する。

3．法人税等の確定納付

(借)	未払法人税等	200,000 *1	(貸) 現金	200,000

*1 決算日に未払法人税等勘定で仕訳しているため、確定納付時に未払法人税等勘定を取り消す仕訳をする。

4．売上（消費税）

(借)	売掛金	1,749,000	(貸) 売上	1,590,000 *1
			仮受消費税	159,000 *2

*1 税込価額1,749,000円÷（1＋消費税率10%）＝1,590,000円

*2 税抜価額1,590,000円(*1)×消費税率10%＝159,000円

5．現金過不足の精算

（1）現金過不足計上時

(借)	現金過不足	30,000	(貸) 現金	30,000

（2）現金過不足精算時

(借)	支払利息	10,000 *2	(貸) 現金過不足	30,000 *1
	雑損	25,000 *4	受取手数料	5,000 *3

*1 現金の帳簿残高が実際有高より多いことで現金過不足勘定が借方で仕訳されているため、この現金過不足勘定を取り消す仕訳を貸方にする。

*2 問題文に「支払利息の支払い」と記載があるため、支払利息勘定で仕訳する。

*3 問題文に「受取手数料の受け取り」と記載があるため、受取手数料勘定で仕訳する。

*4 貸借差額で求め、借方差額であるため、雑損勘定で仕訳する。

6．社会保険料の納付

(借)	社会保険料預り金	45,000 *1	(貸) 普通預金	180,000
	法定福利費	135,000 *2		

*1 問題文に「従業員負担分」と記載があるため、社会保険料預り金勘定で仕訳する。

*2 問題文に「会社負担分」と記載があるため、135,000円(*3)を法定福利費勘定で仕訳する。

*3 健康保険料180,000円－従業員負担分45,000円＝135,000円

7. 未払利息の計上

(借)	支払利息	10,000	(貸)	未払利息	10,000

前T/B 借入金600,000円×年利率5%× $\frac{6ヶ月(×4年12月〜×5年5月)}{12ヶ月}$ =15,000円(6ヶ月分)

15,000円(6ヶ月分)× $\frac{4ヶ月(×4年12月〜×5年3月)}{6ヶ月}$ =10,000円(4ヶ月分)

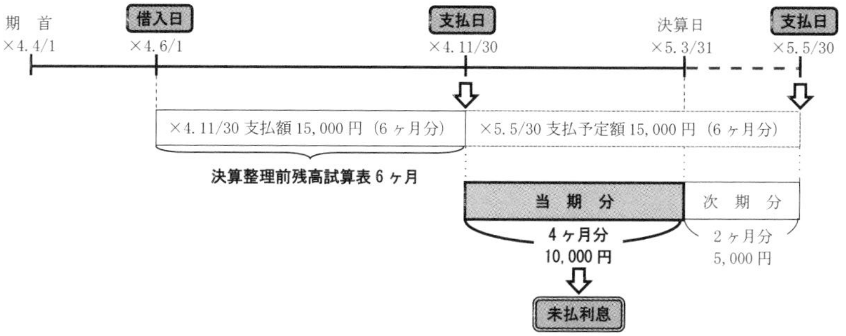

8. 前受地代の計上

(借)	受取地代	19,200	(貸)	前受地代	19,200

前T/B 受取地代57,600円× $\frac{4ヶ月(×5年4月〜7月)}{12ヶ月}$ =19,200円

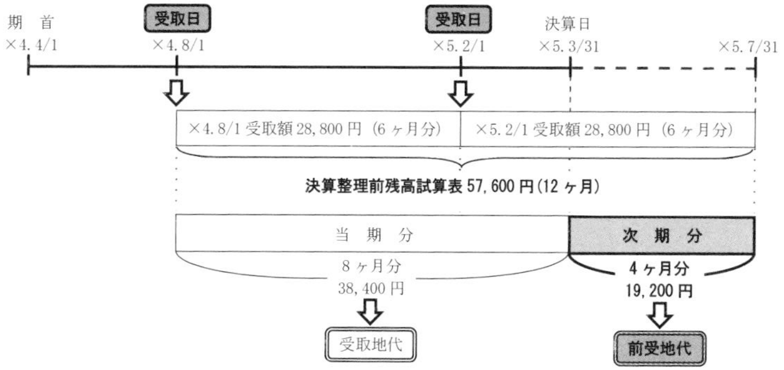

9. 未払消費税の計上

(借)	仮受消費税	400,000 *2	(貸)	仮払消費税	320,000 *1
				未払消費税	80,000 *3

*1 前T/B 仮払消費税320,000円
*2 前T/B 仮受消費税400,000円
*3 貸借差額

10. 法人税等の計上

(借)	法人税等	180,000	(貸)	仮払法人税等	110,000 *1
				未払法人税等	70,000 *2

*1 前T/B 仮払法人税等110,000円
*2 貸借差額

問2 当期純利益の計算

当期純利益は収益と費用の差で計算する。本問は、収益が費用より大きいため、当期純利益となる。

借方		貸方	
費用勘定合計 4,320,500円		**収益勘定合計 4,508,400円**	
仕入	3,210,000円	売上	4,470,000円
給料	430,000円	受取地代	38,400円
修繕費	87,000円		
貸倒引当金繰入	15,500円		
支払家賃	301,000円		
減価償却費	72,000円		
支払利息	25,000円		
法人税等	180,000円		
当期純利益 187,900円			

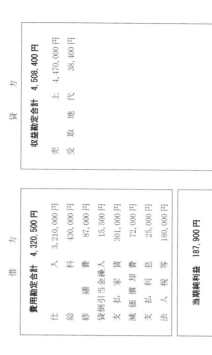

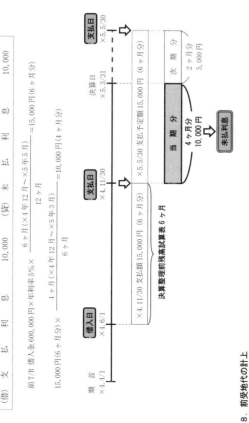

3級 全国統一模擬試験 第3回 解答解説

第1問 【解答】 各3点 計45点

	借方科目名	記号	金額	貸方科目名	記号	金額
1	差入保証金	エ	272,000	普通預金	イ	544,000
	支払手数料	カ	136,000			
	支払家賃	オ	136,000			
2	買掛金	オ	540,000	支払手形	エ	540,000
3	未払法人税等	エ	200,000	現金	ア	200,000
4	売掛金	ウ	1,749,000	売上	ア	1,590,000
				仮受消費税	イ	159,000
5	支払利息	カ	10,000	現金過不足	イ	30,000
	雑損	オ	25,000	受取手数料	ウ	5,000
6	社会保険料預り金	エ	45,000	普通預金	ア	180,000
	法定福利費	カ	135,000			
7	損益	カ	3,592,000	仕入	オ	3,592,000
8	給料	カ	400,000	従業員立替金	エ	10,000
				普通預金	イ	390,000
9	備品	ウ	1,580,000	未払金	オ	1,738,000
	仮払消費税	イ	158,000			
10	現金	ア	300,000	備品	イ	500,000
	減価償却累計額	ウ	300,000	固定資産売却益	エ	125,000
	減価償却費	オ	25,000			
11	未収利息	イ	10,000	受取利息	オ	10,000
12	建物	ウ	20,000	未払金	オ	20,000
13	クレジット売掛金	イ	216,000	売上	オ	200,000
	支払手数料	カ	4,000	仮受消費税	エ	20,000
14	手形貸付金	ウ	400,000	普通預金	ア	395,000
				受取利息	オ	5,000
15	広告宣伝費	オ	100,000	当座預金	イ	100,000

第1問 【解説】

1．差入保証金の計上

(借)	差入保証金	272,000 *1	(貸) 普通預金	544,000 *4
	支払手数料	136,000 *2		
	支払家賃	136,000 *3		

*1 問題文に「敷金(家賃の2ヶ月分)」と記載があるため、家賃2ヶ月分の金額272,000円(136,000円×2ヶ月)を差入保証金勘定で仕訳する。

*2 問題文に「不動産業者に対する仲介手数料(家賃の1ヶ月分)」と記載があるため、家賃1ヶ月分の金額136,000円を支払手数料勘定で仕訳する。

*3 問題文に「1ヶ月分の家賃」と記載があるため、家賃1ヶ月分の金額136,000円を支払家賃勘定で仕訳する。

*4 借方合計

2．買掛金の決済

(借)	買掛金	540,000	(貸) 支払手形	540,000 *1

*1 問題文に「同社宛ての約束手形を振り出した」と記載があるため、支払手形勘定で仕訳する。

3．法人税等の確定納付

(借)	未払法人税等	200,000 *1	(貸) 現金	200,000

*1 決算日に未払法人税等勘定で仕訳しているため、確定納付時に未払法人税等勘定を取り消す仕訳をする。

4．売上（消費税）

(借)	売掛金	1,749,000	(貸) 売上	1,590,000 *1
			仮受消費税	159,000 *2

*1 税込価額1,749,000円÷（1＋消費税率10%）＝1,590,000円

*2 税抜価額1,590,000円(*1)×消費税率10%＝159,000円

5．現金過不足の精算

（1）現金過不足計上時

(借)	現金過不足	30,000	(貸) 現金	30,000

（2）現金過不足精算時

(借)	支払利息	10,000 *2	(貸) 現金過不足	30,000 *1
	雑損	25,000 *4	受取手数料	5,000 *3

*1 現金の帳簿残高が実際有高より多いことで現金過不足勘定が借方で仕訳されているため、この現金過不足勘定を取り消す仕訳を貸方にする。

*2 問題文に「支払利息の支払い」と記載があるため、支払利息勘定で仕訳する。

*3 問題文に「受取手数料の受け取り」と記載があるため、受取手数料勘定で仕訳する。

*4 貸借差額で求め、借方差額であるため、雑損勘定で仕訳する。

6．社会保険料の納付

(借)	社会保険料預り金	45,000 *1	(貸) 普通預金	180,000
	法定福利費	135,000 *2		

*1 問題文に「従業員負担分」と記載があるため、社会保険料預り金勘定で仕訳する。

*2 問題文に「会社負担分」と記載があるため、135,000円(*3)を法定福利費勘定で仕訳する。

*3 健康保険料180,000円－従業員負担分45,000円＝135,000円

7．損益勘定への振替

(借)	損　益	3,592,000	(貸)	仕　入	3,592,000

仕　入

×/×　×　×　×　×××	×/× 損　益 3,592,000
×××	×××

損　益

×/× 仕　入 3,592,000	

8．給料の支払い

(借)	給　料	400,000 *1	(貸)	従業員立替金	10,000 *2
				普通預金	390,000 *3

*1　問題文に「従業員給料総額」と記載があるため、給料勘定で仕訳する。
*2　問題文に「従業員への立替金」と記載があるため、従業員立替金勘定で仕訳する。
*3　給料 400,000 円－立替金 10,000 円(*2)＝390,000 円

9．備品の購入（消費税）

(借)	備　品	1,580,000 *1	(貸)	未払金	1,738,000 *3
	仮払消費税	158,000 *2			

*1　領収書の備品の金額 320,000 円＋1,260,000 円＝1,580,000 円
*2　領収書の消費税欄
*3　問題文に「代金は後日支払う」と記載があるため、未払金勘定で仕訳する。
　（備品の購入は主たる営業活動には該当しないため、購入代金に係る債務は「未払金」となる。）

10．備品の期中売却

(借)	現　金	300,000	(貸)	備　品	500,000
	減価償却累計額	300,000 *1		固定資産売却益	125,000 *3
	減価償却費	25,000 *2			

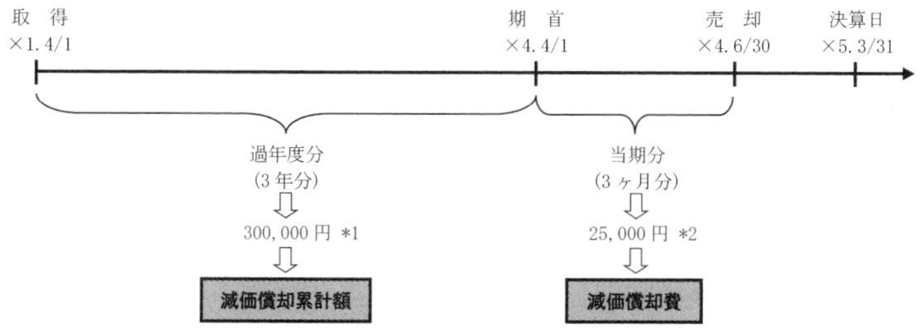

*1　備品 500,000 円× $\frac{3年(×1年4月～×4年3月)}{耐用年数5年}$ ＝300,000 円

*2　備品 500,000 円÷耐用年数 5 年× $\frac{3ヶ月(×4年4月～6月)}{12ヶ月}$ ＝25,000 円

*3　貸借差額

11．未収利息の計上

(借)	未収利息	10,000	(貸)	受取利息	10,000

貸付金 600,000 円×年利率 4%× $\frac{5ヶ月(×1年8月～12月)}{12ヶ月}$ ＝10,000 円

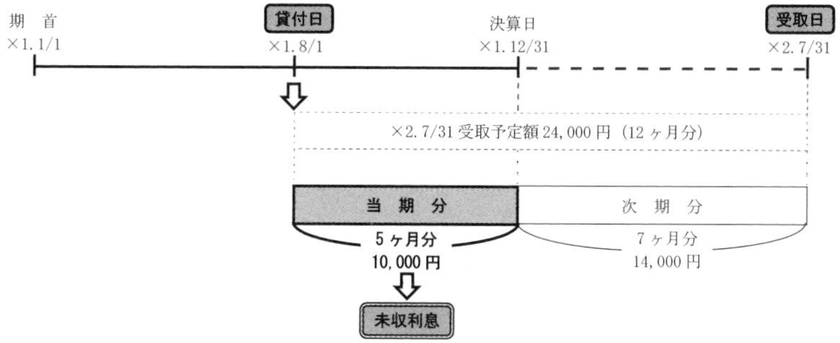

12．資本的支出

(借)	建　物	20,000 *1	(貸)	未払金	20,000 *2

*1　問題文に「建物の資産価値を高めるような改築(資本的支出)」と記載があるため、建物勘定で仕訳する。
*2　問題文に「その代金を翌月末に支払うことにした。」と記載があるため、未払金勘定で仕訳する。
　（建物の改築は主たる営業活動には該当しないため、支払代金に係る債務は「未払金」となる。）

13．売上（クレジット売掛金、消費税）

(借)	クレジット売掛金	216,000 *1	(貸)	売　上	200,000
	支払手数料	4,000 *2		仮受消費税	20,000 *3

*1　税抜価額 200,000 円＋仮受消費税 20,000 円(*3)－クレジット手数料 4,000 円(*2)＝216,000 円
*2　税抜価額 200,000 円×クレジット手数料 2%＝4,000 円
*3　税抜価額 200,000 円×消費税率 10%＝20,000 円

14．手形貸付金の計上

(借)	手形貸付金	400,000 *1	(貸)	普通預金	395,000 *2
				受取利息	5,000

*1　問題文に「貸し付け、その際得意先の振り出した同額の約束手形を受け取り」と記載があるため、手形貸付金勘定で仕訳する。
*2　手形貸付金 400,000 円－受取利息 5,000 円＝395,000 円

15．広告宣伝費の支払い

(借)	広告宣伝費	100,000	(貸)	当座預金	100,000 *1

*1　問題文に「小切手を振り出して支払った」と記載があるため、当座預金勘定で仕訳する。

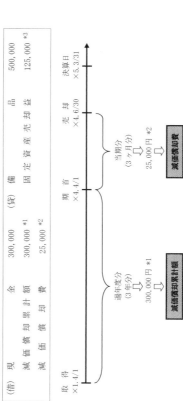

第2問 【解答】 (1) 10点 (2) 10点 計20点

(1) □ 完答2点×5箇所 計10点

仮払法人税等

(11/25)	[ア]	(315,000)	(3/31)	[オ]	(315,000)
		(315,000)			(315,000)

未払法人税等

(5/25)	[ア]	(356,000)	(4/ 1)	[キ]	(356,000)
(3/31)	[ク]	(405,000)	(3/31)	[オ]	(405,000)
		(761,000)			(761,000)

繰越利益剰余金

3/31	次期繰越	3,930,000	4/ 1	前期繰越	(2,250,000)
			(3/31)	[カ]	(1,680,000)
		(3,930,000)			(3,930,000)

(2) □ 完答2点×5箇所 計10点

商品有高帳

Z 商品

日付		摘要	受入高 数量	受入高 単価	受入高 金額	払出高 数量	払出高 単価	払出高 金額	残高 数量	残高 単価	残高 金額
10	1	前月繰越	200	1,006	201,200				200	1,006	201,200
	6	仕入	400	1,120	448,000				400	1,120	448,000
	14	売上				200	1,006	201,200			
						300	1,120	336,000	100	1,120	112,000
	15	仕入返品				30	1,120	33,600	70	1,120	78,400
	18	仕入	630	1,030	648,900				630	1,030	648,900
	21	売上				70	1,120	78,400			
						550	1,030	566,500	80	1,030	82,400
	23	売上返品	20	1,030	20,600				100	1,030	103,000
	31	次月繰越				100	1,030	103,000			
			1,250		1,318,700	1,250		1,318,700			

売上総利益
¥ 788,500

第2問 【解説】

(1)

簿記の一連の流れは、企業の取引を主要簿である仕訳帳に**仕訳をし**、その結果を**総勘定元帳や補助簿に転記する**ことである。したがって、本問は、**取引や総勘定元帳から仕訳を推定できるか**どうかが重要なポイントになる。

解説では日付順に、仕訳の作成と総勘定元帳に転記する過程を示すことにする。上記のポイントを意識しながら復習してほしい。

1．開始記入と5月25日の取引

① **前期末の決算整理仕訳**

(借)	法人税等	630,000 *3	(貸)	仮払法人税等	274,000 *1
				未払法人税等	356,000 *2

*1 問題文に「前期は¥274,000の中間納付を行っている」と記載があるため、仮払法人税等勘定で仕訳する。
*2 問題文に「確定納付額は¥356,000」と記載があるため、未払法人税等勘定で仕訳する。
*3 貸方合計

② **開始記入**

未払法人税等

	4/ 1 前期繰越 356,000

繰越利益剰余金

	4/ 1 前期繰越 2,250,000

繰越利益剰余金の前期繰越額は、貸方合計との差額で計算する。損益勘定から振り替えられる当期純利益の金額については、下記**4．帳簿の締切り**参照。

貸方合計3,930,000円－当期純利益1,680,000円＝2,250,000円

③ **5月25日 法人税の確定納付**

(借)	未払法人税等	356,000	(貸)	現金	356,000 *1

*1 問題文に「法人税等の納付はすべて現金」と記載があるため、貸方は現金勘定となる。(以下同様)

未払法人税等

5/25 現 金 356,000	4/ 1 前期繰越 356,000

繰越利益剰余金

	4/ 1 前期繰越 2,250,000

2．11月25日 法人税の中間納付

(借)	仮払法人税等	315,000 *1	(貸)	現金	315,000

*1 前期法人税等630,000円(上記1.①「前期末の決算整理仕訳」参照)×50%＝315,000円(*2)
*2 問題文に「中間納付した」と記載があるため、仮払法人税等勘定で仕訳する。

仮払法人税等

11/25 現 金 315,000	

3．3月31日の取引

① 法人税等に関する決算整理仕訳

(借)	法人税等	720,000 *2	(貸)	仮払法人税等	315,000 *1
				未払法人税等	405,000 *4

*1 中間納付額315,000円

*2 税引前当期純利益2,400,000円(*3)×30%＝720,000円

*3 収益合計7,668,000円－費用合計5,268,000円＝2,400,000円(下記**4．帳簿の締切り**参照)

*4 貸借差額

未払法人税等

5/25	現金	356,000	4/ 1	前期繰越	356,000
			3/31	**法人税等**	**405,000**

仮払法人税等

11/25	現金	315,000	**3/31**	**法人税等**	**315,000**

② 商品に関する決算整理仕訳

(借)	仕入	468,000	(貸)	繰越商品	468,000 *1
	繰越商品	325,000 *2		仕入	325,000

*1 期首商品有高468,000円

*2 期末商品有高325,000円

仕入

－	総仕入高	3,886,000	－	返品等	105,000
3/31	**繰越商品**	**468,000**	**3/31**	**繰越商品**	**325,000**

問題文の純仕入高は、総仕入高から値引・返品を控除した金額を意味する。本問では計算しなくても解答できるが、次の計算式で値引・返品の金額を求めることができる。

総仕入高3,886,000円－純仕入高3,781,000円＝105,000円

4．帳簿の締切り

未払法人税等

5/25	現金	356,000	4/ 1	前期繰越	356,000
3/31	**次期繰越**	**405,000**	3/31	法人税等	405,000
		761,000			**761,000**

繰越利益剰余金

3/31	**次期繰越**	**3,930,000**	4/ 1	前期繰越	2,250,000
			3/31	**損益**	**1,680,000**
		3,930,000			**3,930,000**

仕入

－	総仕入高	3,886,000	－	返品等	105,000
3/31	繰越商品	468,000	3/31	繰越商品	325,000
			3/31	**損益**	**3,924,000**
		4,354,000			**4,354,000**

損益

3/31	**仕入**	**3,924,000**	**3/31**	**売上**	**6,540,000**
〃	**その他費用**	**1,344,000**	**〃**	**その他収益**	**1,128,000**
〃	**法人税等**	**720,000**			
〃	**繰越利益剰余金**	**1,680,000**			
		7,668,000			**7,668,000**

(2)

先入先出法による商品有高帳の作成

1．10月1日

商品有高帳

Z 商品

日付		摘要	受入高			払出高			残高		
			数量	単価	金額	数量	単価	金額	数量	単価	金額
10	1	**前月繰越**	**200**	**1,006**	**201,200**				**200**	**1,006**	**201,200**

2．10月6日

商品有高帳

Z 商品

日付		摘要	受入高			払出高			残高		
			数量	単価	金額	数量	単価	金額	数量	単価	金額
10	1	前月繰越	200	1,006	201,200				200	1,006	201,200
	6	**仕入**	**400**	**1,120**	**448,000**				**400**	**1,120**	**448,000**

3．10月14日

① 払出金額・残高金額の計算

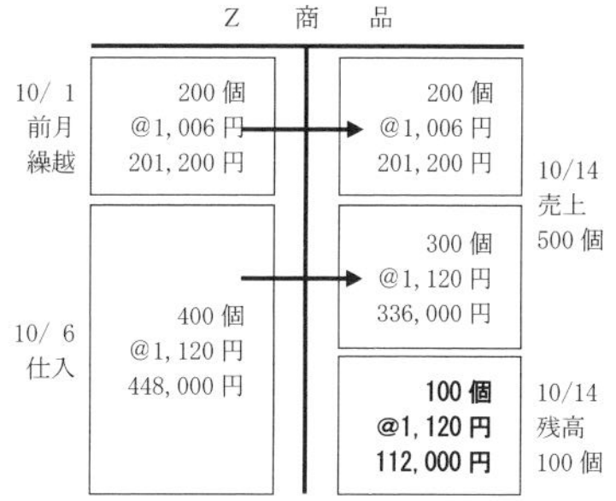

② **商品有高帳への記入**

商　品　有　高　帳

Z　商　品

日付		摘要	受入高 数量	受入高 単価	受入高 金額	払出高 数量	払出高 単価	払出高 金額	残高 数量	残高 単価	残高 金額
10	1	前月繰越	200	1,006	201,200				200	1,006	201,200
	6	仕　入	400	1,120	448,000				400	1,120	448,000
	14	**売　上**				**200**	**1,006**	**201,200**			
						300	**1,120**	**336,000**	**100**	**1,120**	**112,000**

4．10月15日

商　品　有　高　帳

Z　商　品

日付		摘要	受入高 数量	受入高 単価	受入高 金額	払出高 数量	払出高 単価	払出高 金額	残高 数量	残高 単価	残高 金額
10	1	前月繰越	200	1,006	201,200				200	1,006	201,200
	6	仕　入	400	1,120	448,000				400	1,120	448,000
	14	売　上				200	1,006	201,200			
						300	1,120	336,000	100	1,120	112,000
	15	**仕入返品**				**30**	**1,120**	**33,600**	**70**	**1,120**	**78,400**

5．10月18日

商　品　有　高　帳

Z　商　品

日付		摘要	受入高 数量	受入高 単価	受入高 金額	払出高 数量	払出高 単価	払出高 金額	残高 数量	残高 単価	残高 金額
10	1	前月繰越	200	1,006	201,200				200	1,006	201,200
	6	仕　入	400	1,120	448,000				400	1,120	448,000
	14	売　上				200	1,006	201,200			
						300	1,120	336,000	100	1,120	112,000
	15	仕入返品				30	1,120	33,600	70	1,120	78,400
	18	**仕　入**	**630**	**1,030**	**648,900**				**630**	**1,030**	**648,900**

6．10月21日

① **払出金額・残高金額の計算**

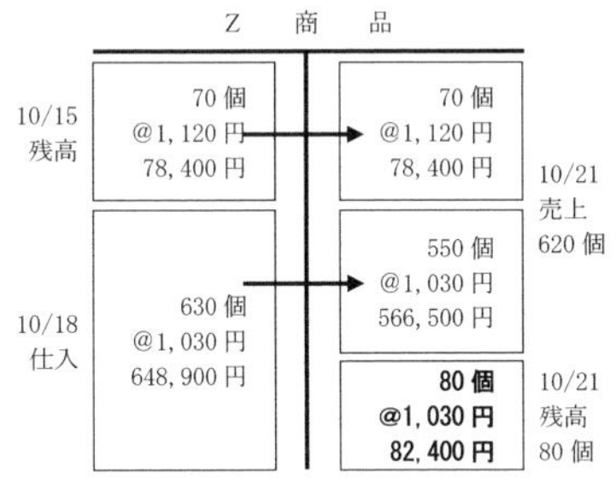

② **商品有高帳への記入**

商　品　有　高　帳

Z　商　品

日付		摘要	受入高 数量	受入高 単価	受入高 金額	払出高 数量	払出高 単価	払出高 金額	残高 数量	残高 単価	残高 金額
10	1	前月繰越	200	1,006	201,200				200	1,006	201,200
	6	仕　入	400	1,120	448,000				400	1,120	448,000
	14	売　上				200	1,006	201,200			
						300	1,120	336,000	100	1,120	112,000
	15	仕入返品				30	1,120	33,600	70	1,120	78,400
	18	仕　入	630	1,030	648,900				630	1,030	648,900
	21	**売　上**				**70**	**1,120**	**78,400**			
						550	**1,030**	**566,500**	**80**	**1,030**	**82,400**

7．10月23日

<u>商　品　有　高　帳</u>

Z　商　品

日付		摘要	受入高 数量	受入高 単価	受入高 金額	払出高 数量	払出高 単価	払出高 金額	残高 数量	残高 単価	残高 金額
10	1	前月繰越	200	1,006	201,200				200	1,006	201,200
	6	仕　入	400	1,120	448,000				400	1,120	448,000
	14	売　上				200	1,006	201,200			
						300	1,120	336,000	100	1,120	112,000
	15	仕入返品				30	1,120	33,600	70	1,120	78,400
	18	仕　入	630	1,030	648,900				630	1,030	648,900
	21	売　上				70	1,120	78,400			
						550	1,030	566,500	80	1,030	82,400
	23	**売上返品**	**20**	**1,030**	**20,600**				**100**	**1,030**	**103,000**

※　問題文に「単価は、18日に仕入れた商品が返品されたものとみなして処理を行う」と記載があるため、18日に仕入れた商品の単価@1,030円で記帳する。

8．10月31日

10月31日時点の残高金額を「払出高」欄に記入し、「受入高」欄と「払出高」欄の合計額を記入する。

<u>商　品　有　高　帳</u>

Z　商　品

日付		摘要	受入高 数量	受入高 単価	受入高 金額	払出高 数量	払出高 単価	払出高 金額	残高 数量	残高 単価	残高 金額
10	1	前月繰越	200	1,006	201,200				200	1,006	201,200
	6	仕　入	400	1,120	448,000				400	1,120	448,000
	14	売　上				200	1,006	201,200			
						300	1,120	336,000	100	1,120	112,000
	15	仕入返品				30	1,120	33,600	70	1,120	78,400
	18	仕　入	630	1,030	648,900				630	1,030	648,900
	21	売　上				70	1,120	78,400			
						550	1,030	566,500	80	1,030	82,400
	23	売上返品	20	1,030	20,600				100	1,030	103,000
	31	**次月繰越**				**100**	**1,030**	**103,000**			
合計額の算定			1,250		1,318,700	1,250		1,318,700			

1,250個　1,318,700円で一致

先入先出法の場合の10月のZ商品の売上総利益の算定

純売上高

純売上高は、総売上高（14日と21日の売上合計）から売上返品高（23日の分）を控除した金額である。

総売上高：@1,800円×500個＋@1,750円×620個＝1,985,000円

売上返品高：@1,750円×20個＝35,000円

純売上高：総売上高1,985,000円－売上返品高35,000円＝1,950,000円

売上原価

売上時に払出欄に記入した金額の合計額が売上原価になる。ただし、売上返品があった場合は、その分だけ販売した商品が減少するため、売上時に払出欄に記入した金額の合計から返品分の原価を控除することが必要である。

売上原価：201,200円＋336,000円＋78,400円＋566,500円－20,600円＝1,161,500円

※　仕入返品も払出欄に記入されるが、販売したわけではないため計算に含めないように注意すること。

売上総利益

売上総利益は、純売上高から売上原価を控除して算定する。

純売上高1,950,000円－売上原価1,161,500円＝**売上総利益788,500円**

第3問 【解答】 □ 勘定科目と金額のセットが4点×5箇所 金額のみが3点×5箇所 計35点

精 算 表

勘定科目	残高試算表		修正記入		損益計算書		貸借対照表	
	借方	貸方	借方	貸方	借方	貸方	借方	貸方
現金	87,000		3,000				90,000	
当座預金	300,000						300,000	
定期預金	1,200,000						1,200,000	
受取手形	280,000						280,000	
売掛金	406,000			13,000			393,000	
仮払法人税等	7,000			7,000				
繰越商品	150,000		180,000	150,000			180,000	
備品	300,000						300,000	
車両運搬具	600,000						600,000	
支払手形		400,000						400,000
買掛金		716,100						716,100
仮受金		13,000	13,000					
貸倒引当金		16,300		3,890				20,190
備品減価償却累計額		168,500		2,500				171,000
車両運搬具減価償却累計額		398,000		10,000				408,000
資本金		1,000,000						1,000,000
繰越利益剰余金		600,000						600,000
売上		2,627,000				2,627,000		
受取利息		10,600		1,440		12,040		
受取手数料		20,000	3,000			17,000		
仕入	1,857,000		150,000	180,000	1,827,000			
給料	376,000		55,000		431,000			
減価償却費	137,500		12,500		150,000			
支払家賃	186,000			70,000	116,000			
通信費	83,000			8,000	75,000			
	5,969,500	5,969,500						
（雑　益）				3,000		3,000		
貸倒引当金繰入			3,890		3,890			
貯蔵品			8,000				8,000	
前払家賃			70,000				70,000	
（未収）利息			1,440				1,440	
（未払）給料				55,000				55,000
（前受）手数料				3,000				3,000
未払法人税等				15,000				15,000
法人税等			22,000		22,000			
当期純（利益）					34,150			34,150
			521,830	521,830	2,659,040	2,659,040	3,422,440	3,422,440

第3問 【解説】

決算整理事項等

1．現金過不足の精算

（借）現　金	3,000	（貸）雑　益	3,000 *1

*1 実際有高90,000円－答案用紙の精算表・「残高試算表」欄・現金87,000円＝3,000円(*2)

*2 現金の実際有高が答案用紙の精算表・「残高試算表」欄・現金（帳簿残高）より多く、現金が過大であるため雑益勘定で仕訳する。

2．仮受金の精算

（借）仮受金	13,000	（貸）売掛金	13,000

問題文に「仮受金は、全額売掛金の回収であると判明した」と記載があるため、答案用紙の精算表・「残高試算表」欄・仮受金13,000円を売掛金に振り替える仕訳をする。

3．貸倒引当金の計上

（借）貸倒引当金繰入	3,890	（貸）貸倒引当金	3,890

見積額：(答案用紙の精算表・「残高試算表」欄・受取手形280,000円＋売掛金406,000円
－13,000円(上記2.「仮受金の精算」参照))×3%＝20,190円

繰入額：見積額20,190円－答案用紙の精算表・「残高試算表」欄・貸倒引当金16,300円＝3,890円

4．売上原価の算定

（借）仕　入	150,000	（貸）繰越商品	150,000 *1
繰越商品	180,000 *2	仕　入	180,000

*1 答案用紙の精算表・「残高試算表」欄・繰越商品150,000円

*2 問題文・単価@600円×期末商品棚卸数量300個＝180,000円

5．減価償却費の計上（月次決算）

（1）備品

（借）減価償却費	2,500	（貸）備品減価償却累計額	2,500

答案用紙の精算表・「残高試算表」欄・備品300,000円÷耐用年数10年×$\frac{1ヶ月(3月分)}{12ヶ月}$＝2,500円

または、

年間計上額：答案用紙の精算表・「残高試算表」欄・備品300,000円÷耐用年数10年＝30,000円

月次計上額：1ヶ月当たり見積計上額2,500円×11ヶ月＝27,500円

決算計上額：30,000円－27,500円＝2,500円

（2）車両運搬具

（借）減価償却費	10,000	（貸）車両運搬具減価償却累計額	10,000

答案用紙の精算表・「残高試算表」欄・車両運搬具600,000円÷耐用年数5年×$\frac{1ヶ月(3月分)}{12ヶ月}$＝10,000円

または、

年間計上額：答案用紙の精算表・「残高試算表」欄・車両運搬具600,000円÷耐用年数5年＝120,000円

月次計上額：1ヶ月当たり見積計上額10,000円×11ヶ月＝110,000円

決算計上額：120,000円－110,000円＝10,000円

6．貯蔵品への振替

(借)	貯蔵品	8,000 *1	(貸) 通信費	8,000 *2

*1 購入時に費用処理した切手・はがきのうち8,000円が未使用であるため、貯蔵品勘定に振り替える。

*2 切手・はがきは、通信費勘定で仕訳する。

7．前払家賃の計上

(借)	前払家賃	70,000	(貸) 支払家賃	70,000

問題文・支払家賃126,000円×10ヶ月(×3年4月～×4年1月)/18ヶ月＝70,000円

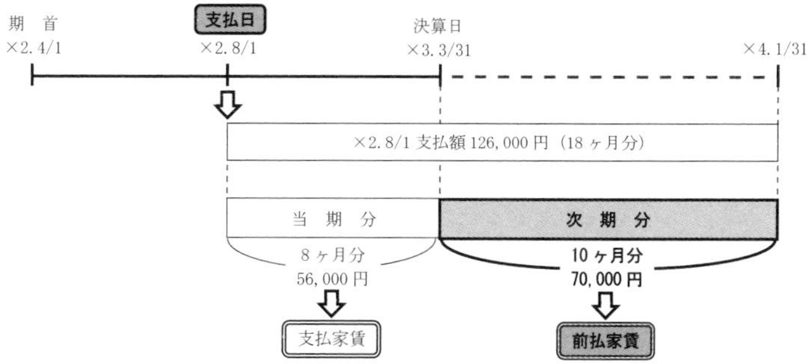

8．未収利息の計上

(借)	未収利息	1,440	(貸) 受取利息	1,440

答案用紙の精算表・「残高試算表」欄・定期預金1,200,000円×年利率0.2%×219日/365日＝1,440円

9．未払給料の計上

(借)	給料	55,000	(貸) 未払給料	55,000

10．前受手数料の計上

(借)	受取手数料	3,000	(貸) 前受手数料	3,000

11．法人税等の計上

(借)	法人税等	22,000 *3	(貸) 仮払法人税等	7,000 *1
			未払法人税等	15,000 *2

*1 答案用紙の精算表・「残高試算表」欄・仮払法人税等7,000円

*2 問題文・未払法人税等15,000円

*3 貸方合計

12．当期純利益

当期純利益が生じている場合は、「損益計算書」欄の借方に記載するとともに、「貸借対照表」欄の貸方にも同額記載することになる。当期純利益は収益と費用の差で計算する。

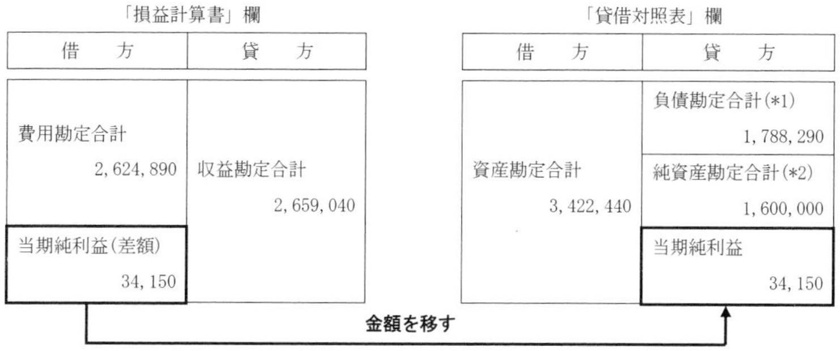

(*1) 貸倒引当金勘定と減価償却累計額勘定を含む。

(*2) 当期純利益を除いた、資本金勘定と繰越利益剰余金勘定の合計額。

3級 全国統一模擬試験 第4回 解答解説

第1問 【解答】 各3点　計45点

	借方科目名	記号	金額	貸方科目名	記号	金額
1	普通預金	ウ	450	受取利息	カ	450
2	電子記録債権	ウ	350,000	売掛金	イ	350,000
3	貯蔵品	ア	10,000	通信費	オ	10,000
4	租税公課	イ	60,000	普通預金	ア	60,000
5	普通預金	イ	16,000,000	資本金	エ	16,000,000
6	仕入	オ	110,000	支払手形	ウ	100,000
				現金	ア	10,000
7	売上	カ	20,000	現金	ア	20,000
8	車両運搬具	エ	1,150,000	未払金	オ	1,000,000
				普通預金	イ	150,000
9	売掛金	ウ	896,500	売上	カ	815,000
				仮受消費税	オ	81,500
10	修繕費	オ	20,000	普通預金	イ	20,000
11	前受利息	ウ	67,000	受取利息	オ	67,000
	支払家賃	カ	83,000	前払家賃	イ	83,000
	借入金	エ	324,000	当座預金	ア	324,000
12	旅費交通費	ウ	2,000	当座預金	イ	3,000
	通信費	オ	1,000			
13	普通預金	ア	196,000	クレジット売掛金	ウ	196,000
14	普通預金	イ	50,000	仮受金	エ	50,000
15	借入金	ウ	500,000	現金	ア	510,000
	支払利息	カ	10,000			

第1問 【解説】

1．受取利息の受け取り

(借)	普通預金	450	(貸) 受取利息	450

普通預金90,000,000円×年利率0.001%×$\frac{6ヶ月}{12ヶ月}$＝450円

2．電子記録債権の計上

(借)	電子記録債権	350,000	(貸) 売掛金	350,000

3．貯蔵品への振替

(借)	貯蔵品	10,000 *1	(貸) 通信費	10,000 *2

*1　期中に費用処理した切手・はがきのうち10,000円が未使用であるため、貯蔵品勘定に振り替える。

*2　切手・はがきは、通信費勘定で仕訳する。

4．固定資産税の納付

(借)	租税公課	60,000 *1	(貸) 普通預金	60,000

*1　問題文に「固定資産税」と記載があるため、租税公課勘定で仕訳する。

5．増資

(借)	普通預金	16,000,000	(貸) 資本金	16,000,000

1株当たり80,000円×200株＝16,000,000円

6．仕入（仕入諸掛）

(借)	仕入	110,000 *1	(貸) 支払手形	100,000 *2
			現金	10,000

*1　仕入100,000円＋引取運賃10,000円（仕入諸掛のため仕入勘定に含める）＝110,000円

*2　問題文に「取引先宛ての約束手形を振り出し」と記載があるため、支払手形勘定で仕訳する。

7．販売商品の返品

(借)	売上	20,000	(貸) 現金	20,000

8．車両運搬具の購入（付随費用）

(借)	車両運搬具	1,150,000 *1	(貸) 未払金	1,000,000 *2
			普通預金	150,000

*1　車両1,000,000円＋登録手数料150,000円（付随費用のため車両運搬具勘定に含める）＝1,150,000円

*2　問題文に「代金は翌月末に支払う」と記載があるため、未払金勘定で仕訳する。
（車両運搬具の購入は主たる営業活動に係る取引には該当しないため、購入代金に係る債務は「未払金」となる。）

9．売上（消費税）

(借)	売掛金	896,500 *1	(貸) 売上	815,000 *2
			仮受消費税	81,500 *3

*1　請求書の合計欄
*2　請求書の商品 360,000円＋255,000円＋200,000円＝815,000円
*3　請求書の消費税欄

10．収益的支出

(借)	修繕費	20,000 *1	(貸) 普通預金	20,000

*1　問題文に「現状を維持するために修繕(収益的支出)」と記載があるため、修繕費勘定で仕訳する。

11．前受利息等の再振替仕訳

（1）**決算整理仕訳（前期末の仕訳）**

(借)	受取利息	67,000	(貸) 前受利息	67,000
	前払家賃	83,000	支払家賃	83,000
	当座預金	324,000	借入金	324,000

取消

（2）**再振替仕訳（当期首の仕訳）**

(借)	前受利息	67,000	(貸) 受取利息	67,000
	支払家賃	83,000	前払家賃	83,000
	借入金	324,000	当座預金	324,000

前期末の決算整理仕訳を取り消す仕訳をする。

12．小口現金の精算と補給

【本問】　問題文に小口現金勘定の選択肢がない場合

(借)	旅費交通費	2,000 *1	(貸) 当座預金	3,000
	通信費	1,000 *2		

*1　問題文に「電車代」と記載があるため、旅費交通費勘定で仕訳する。
*2　問題文に「はがき・切手代」と記載があるため、通信費勘定で仕訳する。

【参考】　問題文に小口現金勘定の選択肢があり、特段問題文に指示がない場合

(借)	旅費交通費	2,000	(貸) 小口現金	3,000
	通信費	1,000		
	小口現金	3,000	当座預金	3,000

問題文に小口現金勘定の選択肢がないため、【本問】が解答すべき仕訳となる。一方で、小口現金勘定が選択肢にあり、特段問題文に指示がない場合には【参考】の仕訳をするのが無難である。

13．クレジット売掛金の回収

（1）**売上時**

(借)	クレジット売掛金	196,000 *1	(貸) 売上	200,000
	支払手数料	4,000 *2		

*1　販売代金 200,000円－クレジット手数料 4,000円(*2)＝196,000円
*2　販売代金 200,000円×クレジット手数料 2%＝4,000円

（2）**回収時**

(借)	普通預金	196,000	(貸) クレジット売掛金	196,000

14．仮受金の計上

(借)	普通預金	50,000	(貸) 仮受金	50,000 *1

*1　問題文に「内容は不明」と記載があるため、仮受金勘定で仕訳する。

15．借入金の返済

(借)	借入金	500,000	(貸) 現金	510,000 *2
	支払利息	10,000 *1		

*1　借入金 500,000円×年利率 3%×$\dfrac{8ヶ月(借入期間)}{12ヶ月}$＝10,000円
*2　借入金 500,000円＋支払利息 10,000円(*1)＝510,000円

第2問 【解答】 (1) 10点 (2) 10点 計20点

(1) 各2点×5箇所 計10点

①	②	③	④	⑤
210,000	40,000	300,000	500,000	510,000

(2) 3日・17日完答2点×2箇所 それ以外 完答1点×6箇所 計10点

日付＼補助簿	現金出納帳	当座預金出納帳	商品有高帳	売掛金元帳(得意先元帳)	買掛金元帳(仕入先元帳)	仕入帳	売上帳	固定資産台帳	該当なし
3日			○		○	○			
10日	○		○		○	○			
15日	○							○	
17日		○	○			○			
19日	○		○	○			○		
25日		○		○					
28日				○					
30日									○

第2問 【解説】

(1)

簿記の一連の流れは、企業の取引を主要簿である仕訳帳に**仕訳をし**、その結果を**総勘定元帳や補助簿に転記する**ことである。したがって、本問は、**総勘定元帳や補助簿の内容から仕訳を推定できるか**どうかが重要なポイントになる。

また、総勘定元帳・買掛金と仕入先元帳は、**総勘定元帳・買掛金の内訳を仕入先元帳で表している関係**にある。したがって、群馬物産株式会社の仕入先は、東京株式会社と大阪株式会社のみであるため、問題文に示されている**総勘定元帳・買掛金と仕入先元帳の記載内容は一致する**結果になる。

解説では日付順に、仕訳の作成と総勘定元帳や補助簿に転記する過程を示すことにする。上記のポイントを意識しながら復習してほしい。

① **6月1日 開始記入**

総勘定元帳

買掛金

	6/1 前月繰越 420,000

仕入先元帳

東京株式会社

	6/1 前月繰越 180,000

大阪株式会社

	6/1 前月繰越 240,000

総勘定元帳・買掛金の内訳を仕入先元帳で表している関係にあるため、次の計算式で仕入先元帳・大阪株式会社の前月繰越金額を計算する。

総勘定元帳・買掛金420,000円－仕入先元帳・東京株式会社180,000円＝240,000円

② **6月5日 大阪株式会社に対する買掛金の現金決済**

(借) 買掛金	210,000	(貸) 現金	210,000

金額は、仕入先元帳・大阪株式会社の次月繰越の金額を推定後（⑨参照）、借方合計との差額で計算する。

仕入先元帳・大阪株式会社の借方合計760,000円－6月5日以外の合計550,000円＝210,000円

総勘定元帳

買掛金

6/5 現金 210,000 ①	6/1 前月繰越 420,000

仕入先元帳

東京株式会社

	6/1 前月繰越 180,000

大阪株式会社

6/5 現金決済 210,000	6/1 前月繰越 240,000

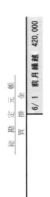

③ **6月12日　東京株式会社から掛けによる仕入**

(借)			(貸)		
仕入		450,000	買掛金		450,000

総勘定元帳・買掛金から仕訳を推定する。また、総勘定元帳・買掛金の内訳を仕入先元帳で表している関係にあるため、同じ6/12の日付がある仕入先元帳・東京株式会社の方に記入する。

総勘定元帳
買掛金

6/ 5	現金	210,000	6/ 1	前月繰越	420,000
			6/12	**仕入**	**450,000**

仕入先元帳

東京株式会社

			6/ 1	前月繰越	180,000
			6/12	**仕入れ**	**450,000**

大阪株式会社

6/ 5	現金決済	210,000	6/ 1	前月繰越	240,000

④ **6月13日　東京株式会社に仕入返品**

(借)			(貸)		
買掛金		20,000	仕入		20,000

総勘定元帳・買掛金から仕訳を推定する。また、総勘定元帳・買掛金の内訳を仕入先元帳で表している関係にあるため、同じ6/13の日付がある仕入先元帳・東京株式会社の方に記入する。

総勘定元帳
買掛金

6/ 5	現金	210,000	6/ 1	前月繰越	420,000
6/13	**仕入**	**20,000**	6/12	仕入	450,000

仕入先元帳

東京株式会社

6/13	**返品**	**20,000**	6/ 1	前月繰越	180,000
			6/12	仕入れ	450,000

大阪株式会社

6/ 5	現金決済	210,000	6/ 1	前月繰越	240,000

⑤ **6月21日　東京株式会社と大阪株式会社から掛けによる仕入**

(借)			(貸)		
仕入		300,000	買掛金		300,000

仕入先元帳・東京株式会社と大阪株式会社から仕訳を推定する。また、総勘定元帳・買掛金の内訳を仕入先元帳で表している関係にあるため、同じ6/21の日付がある総勘定元帳・買掛金に記入する。

仕入先元帳・東京株式会社100,000円＋仕入先元帳・大阪株式会社200,000円＝300,000円

総勘定元帳
買掛金

6/ 5	現金	210,000	6/ 1	前月繰越	420,000
6/13	仕入	20,000	6/12	仕入	450,000
			6/21	**仕入**	**300,000** ③

仕入先元帳

東京株式会社

6/13	返品	20,000	6/ 1	前月繰越	180,000
			6/12	仕入れ	450,000
			6/21	**仕入れ**	**100,000**

大阪株式会社

6/ 5	現金決済	210,000	6/ 1	前月繰越	240,000
			6/21	**仕入れ**	**200,000**

⑥ **6月25日　大阪株式会社から掛けによる仕入**

(借)			(貸)		
仕入		320,000	買掛金		320,000

総勘定元帳・買掛金には、6/25の日付が記載されていないが、総勘定元帳・買掛金の内訳を仕入先元帳で表している関係にあるため、6/25の日付が記載されている仕入先元帳・大阪株式会社と同じ内容であると判断し、仕訳は、総勘定元帳・買掛金から金額、仕入先元帳・大阪株式会社から勘定科目を推定する。

総勘定元帳
買掛金

6/ 5	現金	210,000	6/ 1	前月繰越	420,000
6/13	仕入	20,000	6/12	仕入	450,000
			6/21	仕入	300,000
			6/25	**仕入**	**320,000**

仕入先元帳

東京株式会社

6/13	返品	20,000	6/ 1	前月繰越	180,000
			6/12	仕入れ	450,000
			6/21	仕入れ	100,000

大阪株式会社

6/ 5	現金決済	210,000	6/ 1	前月繰越	240,000
			6/21	仕入れ	200,000
			6/25	**仕入れ**	**320,000**

⑦ 6月26日　大阪株式会社に仕入返品

(借) 買掛金	40,000	(貸) 仕入	40,000

仕入先元帳・大阪株式会社から仕訳を推定する。また、総勘定元帳・買掛金の内訳を仕入先元帳で表している関係にあるため、同じ6/26の日付がある総勘定元帳・買掛金に記入する。

総勘定元帳

買掛金

6/5	現金	210,000	6/1	前月繰越	420,000
6/13	仕入	20,000	6/12	仕入	450,000
6/26	**仕入**	**40,000**	6/21	仕入	300,000
		②	6/25	仕入	320,000

仕入先元帳

東京株式会社

6/13	返品	20,000	6/1	前月繰越	180,000
			6/12	仕入れ	450,000
			6/21	仕入れ	100,000

大阪株式会社

6/5	現金決済	210,000	6/1	前月繰越	240,000
6/26	**返品**	**40,000**	6/21	仕入れ	200,000
			6/25	仕入れ	320,000

⑧ 6月29日　東京株式会社に対する買掛金の当座預金口座から引き落とし

(借) 買掛金	500,000	(貸) 当座預金	500,000

仕入先元帳・東京株式会社から仕訳を推定する。なお、金額は借方合計との差額で計算する。また、総勘定元帳・買掛金の内訳を仕入先元帳で表している関係にあるため、総勘定元帳・買掛金に記入する。

仕入先元帳・東京株式会社の借方合計730,000円－6月29日以外の合計230,000円＝500,000円

総勘定元帳

買掛金

6/5	現金	210,000	6/1	前月繰越	420,000
6/13	仕入	20,000	6/12	仕入	450,000
6/26	仕入	40,000	6/21	仕入	300,000
6/29	**当座預金**	**500,000**	6/25	仕入	320,000

仕入先元帳

東京株式会社

6/13	返品	20,000	6/1	前月繰越	180,000
6/29	**当座引落し**	**500,000**	6/12	仕入れ	450,000
		④	6/21	仕入れ	100,000

大阪株式会社

6/5	現金決済	210,000	6/1	前月繰越	240,000
6/26	返品	40,000	6/21	仕入れ	200,000
			6/25	仕入れ	320,000

⑨ 6月30日　帳簿の締切り

総勘定元帳

買掛金

6/5	現金	210,000	6/1	前月繰越	420,000
6/13	仕入	20,000	6/12	仕入	450,000
6/26	仕入	40,000	6/21	仕入	300,000
6/29	当座預金	500,000	6/25	仕入	320,000
6/30	**次月繰越**	**720,000**			

仕入先元帳

東京株式会社

6/13	返品	20,000	6/1	前月繰越	180,000
6/29	当座引落し	500,000	6/12	仕入れ	450,000
6/30	**次月繰越**	**210,000**	6/21	仕入れ	100,000

大阪株式会社

6/5	現金決済	210,000	6/1	前月繰越	240,000
6/26	返品	40,000	6/21	仕入れ	200,000
6/30	**次月繰越**	**510,000**	6/25	仕入れ	320,000
		⑤			

総勘定元帳・買掛金の内訳を仕入先元帳で表している関係にあるため、次の計算式で仕入先元帳・大阪株式会社の次月繰越金額を計算する。

総勘定元帳・買掛金720,000円－仕入先元帳・東京株式会社210,000円＝510,000円

【参考】

総勘定元帳

買掛金

6/5	現金	210,000	6/1	前月繰越	420,000
6/13	仕入	20,000	6/12	仕入	450,000
6/26	仕入	40,000	6/21	仕入	300,000
6/29	当座預金	500,000	6/25	仕入	320,000
6/30	次月繰越	720,000			
		1,490,000			1,490,000

仕入先元帳

東京株式会社

6/13	返品	20,000	6/1	前月繰越	180,000
6/29	当座引落し	500,000	6/12	仕入れ	450,000
6/30	次月繰越	210,000	6/21	仕入れ	100,000
		730,000			730,000

大阪株式会社

6/5	現金決済	210,000	6/1	前月繰越	240,000
6/26	返品	40,000	6/21	仕入れ	200,000
6/30	次月繰越	510,000	6/25	仕入れ	320,000
		760,000			760,000

(2)

1．3日　仕入返品

補助簿	借方科目	金額	貸方科目	金額	補助簿
買掛金元帳 ⇦	買　掛　金	30,000	仕　　入	30,000	⇨ 商品有高帳・仕入帳

2．10日　商品仕入

補助簿	借方科目	金額	貸方科目	金額	補助簿
商品有高帳・仕入帳 ⇦	仕　　入	800,000	前　払　金	200,000 *1	
			現　　金	300,000	⇨ 現金出納帳
			買　掛　金	300,000	⇨ 買掛金元帳

*1　問題文に「支払っていた手付金」と記載があるため、前払金勘定で仕訳する。

3．15日　土地購入

補助簿	借方科目	金額	貸方科目	金額	補助簿
固定資産台帳 ⇦	土　　地	12,447,000 *1	未　払　金	12,150,000 *2	
			現　　金	297,000	⇨ 現金出納帳

*1　45,000円/㎡×270㎡＋整地費用297,000円(付随費用のため土地勘定に含める)＝12,447,000円
*2　問題文に「代金は３ヶ月後に」と記載があるため、未払金勘定で仕訳する。
(土地の購入は主たる営業活動に係る取引に該当しないため、購入代金に係る債務は「未払金」となる。)

4．17日　商品仕入

補助簿	借方科目	金額	貸方科目	金額	補助簿
商品有高帳・仕入帳 ⇦	仕　　入	500,000	当座預金	500,000 *1	⇨ 当座預金出納帳

*1　問題文に「小切手を振り出して支払った」と記載があるため、当座預金勘定で仕訳する。

5．19日　商品売上

補助簿	借方科目	金額	貸方科目	金額	補助簿
	前　受　金	60,000 *1	売　　上	675,000	⇨ 商品有高帳・売上帳
売掛金元帳 ⇦	売　掛　金	615,000			
	発　送　費	4,500	現　　金	4,500	⇨ 現金出納帳

*1　問題文に「受け取っていた手付金」と記載があるため、前受金勘定で仕訳する。

6．25日　売掛金回収

補助簿	借方科目	金額	貸方科目	金額	補助簿
当座預金出納帳 ⇦	当座預金	500,000 *1	売　掛　金	500,000	⇨ 売掛金元帳

*1　問題文に「以前当社が商品代金支払いのために振り出していた小切手を受け取った」と記載されているため、自己振出小切手に該当し、当座預金勘定で仕訳する。

7．28日　貸倒れ

借方科目	金額	貸方科目	金額	補助簿
貸倒引当金	240,000 *1	売　掛　金	555,000	⇨ 売掛金元帳
貸 倒 損 失	315,000 *2			

*1　前期以前に発生した売掛金について貸倒引当金を設定しているため、貸倒引当金で充当し、充当できなかった分については、貸倒損失勘定で仕訳する。
*2　売掛金555,000円－貸倒引当金240,000円(*1)＝315,000円

8．30日　広告宣伝費

借方科目	金額	貸方科目	金額
広告宣伝費	300,000	未　払　金	300,000 *1

*1　問題文に「現金で後日支払うことにした」と記載があるため、未払金勘定で仕訳する。
(広告宣伝用のチラシ作成は主たる営業活動に係る取引に該当しないため、チラシ作成代金に係る債務は「未払金」となる。)

第3問　【解答】　○ 勘定科目と金額をセットで正解4点×5箇所　● 3点×5箇所　　計35点

貸借対照表

×7年3月31日　　(単位：円)

現金		(120,000)	支払手形	(460,500)
当座預金		(458,000)	買掛金	(226,800)
売掛金	(313,000)		前受収益	(17,000)
貸倒引当金	(△ 6,260)	(306,740)	未払費用	(● 16,000)
電子記録債権	(● 400,000)		(未払法人税等)	(○ 22,100)
貸倒引当金	(△ 8,000)	(392,000)	資本金	(3,000,000)
商品		(339,000)	繰越利益剰余金	(1,037,090)
(貯蔵品)		(○ 15,000)		
貸付金		(500,000)		
(未収)収益		(○ 8,750)		
備品	(600,000)			
減価償却累計額	(△ 360,000)	(● 240,000)		
土地		(2,400,000)		
		(4,779,490)		(4,779,490)

損益計算書

自 ×6年4月1日　至 ×7年3月31日　　(単位：円)

売上原価	(● 1,786,000)	売上高	(2,200,000)
給料	(277,000)	受取手数料	(● 153,000)
支払家賃	(78,300)	受取利息	(8,750)
租税公課	(24,000)	固定資産売却益	(104,000)
(貸倒引当金繰入)	(○ 7,660)		
減価償却費	(120,000)		
法人税等	(37,000)		
当期純(利益)	(○ 135,790)		
	(2,465,750)		(2,465,750)

第3問　【解説】

決算整理事項等

1．仕入商品の返品

(借)	買掛金	24,000	(貸)	仕入	24,000

2．仮受金の精算（電子記録債権の回収）

(借)	仮受金	80,000	(貸)	電子記録債権	80,000

問題文に「電子記録債権の回収であることが判明した」と記載されているため、前T/Bの仮受金80,000円を全額電子記録債権に振り替える仕訳をする。

3．貸倒引当金の計上

(借)	貸倒引当金繰入	7,660	(貸)	貸倒引当金	7,660

見積額：(前T/B 売掛金313,000円＋前T/B 電子記録債権480,000円
－80,000円(上記2.「仮受金の精算」参照))×2%＝14,260円

繰入額：見積額14,260円－前T/B 貸倒引当金6,600円＝7,660円

4．売上原価の算定

(借)	仕入	320,000	(貸)	繰越商品	320,000 *1
	繰越商品	339,000 *2		仕入	339,000

*1　前T/B 繰越商品320,000円

*2　問題文・期末商品棚卸高363,000円－24,000円(上記1.「仕入商品の返品」参照)＝339,000円

5．減価償却費の計上（月次決算）

(借)	減価償却費	10,000	(貸)	備品減価償却累計額	10,000

前T/B 備品 600,000円÷耐用年数5年×$\frac{1ヶ月(3月分)}{12ヶ月}$＝10,000円

または、

年間計上額：前T/B 備品600,000円÷耐用年数5年＝120,000円

月次計上額：1ヶ月当たり見積計上額10,000円×11ヶ月＝110,000円

決算計上額：120,000円－110,000円＝10,000円

6．貯蔵品への振替

(借)	貯蔵品	15,000 *1	(貸)	租税公課	15,000 *2

*1　購入時に費用処理した収入印紙のうち15,000円が未使用であるため、貯蔵品勘定に振り替える。

*2　収入印紙は、租税公課勘定で仕訳する。

7．未収利息の計上

(借)	未　収　利　息	8,750	(貸)	受　取　利　息	8,750

前T/B 貸付金500,000円×年利率3%× $\frac{7ヶ月(×6年9月〜×7年3月)}{12ヶ月}$ ＝8,750円

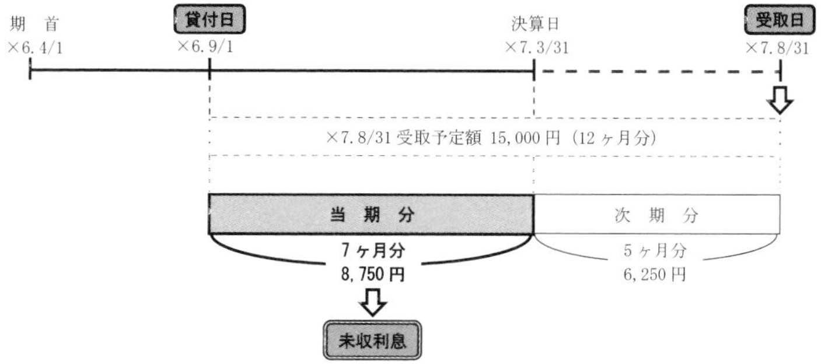

8．前受手数料の計上

(借)	受　取　手　数　料	17,000	(貸)	前　受　手　数　料	17,000

問題文・受取手数料34,000円× $\frac{1ヶ月(×7年4月)}{2ヶ月}$ ＝17,000円

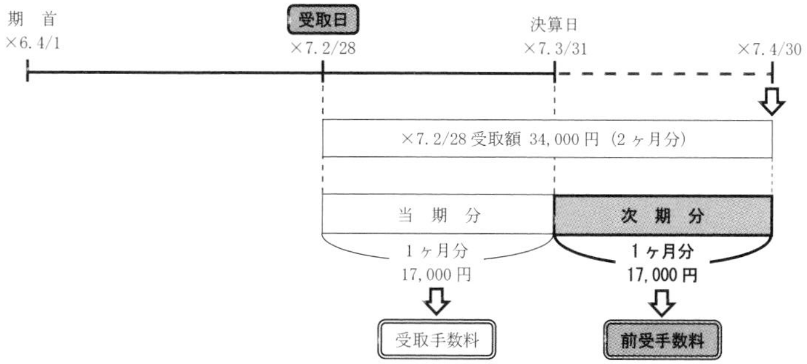

9．未払給料の計上

(借)	給　　料	16,000	(貸)	未　払　給　料	16,000

10．法人税等の計上

(借)	法　人　税　等	37,000	(貸)	仮　払　法　人　税　等	14,900 *1
				未　払　法　人　税　等	22,100 *2

*1　前T/B 仮払法人税等14,900円

*2　貸借差額

11．財務諸表の作成

貸倒引当金	売掛金や電子記録債権といった、設定対象の下に表示し、対象資産からマイナスして表示する。その結果、売掛金や電子記録債権は、貸倒引当金をマイナスした後の残額で表示する。
商　　品	仕訳上では「繰越商品」勘定を使用するが、貸借対照表では「商品」で表示する。
減価償却累計額	仕訳上では「備品減価償却累計額」勘定を使用するが、貸借対照表では「減価償却累計額」で表示する。また、備品といった関連する資産の下に表示し、関連する資産からマイナスして表示する。その結果、備品は、減価償却累計額をマイナスした後の残額で表示する。
未収収益	仕訳上では「未収利息」勘定を使用するが、貸借対照表では「未収収益」で表示する。
前受収益	仕訳上では「前受手数料」勘定を使用するが、貸借対照表では「前受収益」で表示する。
未払費用	仕訳上では「未払給料」勘定を使用するが、貸借対照表では「未払費用」で表示する。
売　上　高	仕訳上では「売上」勘定を使用するが、損益計算書では「売上高」で表示する。
売上原価	仕訳上では「仕入」勘定を使用するが、損益計算書では「売上原価」で表示する。
当期純利益	損益計算書における貸借差額で当期純利益135,790円を計算し、「損益計算書」の借方に記載する。
繰越利益剰余金	前T/B 繰越利益剰余金901,300円＋当期純利益135,790円（当期純利益参照）＝1,037,090円

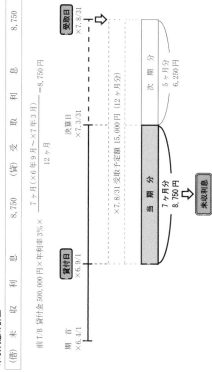

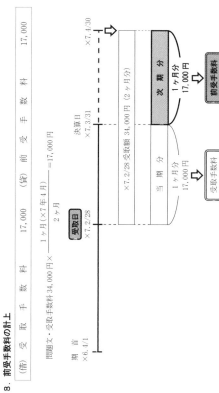

3級 全国統一模擬試験 第5回 解答解説

第1問 【解答】 各3点 計45点

	借方科目名	記号	金額	貸方科目名	記号	金額
1	買掛金	エ	350,000	支払手形	ウ	350,000
	通信費	カ	1,000	現金	ア	1,000
2	貸付金	ウ	500,000	当座預金	イ	500,000
3	現金	ア	395,000	手形借入金	オ	400,000
	支払利息	カ	5,000			
4	受取商品券	オ	100,000	売上	カ	200,000
	売掛金	エ	100,000			
5	仮受消費税	ウ	400,000	仮払消費税	イ	336,000
				未払消費税	オ	64,000
6	現金	ア	50,000	資本金	エ	50,000
7	現金過不足	イ	30,000	受取利息	ウ	10,000
	租税公課	オ	5,000	雑益	エ	25,000
8	仕入	カ	110,000	普通預金	イ	110,000
	仮払消費税	ウ	11,000	現金	ア	11,000
9	未収入金	ア	400,000	建物	イ	2,000,000
	減価償却累計額	ウ	1,200,000			
	減価償却費	オ	25,000			
	固定資産売却損	カ	375,000			
10	買掛金	エ	890,000	未払金	オ	890,000
11	繰越利益剰余金	ウ	500,000	損益	カ	500,000
12	当座預金D銀行	イ	403,000	当座預金A銀行	ア	403,660
	支払手数料	オ	660			
13	建物	ウ	426,800	普通預金	イ	495,000
	修繕費	カ	68,200			
14	受取地代	カ	32,000	前受地代	エ	32,000
15	旅費交通費	オ	25,510	普通預金	イ	25,510

第1問 【解説】

1．買掛金の決済

(借)	買掛金	350,000	(貸)	支払手形	350,000 *1
	通信費	1,000 *2		現金	1,000

*1 問題文に「約束手形を振り出し」と記載があるため、支払手形勘定で仕訳する。

*2 問題文に「郵送代金」と記載があるため、通信費勘定で仕訳する。

2．貸付金の計上

(借)	貸付金	500,000	(貸)	当座預金	500,000 *1

*1 問題文に「小切手を振り出した」と記載があるため、当座預金勘定で仕訳する。

3．手形借入金の計上

(借)	現金	395,000 *2	(貸)	手形借入金	400,000 *1
	支払利息	5,000			

*1 問題文に「借り入れ、その際、同額の約束手形を振り出し」と記載があるため、手形借入金勘定で仕訳する。

*2 借入額400,000円－利息5,000円＝395,000円

4．売上（受取商品券）

(借)	受取商品券	100,000 *1	(貸)	売上	200,000
	売掛金	100,000			

*1 問題文に「共通商品券」と記載があるため、受取商品券勘定で仕訳する。

5．未払消費税の計上

(借)	仮受消費税	400,000 *1	(貸)	仮払消費税	336,000 *2
				未払消費税	64,000 *3

*1 問題文に「消費税の仮受額」と記載があるため、仮受消費税勘定で仕訳する。

*2 問題文に「消費税の仮払額」と記載があるため、仮払消費税勘定で仕訳する。

*3 貸借差額

6．設立

(借)	現金	50,000	(貸)	資本金	50,000

1株当たり100円×500株＝50,000円

7．現金過不足の精算

（1）現金過不足計上時

(借)	現金	30,000	(貸)	現金過不足	30,000

（2）現金過不足精算時

(借)	現金過不足	30,000 *1	(貸)	受取利息	10,000 *2
	租税公課	5,000 *3		雑益	25,000 *4

*1 現金の実際有高が帳簿価額より多いことで現金過不足勘定が貸方で仕訳されているため、この現金過不足勘定を取り消す仕訳を借方にする。

*2 問題文に「受取利息の受け取り」と記載があるため、受取利息勘定で仕訳する。

*3 問題文に「収入印紙の支払い」と記載があるため、租税公課勘定で仕訳する。

*4 貸借差額で求め、貸方差額であるため、雑益勘定で仕訳する。

8．仕入（仕入諸掛、消費税）

(借)	仕入	110,000 *1	(貸)	普通預金	110,000
	仮払消費税	11,000 *2		現金	11,000

*1　商品100,000円＋引取運賃10,000円（仕入諸掛のため仕入勘定に含める）＝110,000円

*2　仕入110,000円×消費税率10%＝11,000円

9．建物の期中売却

(借)	未収入金	400,000 *1	(貸)	建物	2,000,000
	減価償却累計額	1,200,000 *2			
	減価償却費	25,000 *3			
	固定資産売却損	375,000 *4			

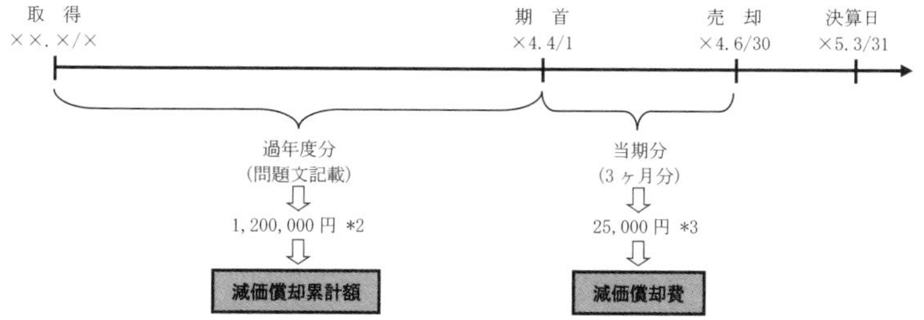

*1　問題文に「売却代金は翌月末に普通預金口座に振り込まれる」と記載があるため、未収入金勘定で仕訳する。
（建物の売却は主たる営業活動に係る取引には該当しないため、売却に係る債権は「未収入金」となる。）

*2　問題文より　減価償却累計額1,200,000円

*3　建物2,000,000円÷耐用年数20年×$\frac{3ヶ月(×4年4月〜6月)}{12ヶ月}$＝25,000円

*4　貸借差額

10．会計処理の訂正

①　適切な仕訳

(借)	土地	890,000	(貸)	未払金	890,000 *1

*1　問題文に「代金は後日支払うこととした」と記載があるため、未払金勘定で仕訳する。
（土地の購入は主たる営業活動に係る取引には該当しないため、購入に係る債務は「未払金」となる。）

②　当社が行っていた仕訳

(借)	土地	890,000	(貸)	買掛金	890,000

③　訂正仕訳（①－②）

(借)	買掛金	890,000	(貸)	未払金	890,000

未払金勘定で仕訳すべき金額を買掛金勘定で仕訳しているため、未払金勘定に訂正する仕訳をする。

11．繰越利益剰余金への振替

(借)	繰越利益剰余金	500,000	(貸)	損益	500,000

損益

×/× ×××	3,000,000	×/× ×××	2,500,000
		3/31 繰越利益剰余金	500,000
	3,000,000		3,000,000

繰越利益剰余金

3/31 損益	500,000		

12．預金口座の振替

(借)	当座預金D銀行	403,000	(貸)	当座預金A銀行	403,660 *2
	支払手数料	660 *1			

*1　問題文に「振替手数料」と記載があるため、支払手数料勘定で仕訳する。

*2　振替額403,000円＋手数料660円＝403,660円

13．資本的支出と収益的支出

(借)	建物	426,800 *1	(貸)	普通預金	495,000
	修繕費	68,200 *2			

*1　問題文に「建物の資産価値を高める支出額」と記載があるため、建物勘定で仕訳する。

*2　問題文に「建物の現状を維持するための支出額」と記載があるため、修繕費勘定で仕訳する。

14．前受地代の計上

(借)	受取地代	32,000	(貸)	前受地代	32,000

受取地代48,000円×$\frac{8ヶ月(×1年12月〜×2年7月)}{12ヶ月}$＝32,000円

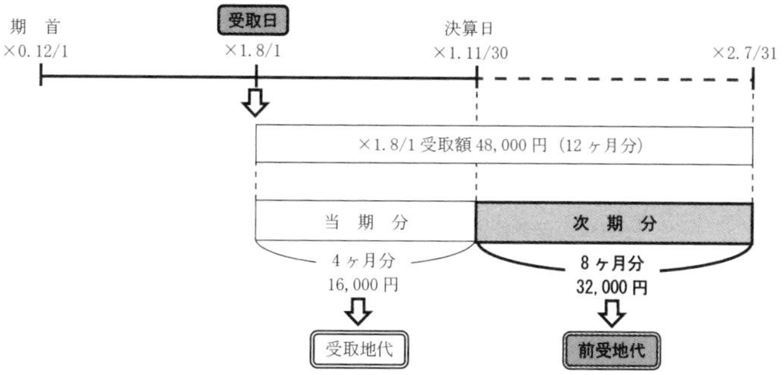

15．旅費交通費の精算

(借)	旅費交通費	25,510	(貸)	普通預金	25,510

旅費交通費等報告書の合計欄に記載されている立替金額の精算を行う。

第2問 【解答】 (1) 10点 (2) 10点 計20点

(1) □ 完答2点×5箇所 計10点

現 金

日付	摘要	金額	日付	摘要	金額
1/ 1	前月繰越	(412,000)	(1/15)	(ウ)	(350,000)
(1/ 5)	(キ)	(250,000)	(1/25)	(コ)	(150,000)
(1/23)	(オ)	(120,000)	1/31	雑 損	(6,000)
1/31	雑 益	( )	〃	次月繰越	(276,000)
		(782,000)			(782,000)

(注) 不要な欄は空欄にすること。

当 座 預 金

日付	摘要	金額	日付	摘要	金額
1/ 1	前月繰越	100,000	(1/13)	(ケ)	(160,000)
(1/29)	(キ)	(360,000)	1/31	次月繰越	(300,000)
		(460,000)			(460,000)

(2) 各2点×5箇所 計10点

月	日	借方科目名	記号	金額	貸方科目名	記号	金額
5	10	仕入	ア	155,000	支払手形	イ	150,000
					当座預金	エ	5,000
	12	受取手形	ク	84,000	売掛金	オ	84,000
	18	買掛金	カ	126,000	当座預金	エ	126,000
	29	買掛金	カ	125,000	支払手形	イ	125,000
8	31	当座預金	エ	84,000	受取手形	ク	84,000

第2問 【解説】

(1)

簿記の一連の流れは、企業の取引を主要簿である仕訳帳に**仕訳をし**、その結果を**総勘定元帳や補助簿に転記する**ことである。したがって、本問は、**取引を仕訳にできるか**どうかが重要なポイントになる。

解説では日付順に、仕訳の作成と総勘定元帳に転記する過程を示すことにする。上記のポイントを意識しながら復習してほしい。

① 1月1日 開始記入

現 金

借方	貸方
1/1 前月繰越 412,000	

当 座 預 金

借方	貸方
1/1 前月繰越 100,000	

問題文に「12月末時点のおける現金実際有高は¥412,000であった」と記載があるため、総勘定元帳・現金の前月繰越の金額は412,000円となる。

② 1月5日 売上

(借) 現 金	250,000	(貸) 売 上	250,000

現 金

借方	貸方
1/ 1 前月繰越 412,000	
1/5 売 上 250,000	

当 座 預 金

借方	貸方
1/ 1 前月繰越 100,000	

③ 1月13日 仕入

(借) 仕 入	160,000	(貸) 当 座 預 金	160,000 *1

*1 問題文に「小切手を振り出して支払った」と記載があるため、当座預金勘定で仕訳する。

現 金

借方	貸方
1/ 1 前月繰越 412,000	
1/ 5 売 上 250,000	

当 座 預 金

借方	貸方
1/ 1 前月繰越 100,000	**1/13 仕 入 160,000**

④ 1月15日 定期預金の預け入れ

(借) 定 期 預 金	350,000	(貸) 現 金	350,000

現 金

借方	貸方
1/ 1 前月繰越 412,000	**1/15 定期預金 350,000**
1/ 5 売 上 250,000	

当 座 預 金

借方	貸方
1/ 1 前月繰越 100,000	1/13 仕 入 160,000

⑤ 1月23日 売掛金の回収

(借) 現 金	120,000 *1	(貸) 売 掛 金	120,000

*1 問題文に「他社振り出しの小切手を受け取った」と記載があるため、現金勘定で仕訳する。

現 金

借方	貸方
1/ 1 前月繰越 412,000	1/15 定期預金 350,000
1/ 5 売 上 250,000	
1/23 売 掛 金 120,000	

当 座 預 金

借方	貸方
1/ 1 前月繰越 100,000	1/13 仕 入 160,000

⑥ **1月25日　地代の支払い**

(借)	支払地代	150,000	(貸)	現金	150,000

現金

1/ 1	前月繰越	412,000	1/15	定期預金	350,000
1/ 5	売上	250,000	**1/25**	**支払地代**	**150,000**
1/23	売掛金	120,000			

当座預金

1/ 1	前月繰越	100,000	1/13	仕入	160,000

⑦ **1月29日　売上**

(借)	当座預金	360,000 *1	(貸)	売上	360,000

*1 問題文に「以前東京株式会社が振り出した小切手を受け取った」と記載があり、自己振出小切手に該当するため、当座預金勘定で仕訳する。

現金

1/ 1	前月繰越	412,000	1/15	定期預金	350,000
1/ 5	売上	250,000	1/25	支払地代	150,000
1/23	売掛金	120,000			

当座預金

1/ 1	前月繰越	100,000	1/13	仕入	160,000
1/29	**売上**	**360,000**			

⑧ **1月31日　決算整理仕訳**

(借)	雑損	6,000 *1	(貸)	現金	6,000

*1 実際有高276,000円(*2)－帳簿残高282,000円(*3)＝△6,000円(*4)

*2 1月末時点の金庫の中身より現金を計算する。
紙幣143,000円＋硬貨13,000円＋他社振出小切手120,000円＝276,000円

*3 総勘定元帳・現金に転記した仕訳を集計する。
1月1日412,000円＋1月5日250,000円－1月15日350,000円
＋1月23日120,000円－1月25日150,000円＝282,000円

*4 問題文に「現金過不足が生じた場合は、その都度、雑損（雑益）勘定に振り替える」と記載があるため、本問は実際有高が帳簿残高より少なく、現金が不足しているため雑損勘定で仕訳する。

※ 金庫の中身のうち、上記以外については、次の勘定科目を意味するため注意すること。
他社振出約束手形：受取手形、自己振出小切手：当座預金、収入印紙：貯蔵品

現金

1/ 1	前月繰越	412,000	1/15	定期預金	350,000
1/ 5	売上	250,000	1/25	支払地代	150,000
1/23	売掛金	120,000	**1/31**	**雑損**	**6,000**

当座預金

1/ 1	前月繰越	100,000	1/13	仕入	160,000
1/29	売上	360,000			

⑨ **1月31日　帳簿の締切り**

現金

1/ 1	前月繰越	412,000	1/15	定期預金	350,000
1/ 5	売上	250,000	1/25	支払地代	150,000
1/23	売掛金	120,000	1/31	雑損	6,000
			〃	**次月繰越**	**276,000**
		782,000			**782,000**

当座預金

1/ 1	前月繰越	100,000	1/13	仕入	160,000
1/29	売上	360,000	**1/31**	**次月繰越**	**300,000**
		460,000			**460,000**

(2)

1．解答上の注意事項

各補助簿の記入から仕訳を作成する問題である。各補助簿の日付を見て、同日の記載は一つの仕訳となるため、同日の記載を探して仕訳を作成する。また、各補助簿の摘要欄は相手勘定科目を表示しているため、摘要欄の文章または具体的な勘定科目名から仕訳上の相手勘定科目を推測し、仕訳を作成する場合もある。下記に各日付の仕訳を示し、借方・貸方の勘定科目と金額は「どの補助簿」の「どの部分」を見ればよいのかを記載する。

2．各日付の仕訳と補助簿の記載について

① **5月10日・手形仕入(付随費用あり)**

(借)	仕入	155,000	(貸)	支払手形	150,000
				当座預金	5,000

仕入 155,000 ← **支払手形記入帳・摘要欄 ＋ 当座預金出納帳・摘要欄**
支払手形 150,000 ← **支払手形記入帳 手形金額欄**
当座預金 5,000 ← **当座預金出納帳 引出欄金額**

② **5月12日・手形による売掛金回収**

(借)	受取手形	84,000	(貸)	売掛金	84,000

受取手形 84,000 ← **受取手形記入帳 手形金額欄**
売掛金 84,000 ← **受取手形記入帳 摘要欄**

③ **5月18日・当座預金による掛け代金の支払い**

(借)	買掛金	126,000	(貸)	当座預金	126,000

買掛金 126,000 ← **当座預金出納帳 摘要欄**
当座預金 126,000 ← **当座預金出納帳 引出欄金額**

④ **5月29日・約束手形の振り出しによる掛け代金の支払い**

(借)	買掛金	125,000	(貸)	支払手形	125,000

買掛金 125,000 ← **支払手形記入帳 摘要欄**
支払手形 125,000 ← **支払手形記入帳 手形金額欄**

⑤ **8月31日・約束手形の取立**

(借)	当座預金	84,000	(貸)	受取手形	84,000

当座預金 84,000 ← **問題文より**
受取手形 84,000 ← **受取手形記入帳 てん末欄**

第3問 【解答】 ○ 勘定科目と金額をセットで正解4点×5箇所 ● 3点×5箇所 計35点

問1

決算整理後残高試算表

借方残高	勘定科目	貸方残高
494,500	現金	
21,000	当座預金	
● 658,200	普通預金	
580,000	売掛金	
320,000	電子記録債権	
252,000	繰越商品	
○ 67,500	（前払）家賃	
969,000	備品	
2,031,000	土地	
	買掛金	431,000
	（未払金）	○ 369,000
	（未払）利息	○ 4,860
	未払消費税	136,000
	未払法人税等	● 35,000
	借入金	540,000
	貸倒引当金	● 27,000
	備品減価償却累計額	404,600
	資本金	2,500,000
	繰越利益剰余金	719,680
	売上	6,200,000
	受取手数料	6,400
	（償却債権取立益）	○ 200,000
● 3,592,000	仕入	
1,650,000	給料	
15,300	貸倒引当金繰入	
144,600	減価償却費	
302,500	支払家賃	
52,000	水道光熱費	
34,300	通信費	
312,000	法定福利費	
○ 200	雑（損）	
19,440	支払利息	
58,000	法人税等	
11,573,540		11,573,540

問2 当期純利益または当期純損失の金額 ￥ ● 226,060

(注) 勘定科目がすべて空欄の箇所は順不同とする。

第3問 【解説】

問1 決算整理後残高試算表の作成

決算整理事項等

1. 償却債権取立益の計上

(借)	当座預金	200,000	(貸)	償却債権取立益	200,000 *1

*1 前期以前に貸倒処理した債権を回収した場合、回収した金額を償却債権取立益勘定で仕訳する。

2. 現金過不足の精算

(借)	通信費	3,300 *2	(貸)	現金	3,500 *1
	雑損	200 *3			

*1 問題文・現金実際有高 494,500 円－前 T/B 現金 498,000 円＝△3,500 円

*2 問題文より 通信費 3,300 円

*3 貸借差額で求め、借方差額あるため、雑損勘定で仕訳する。

3. 電子記録債権の回収

(借)	普通預金	20,000	(貸)	電子記録債権	20,000

4. 会計処理の訂正

① **適切な仕訳**

(借)	備品	369,000	(貸)	未払金	369,000

*1 問題文に「代金は5ヶ月後に支払うことになっている」と記載があるため、未払金勘定で仕訳する。
（備品の購入は主たる営業活動に係る取引には該当しないため、購入代金に係る債務は「未払金」となる。）

② **当社が行っていた仕訳**

(借)	備品	369,000	(貸)	買掛金	369,000

③ **訂正仕訳（①－②）**

(借)	買掛金	369,000	(貸)	未払金	369,000

5. 貸倒引当金の計上

(借)	貸倒引当金繰入	15,300	(貸)	貸倒引当金	15,300

見積額：(前 T/B 売掛金 580,000 円＋前 T/B 電子記録債権 340,000 円
－20,000 円(上記3.「電子記録債権の回収」参照))×3%＝27,000 円

繰入額：見積額 27,000 円－前 T/B 貸倒引当金 11,700 円＝15,300 円

6. 売上原価の算定

(借)	仕入	264,000	(貸)	繰越商品	264,000 *1
	繰越商品	252,000 *2		仕入	252,000

*1 前 T/B 繰越商品 264,000 円

*2 問題文・期末商品棚卸高 252,000 円

7．減価償却費の計上

(借)	減価償却費	144,600	(貸)	備品減価償却累計額	144,600

既存分：(前T/B 備品969,000円－取得分369,000円(上記4.「会計処理の訂正」参照))÷耐用年数5年＝120,000円

取得分：369,000円(上記4.「会計処理の訂正」参照)÷耐用年数5年×$\frac{4ヶ月(×7年12月～×8年3月)}{12ヶ月}$＝24,600円

既存分120,000円＋取得分24,600円＝144,600円

8．前払家賃の計上

(借)	前払家賃	67,500	(貸)	支払家賃	67,500

問題文・支払家賃162,000円×$\frac{5ヶ月(×8年4月～8月)}{12ヶ月}$＝67,500円

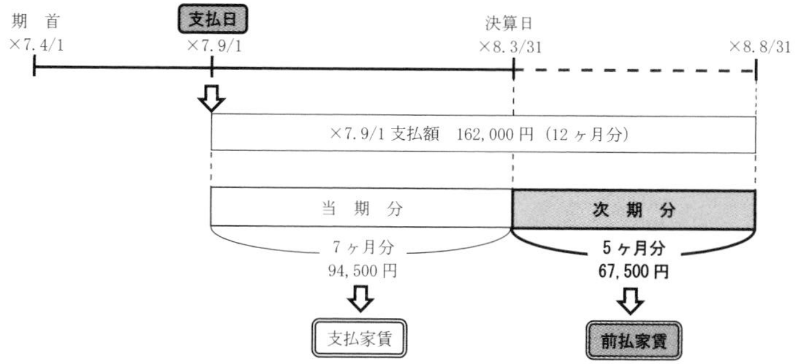

9．未払利息の計上

(借)	支払利息	4,860	(貸)	未払利息	4,860

前T/B 借入金540,000円×年利率3.6%×$\frac{3ヶ月}{12ヶ月}$＝4,860円

10．未払消費税の計上

(借)	仮受消費税	456,000 *2	(貸)	仮払消費税	320,000 *1
				未払消費税	136,000 *3

*1 前T/B 仮払消費税320,000円
*2 前T/B 仮受消費税456,000円
*3 貸借差額

11．法人税等の計上

(借)	法人税等	58,000 *3	(貸)	仮払法人税等	23,000 *1
				未払法人税等	35,000 *2

*1 前T/B 仮払法人税等23,000円
*2 問題文・未払法人税等35,000円
*3 貸方合計

問2　当期純利益の計算

当期純利益は収益と費用の差で計算する。本問は、収益が費用より大きいため、当期純利益となる。

借方		貸方	
費用勘定合計	**6,180,340円**	**収益勘定合計**	**6,406,400円**
仕入	3,592,000円	売上	6,200,000円
給料	1,650,000円	受取手数料	6,400円
貸倒引当金繰入	15,300円	償却債権取立益	200,000円
減価償却費	144,600円		
支払家賃	302,500円		
水道光熱費	52,000円		
通信費	34,300円		
法定福利費	312,000円		
雑損	200円		
支払利息	19,440円		
法人税等	58,000円		
当期純利益	**226,060円**		

3級 全国統一模擬試験 第6回 解答解説

第1問 【解答】 各3点 計45点

	借方科目名	記号	金額	貸方科目名	記号	金額
1	支払家賃 支払手数料	オ カ	100,000 1,000	普通預金	ウ	101,000
2	貸付金	ウ	500,000	現金 受取利息	ア オ	490,000 10,000
3	普通預金 支払利息	イ カ	492,230 7,770	借入金	エ	500,000
4	前受地代	エ	16,000	受取地代	オ	16,000
5	旅費交通費 現金	オ ア	80,000 20,000	仮払金	ウ	100,000
6	受取家賃 損益	イ カ	140,000 65,000	損益 支払利息	カ オ	140,000 65,000
7	減価償却累計額 現金	ウ ア	600,000 500,000	車両運搬具 固定資産売却益	イ エ	1,000,000 100,000
8	現金過不足	イ	30,000	受取利息 雑益	ウ エ	10,000 20,000
9	仮払法人税等	ウ	440,000	普通預金	イ	440,000
10	現金	ア	71,000	受取商品券	オ	71,000
11	建物 修繕費	ウ オ	40,000 20,000	現金	ア	60,000
12	受取商品券	ウ	220,000	売上 仮受消費税	カ オ	200,000 20,000
13	売掛金 発送費	カ オ	86,000 7,000	売上 未払金	ウ ア	86,000 7,000
14	未払消費税	オ	200,000	当座預金	イ	200,000
15	支払手形	エ	150,000	売掛金	イ	150,000

第1問 【解説】

1．支払家賃の支払い

(借)	支払家賃	100,000 *1	(貸)	普通預金	101,000 *3
	支払手数料	1,000 *2			

*1 問題文に「賃借している物件のテナント料」と記載があるため、支払家賃勘定で仕訳する。

*2 問題文に「振込手数料」と記載があるため、支払手数料勘定で仕訳する。

*3 支払家賃100,000円＋支払手数料1,000円＝101,000円

2．貸付金の計上

(借)	貸付金	500,000	(貸)	現金	490,000 *1
				受取利息	10,000 *2

*1 貸付金500,000円－受取利息10,000円(*2)＝490,000円

*2 貸付金500,000円×年利率3％×$\frac{8ヶ月(貸付期間)}{12ヶ月}$＝10,000円

3．借入金の計上

(借)	普通預金	492,230 *1	(貸)	借入金	500,000
	支払利息	7,770 *2			

*1 借入金500,000円－支払利息7,770円(*2)＝492,230円

*2 借入金500,000円×年利率3.066％×$\frac{185日(借入期間)}{365日}$＝7,770円

4．前受地代の再振替仕訳

(1) 決算整理仕訳（前期末の仕訳）

(借)	受取地代	16,000	(貸)	前受地代	16,000

取消

(2) 再振替仕訳（当期首の仕訳）

(借)	前受地代	16,000	(貸)	受取地代	16,000

前期末の決算整理仕訳を取り消す仕訳をする。

5．仮払金の精算

(借)	旅費交通費	80,000 *2	(貸)	仮払金	100,000 *1
	現金	20,000			

*1 問題文に「概算額￥100,000の精算」と記載があるため、仮払金勘定で仕訳する。

*2 仮払金100,000円(*1)－残額の返金額20,000円＝80,000円

6. 損益勘定への振替

(借)	受取家賃	140,000	(貸)	損益	140,000
	損益	65,000		支払利息	65,000

受取家賃

×/× 損益	140,000	×/× ×××	×××
	140,000		140,000

損益

×/× 支払利息	65,000	×/× 受取家賃	140,000

支払利息

×/× ×××	×××	×/× 損益	65,000
	65,000		65,000

7. 車両運搬具の期首売却

(借)	減価償却累計額	600,000 *1	(貸)	車両運搬具	1,000,000
	現金	500,000		固定資産売却益	100,000 *2

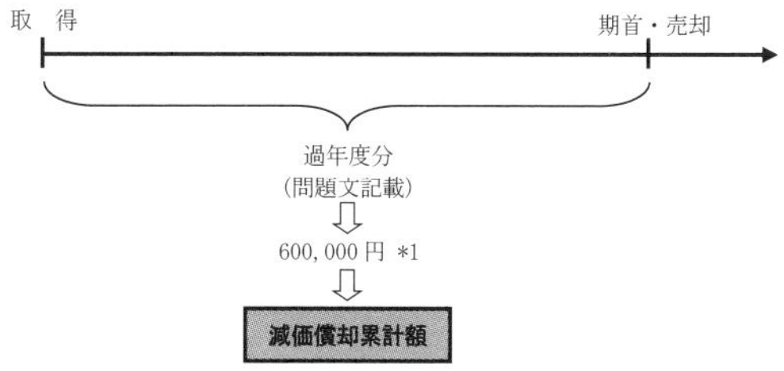

*1 問題文より 減価償却累計額600,000円

*2 貸借差額

8. 現金過不足の精算

（1）現金過不足計上時

(借)	現金	30,000	(貸)	現金過不足	30,000

（2）現金過不足精算時

(借)	現金過不足	30,000 *1	(貸)	受取利息	10,000 *2
				雑益	20,000 *3

*1 現金の実際有高が帳簿価額より多いことで現金過不足勘定が貸方で仕訳されているため、この現金過不足勘定を取り消す仕訳を借方にする。

*2 問題文に「受取利息の受け取り」と記載があるため、受取利息勘定で仕訳する。

*3 貸借差額で求め、貸方差額であるため、雑益勘定で仕訳する。

9. 法人税等の中間納付

(借)	仮払法人税等	440,000 *1	(貸)	普通預金	440,000

*1 税金を納付する際には、定められた納付書を利用するが、納付後は「納付書」でなく「領収証書」が手元に残る。そのため、今回は「領収証書」で仕訳を行う。その領収証書の科目が法人税、申告区分については中間申告に○がついているため、法人税の中間納付の仕訳となる。よって、仮払法人税等勘定で仕訳する。

10. 受取商品券の精算

(借)	現金	71,000	(貸)	受取商品券	71,000 *1

*1 問題文に「得意先に商品を売り上げた際の代金として受け取っていた商品券」と記載があるため、受取商品券勘定で仕訳する。

11. 資本的支出と収益的支出

(借)	建物	40,000 *1	(貸)	現金	60,000
	修繕費	20,000 *2			

*1 問題文に「建物の資産価値を高めるような改築に係る支出額(資本的支出)」と記載があるため、建物勘定で仕訳する。

*2 問題文に「建物の現状を維持するための修繕に係る支出額(収益的支出)」と記載があるため、修繕費勘定で仕訳する。

12. 売上（受取商品券、消費税）

(借)	受取商品券	220,000 *1	(貸)	売上	200,000
				仮受消費税	20,000 *3

*1 税抜価額200,000円×(1＋消費税率10%)＝220,000円(*2)

*2 問題文に「共通商品券」と記載があるため、受取商品券勘定で仕訳する。

*3 税抜価額200,000円×消費税率10%＝20,000円

13. 売上（販売諸掛）

(借)	売掛金	86,000 *1	(貸)	売上	86,000 *1
	発送費	7,000 *2		未払金	7,000 *3

*1 販売価額79,000円＋送料7,000円＝86,000円

*2 問題文に「送料」と記載があるため、発送費勘定で仕訳する。

*3 問題文に「送料¥7,000を後日支払うこととした」と記載があるため、未払金勘定で仕訳する。
(送料の支払いは主たる営業活動に係る取引には該当しないため、支払代金に係る債務は「未払金」となる。)

14. 消費税の納付

(借)	未払消費税	200,000	(貸)	当座預金	200,000

15. 売掛金の回収（自己振出手形）

(借)	支払手形	150,000 *1	(貸)	売掛金	150,000

*1 問題文に「かつて当社が広島商店宛てに振り出した約束手形を受け取った」と記載があるため、支払手形勘定で仕訳する。

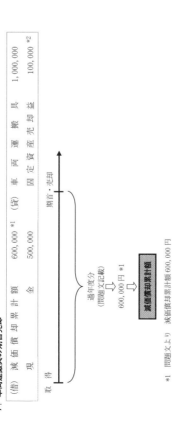

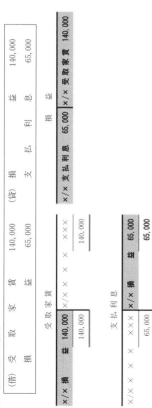

第2問 【解答】 (1) 10点 (2) 10点 計20点

(1) ☐ 完答2点×5箇所 計10点

支 払 地 代

×	年	摘 要	借 方	×	年	摘 要	貸 方
7	1	現 金	240,000	3	31	前 払 地 代	60,000
					〃	損 益	180,000
			240,000				240,000

前 払 地 代

×	年	摘 要	借 方	×	年	摘 要	貸 方
3	31	支 払 地 代	60,000	3	31	次 期 繰 越	60,000
			60,000				60,000

(2) ☐ 完答2点×5箇所 計10点

問1

商 品 有 高 帳

Z 商 品

日付		摘 要	受入高 数量	受入高 単価	受入高 金額	払出高 数量	払出高 単価	払出高 金額	残高 数量	残高 単価	残高 金額
10	1	前月繰越	200	1,006	201,200				200	1,006	201,200
	6	仕 入	400	1,120	448,000				600	1,082	649,200
	9	仕入返品				30	1,120	33,600	570	1,080	615,600
	14	売 上				500	1,080	540,000	70	1,080	75,600
	18	仕 入	630	1,030	648,900				700	1,035	724,500
	21	売 上				620	1,035	641,700	80	1,035	82,800
	23	売上返品	20	1,035	20,700				100	1,035	103,500

問2

純売上高	売上原価	売上総利益
¥ 1,950,000	¥ 1,161,000	¥ 789,000

第2問 【解説】

(1)

1．当期の仕訳

（1）7月1日 支払地代の支払い

（借）支 払 地 代 240,000 （貸）現 金 240,000

支 払 地 代

借方	貸方
7/1 現 金 240,000	

前 払 地 代

借方	貸方

（2）3月31日 決算日

① 前払地代の計上

（借）前 払 地 代 60,000 （貸）支 払 地 代 60,000

支払地代240,000円× 3ヶ月(次期4月～6月) / 12ヶ月 ＝60,000円

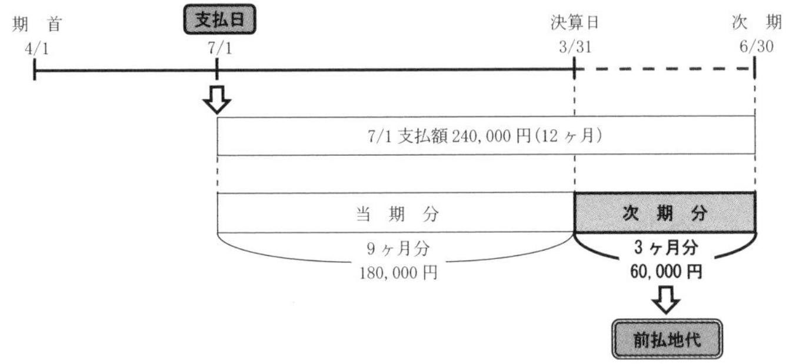

支 払 地 代

借方	貸方
7/1 現 金 240,000	3/31 前払地代 60,000

前 払 地 代

借方	貸方
3/31 支払地代 60,000	

② 帳簿の締切り

支 払 地 代

借方	貸方
7/1 現 金 240,000	3/31 前払地代 60,000
	〃 損 益 180,000
240,000	240,000

前 払 地 代

借方	貸方
3/31 支払地代 60,000	3/31 次期繰越 60,000
60,000	60,000

(2)

問1

1．移動平均法による商品有高帳の作成

＜1＞10月1日

商　品　有　高　帳

Z　商　品

日付		摘要	受入高			払出高			残高		
			数量	単価	金額	数量	単価	金額	数量	単価	金額
10	1	**前月繰越**	**200**	**1,006**	**201,200**				**200**	**1,006**	**201,200**

＜2＞10月6日

① **残高金額の計算**

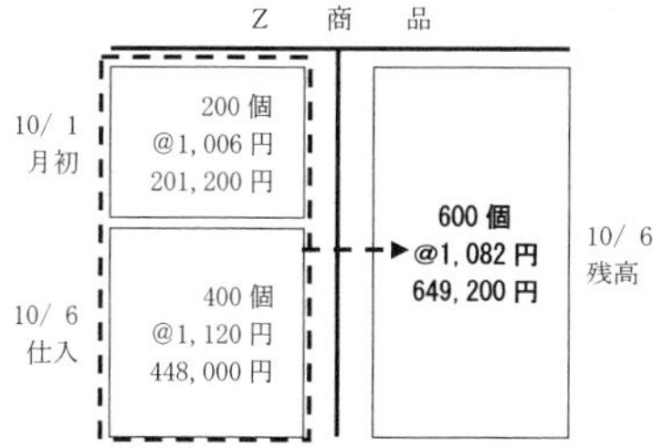

$\dfrac{201,200円+448,000円}{200個+400個}$ ＝ **平均単価@1,082円**

② **商品有高帳への記入**

商　品　有　高　帳

Z　商　品

日付		摘要	受入高			払出高			残高		
			数量	単価	金額	数量	単価	金額	数量	単価	金額
10	1	前月繰越	200	1,006	201,200				200	1,006	201,200
	6	**仕　入**	**400**	**1,120**	**448,000**				**600**	**1,082**	**649,200**

＜3＞10月9日

① **残高金額の計算**

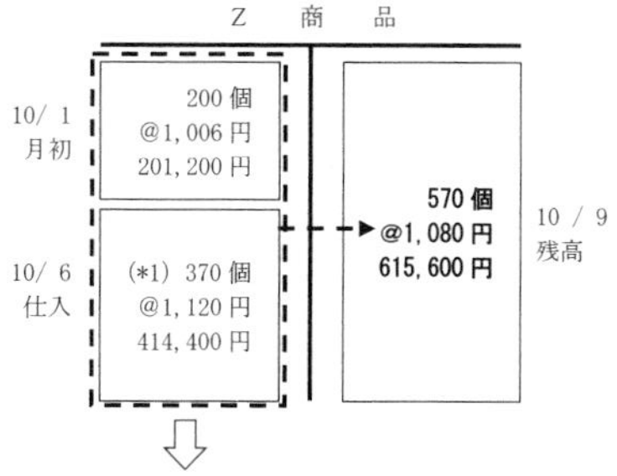

$\dfrac{201,200円+414,400円}{200個+370個}$ ＝ **平均単価@1,080円**

*1　数量370個は、返品30個を控除した後の個数である。

② **商品有高帳への記入**

商　品　有　高　帳

Z　商　品

日付		摘要	受入高			払出高			残高		
			数量	単価	金額	数量	単価	金額	数量	単価	金額
10	1	前月繰越	200	1,006	201,200				200	1,006	201,200
	6	仕　入	400	1,120	448,000				600	1,082	649,200
	9	**仕入返品**				**30**	**1,120**	**33,600**	**570**	**1,080**	**615,600**

＜4＞10月14日

① **払出金額・残高金額の計算**

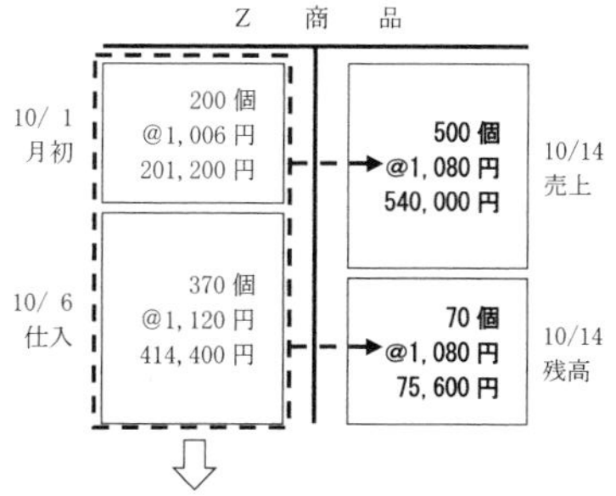

$\dfrac{201,200円+414,400円}{200個+370個}$ ＝ **平均単価@1,080円**

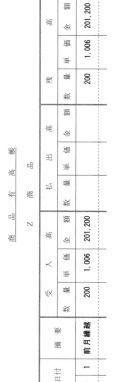

② **商品有高帳への記入**

商　品　有　高　帳

Z　商　品

日付		摘　要	受　入　高			払　出　高			残　　高		
			数　量	単　価	金　額	数　量	単　価	金　額	数　量	単　価	金　額
10	1	前月繰越	200	1,006	201,200				200	1,006	201,200
	6	仕　入	400	1,120	448,000				600	1,082	649,200
	9	仕入返品				30	1,120	33,600	570	1,080	615,600
	14	**売　上**				**500**	**1,080**	**540,000**	**70**	**1,080**	**75,600**

＜5＞**10月18日**

① **残高金額の計算**

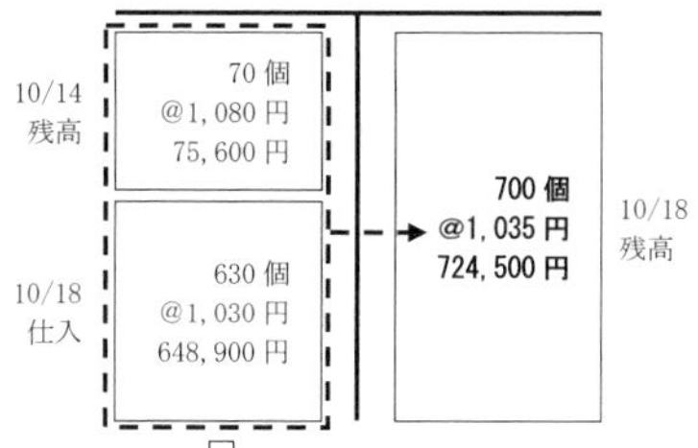

$$\frac{75,600円+648,900円}{70個+630個}$$ ＝ **平均単価@1,035円**

② **商品有高帳への記入**

商　品　有　高　帳

Z　商　品

日付		摘　要	受　入　高			払　出　高			残　　高		
			数　量	単　価	金　額	数　量	単　価	金　額	数　量	単　価	金　額
10	1	前月繰越	200	1,006	201,200				200	1,006	201,200
	6	仕　入	400	1,120	448,000				600	1,082	649,200
	9	仕入返品				30	1,120	33,600	570	1,080	615,600
	14	売　上				500	1,080	540,000	70	1,080	75,600
	18	**仕　入**	**630**	**1,030**	**648,900**				**700**	**1,035**	**724,500**

＜6＞**10月21日**

① **払出金額・残高金額の計算**

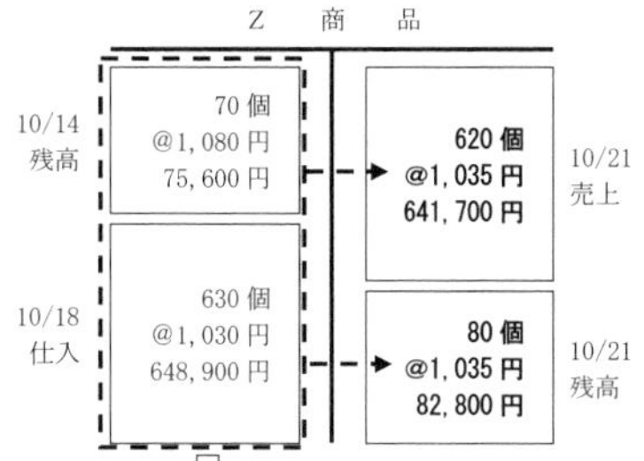

$$\frac{75,600円+648,900円}{70個+630個}$$ ＝ **平均単価@1,035円**

② **商品有高帳への記入**

商　品　有　高　帳

Z　商　品

日付		摘　要	受　入　高			払　出　高			残　　高		
			数　量	単　価	金　額	数　量	単　価	金　額	数　量	単　価	金　額
10	1	前月繰越	200	1,006	201,200				200	1,006	201,200
	6	仕　入	400	1,120	448,000				600	1,082	649,200
	9	仕入返品				30	1,120	33,600	570	1,080	615,600
	14	売　上				500	1,080	540,000	70	1,080	75,600
	18	仕　入	630	1,030	648,900				700	1,035	724,500
	21	**売　上**				**620**	**1,035**	**641,700**	**80**	**1,035**	**82,800**

＜7＞**10月23日**

① **払出金額・残高金額の計算**

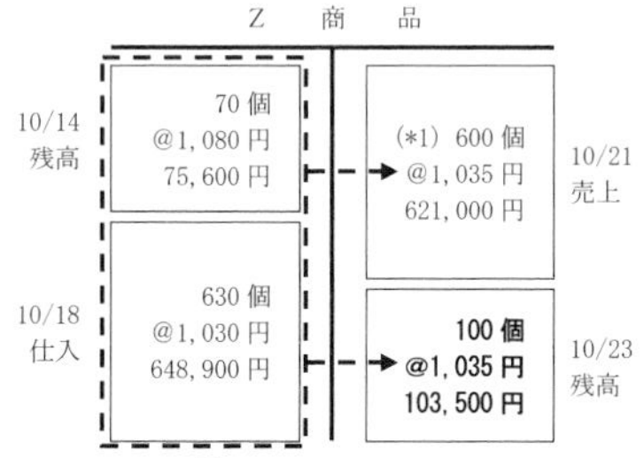

$$\frac{75,600円+648,900円}{70個+630個}$$ ＝ **平均単価@1,035円**

*1　数量600個は、返品20個を控除した後の個数である。

② **商品有高帳への記入**

商　品　有　高　帳

Ｚ　商　品

日付		摘要	受入高 数量	受入高 単価	受入高 金額	払出高 数量	払出高 単価	払出高 金額	残高 数量	残高 単価	残高 金額
10	1	前月繰越	200	1,006	201,200				200	1,006	201,200
	6	仕　入	400	1,120	448,000				600	1,082	649,200
	9	仕入返品				30	1,120	33,600	570	1,080	615,600
	14	売　上				500	1,080	540,000	70	1,080	75,600
	18	仕　入	630	1,030	648,900				700	1,035	724,500
	21	売　上				620	1,035	641,700	80	1,035	82,800
	23	**売上返品**	**20**	**1,035**	**20,700**				**100**	**1,035**	**103,500**

問2　10月のＺ商品の純売上高、売上原価および売上総利益の算定

純売上高

純売上高は、総売上高（14日と21日の売上合計）から売上返品高（23日分）を控除した金額である。

総売上高：@1,800円×500個＋@1,750円×620個＝1,985,000円

売上返品高：@1,750円×20個＝35,000円

純売上高：総売上高1,985,000円－売上返品高35,000円＝1,950,000円

売上原価

売上時に払出欄に記入した金額の合計額が売上原価になる。ただし、売上返品があった場合は、その分だけ販売した商品が減少するため、売上時に払出欄に記入した金額の合計から返品分の原価を控除することが必要である。

売上原価：540,000円＋641,700円－20,700円＝1,161,000円

※　仕入返品も払出欄に記入されるが、販売したわけではないため計算に含めないように注意すること。

売上総利益

売上総利益は、純売上高から売上原価を控除して算定する。

売上総利益：純売上高1,950,000円－売上原価1,161,000円＝789,000円

第3問 【解答】 □ 勘定科目と金額のセットが4点×5箇所 金額のみが3点×5箇所 計35点

精　算　表

勘定科目	残高試算表		修正記入		損益計算書		貸借対照表	
	借方	貸方	借方	貸方	借方	貸方	借方	貸方
現金	518,000			37,800			480,200	
普通預金A銀行	1,680,000		60,000	670,000			1,070,000	
普通預金B銀行	230,000		670,000				900,000	
受取手形	315,000			60,000			255,000	
売掛金	645,000						645,000	
仮払消費税	280,000			280,000				
繰越商品	551,000		666,000	551,000			666,000	
貸付金	540,000						540,000	
建物	3,600,000			240,000			3,360,000	
備品	1,440,000						1,440,000	
土地	2,700,000						2,700,000	
買掛金		550,000						550,000
仮受金		205,800	205,800					
仮受消費税		550,000	550,000					
貸倒引当金		7,200		10,800				18,000
未払給料		295,000	295,000	305,000				305,000
建物減価償却累計額		1,152,000	48,000	134,400				1,238,400
備品減価償却累計額		720,000		360,000				1,080,000
資本金		6,120,000						6,120,000
繰越利益剰余金		1,800,000						1,800,000
売上		6,800,000				6,800,000		
仕入	4,000,000		551,000	666,000	3,885,000			
給料	1,188,000		305,000	295,000	1,198,000			
旅費交通費	317,000		31,800		348,800			
保険料	196,000			168,000	28,000			
	18,200,000	18,200,000						
雑（損）			6,000		6,000			
未払消費税				270,000				270,000
貸倒引当金繰入			10,800		10,800			
(固定資産売却益)				13,800		13,800		
減価償却費			494,400		494,400			
未収利息			2,700				2,700	
受取利息				2,700		2,700		
(前払)保険料			168,000				168,000	
(未払)法人税等				342,500				342,500
法人税等			342,500		342,500			
当期純(利益)					503,000			503,000
			4,407,000	4,407,000	6,816,500	6,816,500	12,226,900	12,226,900

第3問 【解説】

決算整理事項等

1．預金口座の振替

(借)	普通預金B銀行	670,000	(貸) 普通預金A銀行	670,000

2．未払給料の再振替仕訳と未払給料の計上

（1）未払給料の再振替仕訳

① 決算整理仕訳（前期末の仕訳）

(借)	給料	295,000	(貸) 未払給料	295,000

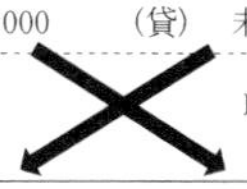

取消

② 再振替仕訳（当期首の仕訳）

(借)	未払給料	295,000	(貸) 給料	295,000

前期末の決算整理仕訳を取り消す仕訳をする。

（2）未払給料の計上

(借)	給料	305,000	(貸) 未払給料	305,000

3．受取手形の取立

(借)	普通預金A銀行	60,000	(貸) 受取手形	60,000

4．現金過不足の精算

(借)	旅費交通費	31,800 *1	(貸) 現金	37,800 *4
	雑損	6,000 *2		

*1 問題文に「旅費交通費の記帳漏れ」と記載があるため、旅費交通費勘定で仕訳する。

*2 実際有高 480,200 円－(答案用紙の精算表・「残高試算表」欄・現金 518,000 円
－旅費交通費 31,800 円)＝△6,000 円(*3)

*3 現金の実際有高が未処理事項処理後の帳簿残高より少なく、現金が不足しているため雑損勘定で仕訳する。

*4 借方合計

5．未払消費税の計上

(借)	仮受消費税	550,000 *1	(貸) 仮払消費税	280,000 *2
			未払消費税	270,000 *3

*1 答案用紙の精算表・「残高試算表」欄・仮受消費税 550,000 円

*2 答案用紙の精算表・「残高試算表」欄・仮払消費税 280,000 円

*3 貸借差額

6．貸倒引当金の計上

(借)	貸倒引当金繰入	10,800	(貸) 貸倒引当金	10,800

見積額：(答案用紙の精算表・「残高試算表」欄・受取手形 315,000 円＋売掛金 645,000 円
－60,000 円(上記 3.「受取手形の取立」参照))×2%＝18,000 円

繰入額：見積額 18,000 円－答案用紙の精算表・「残高試算表」欄・貸倒引当金 7,200 円＝10,800 円

7．売上原価の算定

(借)	仕　　　入	551,000	(貸) 繰 越 商 品	551,000 *1
	繰 越 商 品	666,000 *2	仕　　　入	666,000

*1　答案用紙の精算表・「残高試算表」欄・繰越商品 551,000 円

*2　問題文・期末商品棚卸高 666,000 円

8．固定資産に関する事項

（1）建物の期首売却分の仕訳

(借)	仮　受　金	205,800	(貸) 建　　　物	240,000
	建物減価償却累計額	48,000 *1	固定資産売却益	13,800 *2

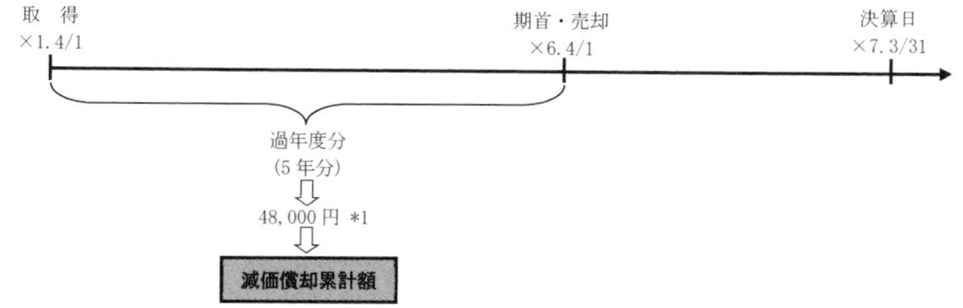

*1　答案用紙の精算表・「残高試算表」欄・建物 240,000 円× $\frac{5年(×1年4月～×6年3月)}{耐用年数25年}$ ＝48,000 円

*2　貸借差額

（2）減価償却費の計上

(借)	減価償却費	494,400 *3	(貸) 建物減価償却累計額	134,400 *1
			備品減価償却累計額	360,000 *2

*1　(答案用紙の精算表・「残高試算表」欄・建物 3,600,000 円

－240,000 円(上記 8.（1）「建物の期首売却分の仕訳」参照))÷耐用年数 25 年＝134,400 円

*2　答案用紙の精算表・「残高試算表」欄・備品 1,440,000 円÷耐用年数 4 年＝360,000 円

*3　貸方合計

9．未収利息の計上

(借)	未 収 利 息	2,700	(貸) 受 取 利 息	2,700

答案用紙の精算表・「残高試算表」欄・貸付金 540,000 円×年利率 2%× $\frac{3ヶ月(×7年1月～×7年3月)}{12ヶ月}$ ＝2,700 円

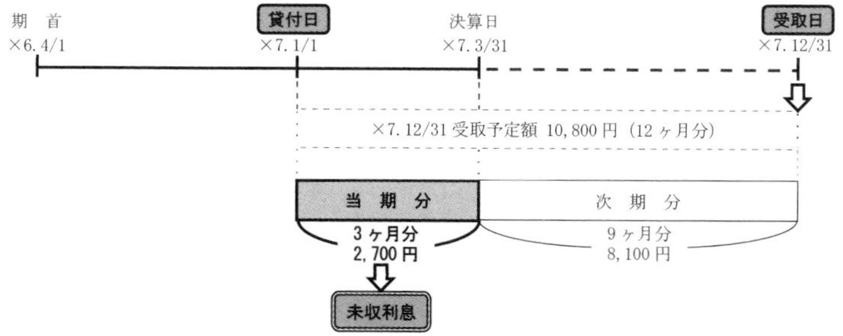

10. 前払保険料の計上

(借)	前 払 保 険 料	168,000	(貸) 保 険 料	168,000

答案用紙の精算表・「残高試算表」欄・保険料 196,000 円× $\frac{12ヶ月(×7年4月～×8年3月)}{14ヶ月}$ ＝168,000 円

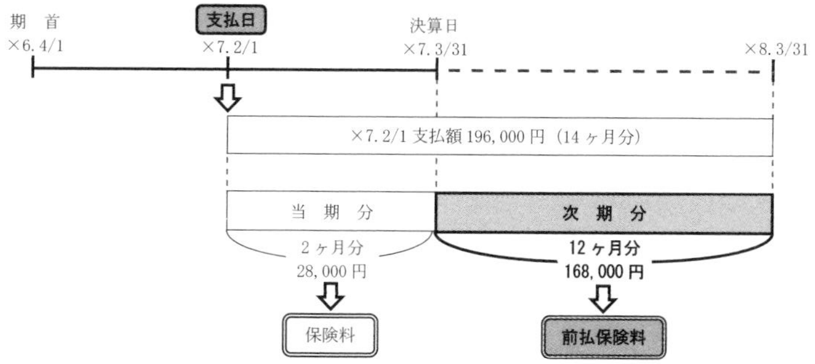

11. 法人税等の計上

(借)	法 人 税 等	342,500	(貸) 未 払 法 人 税 等	342,500 *1

*1　答案用紙の精算表・「残高試算表」欄に仮払法人税等勘定がない場合、全額を未払法人税等勘定で仕訳する。

12. 当期純利益

当期純利益が生じている場合は、「損益計算書」欄の借方に記載するとともに、「貸借対照表」欄の貸方にも同額記載することになる。当期純利益は収益と費用の差で計算する。

「損益計算書」欄

借　方	貸　方
費用勘定合計 6,313,500	収益勘定合計 6,816,500
当期純利益(差額) 503,000	

「貸借対照表」欄

借　方	貸　方
資産勘定合計 12,226,900	負債勘定合計(*1) 3,803,900
	純資産勘定合計(*2) 7,920,000
	当期純利益 503,000

金額を移す

(*1)　貸倒引当金勘定と減価償却累計額勘定を含む。

(*2)　当期純利益を除いた、資本金勘定と繰越利益剰余金勘定の合計額。

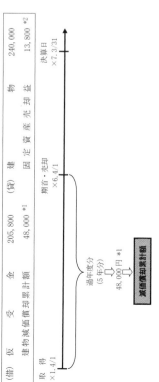

3級 全国統一模擬試験 第7回 解答解説

第1問 【解答】 各3点 計45点

	借方科目名	記号	金額	貸方科目名	記号	金額
1	現金	ア	50,000	普通預金	ウ	50,000
2	通信費	エ	5,000	小口現金	ア	14,500
	消耗品費	オ	2,000			
	租税公課	カ	7,500			
3	買掛金	エ	64,000	仕入	カ	64,000
4	売上	オ	20,000	現金	ア	20,000
5	当座預金	イ	100,000	未収入金	カ	100,000
6	給料	カ	300,000	従業員貸付金	ウ	10,000
				受取利息	オ	100
				現金	ア	289,900
7	借入金	エ	500,000	当座預金	ア	507,770
	支払利息	カ	7,770			
8	買掛金	オ	510,000	電子記録債務	カ	510,000
9	仕入	オ	1,304,000	買掛金	ウ	1,434,400
	仮払消費税	イ	130,400			
10	備品	ウ	550,000	未払金	オ	500,000
				当座預金	イ	50,000
11	当座預金	ア	200,000	車両運搬具	イ	1,000,000
	減価償却累計額	ウ	600,000			
	減価償却費	オ	50,000			
	固定資産売却損	カ	150,000			
12	仮払法人税等	ウ	100,000	当座預金	ア	100,000
13	役員貸付金	オ	100,000	当座預金	イ	100,000
14	繰越利益剰余金	カ	220,000	未払配当金	ウ	200,000
				利益準備金	オ	20,000
15	損益	カ	3,592,000	仕入	オ	3,592,000
	売上	エ	6,200,000	損益	カ	6,200,000

第1問 【解説】

1．現金の引出

(借)	現金	50,000	(貸)	普通預金	50,000

2．小口現金の精算

(借)	通信費	5,000 *1	(貸)	小口現金	14,500 *4
	消耗品費	2,000 *2			
	租税公課	7,500 *3			

*1 問題文に「ハガキ・切手代」と記載があるため、通信費勘定で仕訳する。
*2 問題文に「文房具代」と記載があるため、消耗品費勘定で仕訳する。
*3 問題文に「収入印紙」と記載があるため、租税公課勘定で仕訳する。
*4 問題文に「小口現金の支払高」と記載があるため、小口現金勘定で仕訳する。

3．仕入商品の返品

(借)	買掛金	64,000	(貸)	仕入	64,000

商品1個当たり3,200円×(7個＋13個)＝64,000円

4．販売商品の返品

(借)	売上	20,000	(貸)	現金	20,000

5．未収入金の回収

(借)	当座預金	100,000	(貸)	未収入金	100,000 *1

*1 問題文に「月末に受け取ることになっていた備品の売却代金」と記載があるため、未収入金勘定で仕訳する。
(備品の売却は主たる営業活動に係る取引には該当しないため、売却代金に係る債権は「未収入金」となる。)

6．給料の支払い

(借)	給料	300,000 *1	(貸)	従業員貸付金	10,000 *2
				受取利息	100 *3
				現金	289,900 *4

*1 問題文に「給料」と記載があるため、給料勘定で仕訳する。
*2 問題文に「従業員貸付金の当月返済分(元金)」と記載があるため、従業員貸付金勘定で仕訳する。
*3 問題文に「従業員貸付金の当月返済分(利息)」と記載があるため、受取利息勘定で仕訳する。
*4 給料300,000円(*1)－従業員貸付金10,000円(*2)－受取利息100円(*3)＝289,900円

7．借入金の返済

(借)	借入金	500,000	(貸)	当座預金	507,770 *2
	支払利息	7,770 *1			

*1 借入金500,000円×年利率3.066%×$\frac{185日(借入期間)}{365日}$＝7,770円
*2 借入金500,000円＋支払利息7,770円(*1)＝507,770円

8. 電子記録債務の計上

(借) 買掛金	510,000	(貸) 電子記録債務	510,000

9. 仕入（消費税）

(借) 仕入	1,304,000 *1	(貸) 買掛金	1,434,400 *3
仮払消費税	130,400 *2		

*1 納品書の商品 408,000 円＋500,000 円＋396,000 円＝1,304,000 円
*2 納品書の消費税欄
*3 納品書の合計欄

10. 備品の購入（付随費用）

(借) 備品	550,000 *1	(貸) 未払金	500,000 *2
		当座預金	50,000

*1 備品 500,000 円＋据付費 50,000 円（付随費用のため備品勘定に含める）＝550,000 円
*2 問題文に「代金は翌月末に支払うことにした」と記載があるため、未払金勘定で仕訳する。
（備品の購入は主たる営業活動に係る取引には該当しないため、購入代金に係る債務は「未払金」となる。）

11. 車両運搬具の期中売却

(借) 当座預金	200,000	(貸) 車両運搬具	1,000,000
減価償却累計額	600,000 *1		
減価償却費	50,000 *2		
固定資産売却損	150,000 *3		

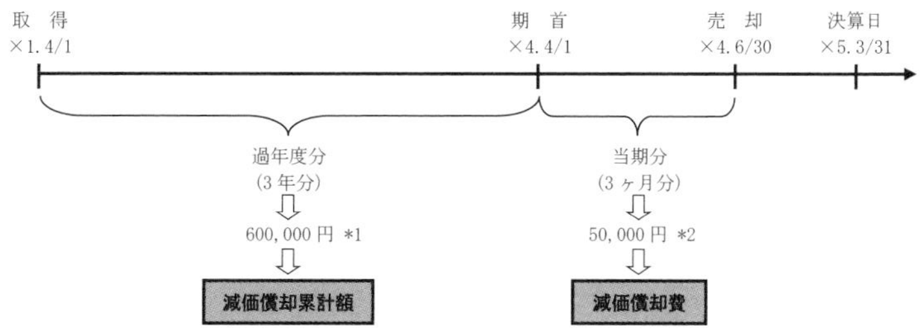

*1 車両運搬具 1,000,000 円 × $\frac{3年(×1年4月〜×4年3月)}{耐用年数5年}$ ＝600,000 円

*2 車両運搬具 1,000,000 円 ÷ 耐用年数 5 年 × $\frac{3ヶ月(×4年4月〜6月)}{12ヶ月}$ ＝50,000 円

*3 貸借差額

12. 法人税等の中間納付

(借) 仮払法人税等	100,000 *1	(貸) 当座預金	100,000

*1 問題文に「中間申告を行い、法人税等￥100,000」と記載があるため、仮払法人税等勘定で仕訳する。

13. 役員貸付金の計上

(借) 役員貸付金	100,000 *1	(貸) 当座預金	100,000

*1 問題文に「代表取締役K氏に、資金を貸し付ける目的で」と記載されているため、役員貸付金勘定で仕訳する。

14. 剰余金の配当

(借) 繰越利益剰余金	220,000 *3	(貸) 未払配当金	200,000 *1
		利益準備金	20,000 *2

*1 処分することが承認された時点であるため、未払配当金勘定で仕訳する。
*2 問題文に「利益準備金の積立」と記載があるため、利益準備金勘定で仕訳する。
*3 株主配当金 200,000 円＋利益準備金 20,000 円＝220,000 円

15. 損益勘定への振替

(借) 損益	3,592,000	(貸) 仕入	3,592,000
売上	6,200,000	損益	6,200,000

仕入

×/× × × ×	×××	×/× 損益	3,592,000
	×××		×××

損益

×/× 仕入	3,592,000	×/× 売上	6,200,000

売上

×/× 損益	6,200,000	×/× × × ×	×××
	×××		×××

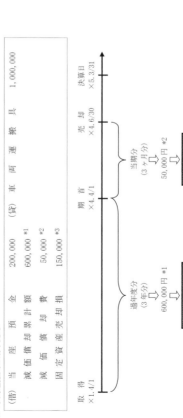

第2問　【解答】　(1)　10点　(2)　10点　　計20点

(1) ☐ 完答2点×5箇所　　計10点

問1

備　　品

年	月	日	摘要	借方	年	月	日	摘要	貸方
×5	4	1	前期繰越	(1,400,000)	×5	11	30	(諸　　口)	(420,000)
×6	1	1	当座預金	(750,000)	×6	3	31	次期繰越	(1,730,000)
				(2,150,000)					(2,150,000)

備品減価償却累計額

年	月	日	摘要	借方	年	月	日	摘要	貸方
×5	11	30	(備　　品)	(210,000)	×5	4	1	前期繰越	(560,000)
×6	3	31	次期繰越	(527,500)	×6	3	31	(減価償却費)	(177,500)
				(737,500)					(737,500)

問2　固定資産売却(㊔ ・ 益)　10,000　円

(注)( )内の損か益のいずれかに○印をつけること。

(2)　各2点×5箇所　　計10点

(1)	(2)	(3)	(4)	(5)
サ	ケ	イ	ク	エ

第2問　【解説】

(1)

固定資産台帳から備品勘定、備品減価償却累計額勘定を記入させる問題を出題した。今回の固定資産台帳は、一部分が（ ）になっており、各自推定する必要があるため、通常より難易度は高くなっている。ただ、減価償却の計算は、第1問や第3問でも出題される論点であるため、（ ）になっていても自力で計算できるようにしてもらいたい。

問1

1．前期繰越

（1）備品勘定

備品A980,000円＋備品B420,000円＝1,400,000円

（2）備品減価償却累計額勘定

備品A350,000円(*1)＋備品B210,000円＝560,000円

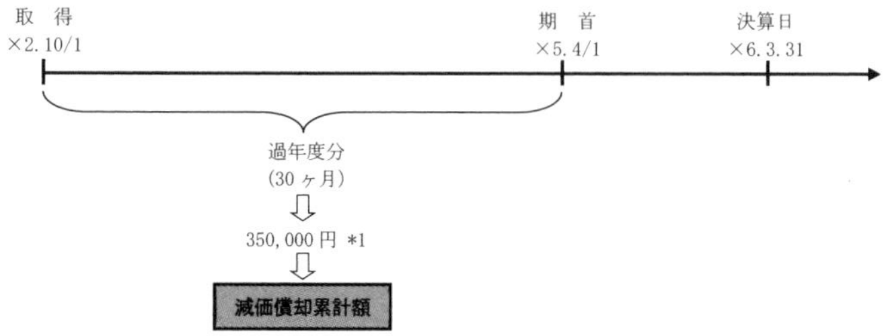

*1　備品A980,000円÷耐用年数7年×$\frac{30ヶ月(×2年10月～×5年3月)}{12ヶ月}$＝350,000円

2．期中取引

①　×5年11月30日　備品Bの売却

(借)	現金等	130,000	(貸)	備品	420,000
	備品減価償却累計額	210,000 *1			
	減価償却費	70,000 *2			
	固定資産売却損	10,000 *3			

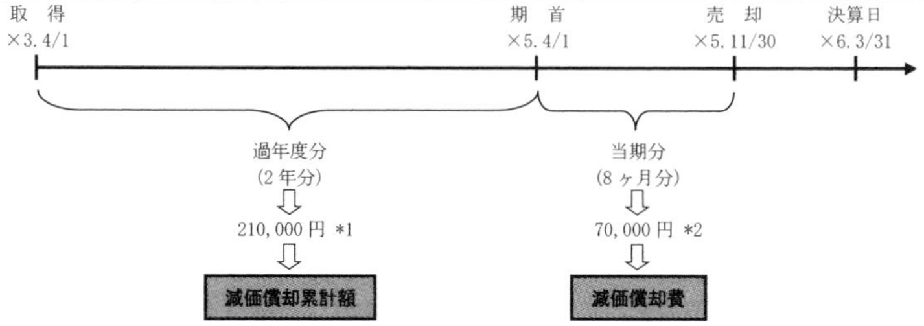

*1　固定資産台帳より　210,000円

*2　備品B420,000円÷耐用年数4年×$\frac{8ヶ月(×5年4月～×5年11月)}{12ヶ月}$＝70,000円

*3　貸借差額

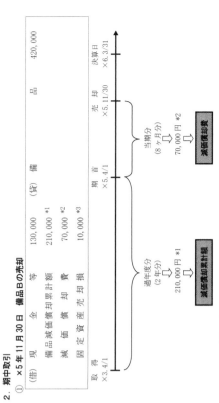

② **×6年1月1日　備品Cの取得**

(借)	備品	750,000 *1	(貸)	当座預金	750,000 *2

*1 固定資産台帳の備品Cより
*2 答案用紙の備品勘定×6. 1/1 の摘要欄より

③ **×6年3月31日　減価償却費の計上**

(借)	減価償却費	177,500 *1	(貸)	備品減価償却累計額	177,500

*1 備品A140,000円(*2)＋備品C37,500円(*3)＝177,500円
*2 備品A980,000円÷耐用年数7年＝140,000円
*3 備品C750,000円÷耐用年数5年×$\dfrac{3ヶ月(×6年1月～×6年3月)}{12ヶ月}$＝37,500円

【参考】
固定資産台帳の（　）をすべて埋めると以下のようになる。

固定資産台帳　　×6年3月31日現在

取得年月日	名称等	期末数量	耐用年数	期首(期中取得)取得原価	期首減価償却累計額	期首(期中取得)帳簿価額	期中売却	当期減価償却費
×2年10月 1日	備品A	4	7年	980,000	350,000	630,000	0	140,000
×3年 4月 1日	備品B	0	4年	420,000	210,000	210,000	140,000	70,000
×6年 1月 1日	備品C	6	5年	750,000	0	750,000	0	37,500
				2,150,000	560,000	1,590,000	140,000	247,500

(2)

本問は、簿記の定義や簿記に関する基本的な知識・用語を答えさせる問題である。勘定科目や会計処理の手続きについて、理解している人は解答できたのではないだろうか。パターンで覚えていたりする人には難しかったかもしれない。基本的な知識・用語は答えられるようにしてほしい。

1. 償却債権取立益

過年度（前期以前）に貸倒れとして処理した売掛金等の一部または全部が、当期になって回収される場合がある。この場合には回収額を**償却債権取立益**勘定（収益）として貸方に計上する。

2. 利益準備金

繰越利益剰余金を財源にして配当を行う際には、会社法という法律によって、**利益準備金**を積み立てなければならない。必要となる積立額を**利益準備金**勘定（純資産）に計上する。

3. 総勘定元帳

すべての取引を1つの仕訳帳に記帳して、元帳に転記する帳簿組織を単一仕訳帳制という。ここで、すべての取引が記録される仕訳帳と**総勘定元帳**を主要簿という。また、仕訳帳と総勘定元帳の詳細な情報を記録するために設けられた補助的な帳簿のことを補助簿という。補助簿は売掛金元帳や商品有高帳などが挙げられる。

4. 資本的

改良(**資本的支出**)とは、資産の価値を高めたり、耐用年数を延長させたりする効果のある支出をいう。

5. 簿記

企業の活動にともなうお金やモノの出入りを一定のルールに従って帳簿に記録・計算・整理することを**簿記**という。

第3問 【解答】 ○ 勘定科目と金額をセットで正解4点×5箇所 ● 3点×5箇所 計35点

貸借対照表

×6年3月31日 (単位：円)

現金		(592,000)	買掛金	(780,000)
普通預金		(301,000)	未払金	(● 18,000)
受取手形	(240,000)		借入金	(940,000)
売掛金	(490,000)		(未払)費用	(○ 9,000)
貸倒引当金	(△ 7,300)	(● 722,700)	前受収益	(64,000)
商品		(285,000)	未払法人税等	(260,000)
(貯蔵品)		(○ 70,000)	資本金	(6,000,000)
(前払)費用		(○ 17,000)	(繰越利益剰余金)	(○ 2,533,700)
建物	(6,400,000)			
減価償却累計額	(△ 1,408,000)	(4,992,000)		
備品	(500,000)			
減価償却累計額	(△ 375,000)	(125,000)		
土地		(3,500,000)		
		(10,604,700)		(10,604,700)

損益計算書

自 ×5年4月1日 至 ×6年3月31日 (単位：円)

売上原価	(● 3,950,000)	売上高	(5,842,000)
給料	(421,000)	受取地代	(● 768,000)
水道光熱費	(96,000)		
通信費	(85,000)		
旅費交通費	(40,000)		
租税公課	(80,000)		
減価償却費	(● 313,000)		
貸倒引当金繰入	(2,500)		
支払利息	(35,000)		
固定資産(売却損)	(○ 190,000)		
法人税等	(540,000)		
当期純利益	(857,500)		
	(6,610,000)		(6,610,000)

第3問 【解説】

決算整理事項等

1．旅費交通費の計上

(借)	旅費交通費	18,000 *1	(貸) 未払金	18,000

*1 領収書に「乗車券代として」と記載があるため、旅費交通費勘定で仕訳する。

2．仮受金の精算（車両運搬具の期中売却）

(借)	仮受金	150,000 *1	(貸) 車両運搬具	560,000
	車両減価償却累計額	160,000 *2		
	減価償却費	60,000 *3		
	固定資産売却損	190,000 *4		

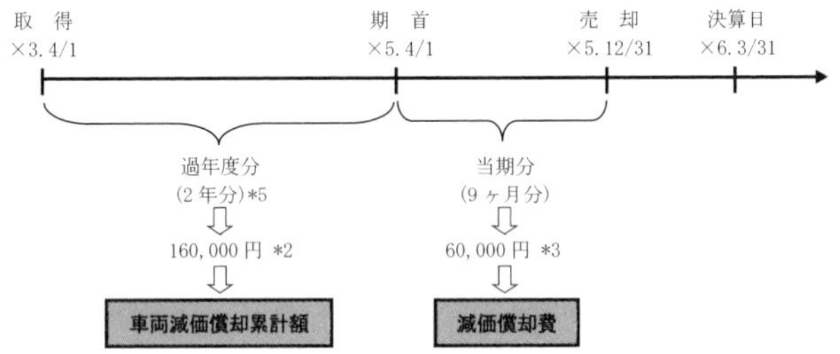

*1 前T/B 仮受金150,000円

*2 前T/B 車両減価償却累計額160,000円

*3 前T/B 車両運搬具560,000円÷耐用年数7年×$\frac{9ヶ月(×5年4月～12月)}{12ヶ月}$＝60,000円

*4 貸借差額

*5 前T/B 車両減価償却累計額160,000円÷(前T/B 車両運搬具560,000円÷耐用年数7年)＝2年

3．売掛金の回収

(借)	普通預金	70,000	(貸) 売掛金	70,000

4．売上原価の算定

(借)	仕入	320,000	(貸) 繰越商品	320,000 *1
	繰越商品	285,000 *2	仕入	285,000

*1 前T/B 繰越商品320,000円

*2 問題文・期末商品棚卸高285,000円

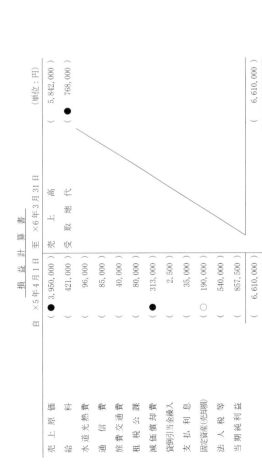

5．減価償却費の計上

（1）**建物**

(借)	減価償却費	128,000	(貸)	建物減価償却累計額	128,000

前T/B 建物6,400,000円÷耐用年数50年＝128,000円

（2）**備品**

(借)	減価償却費	125,000	(貸)	備品減価償却累計額	125,000

前T/B 備品500,000円÷耐用年数4年＝125,000円

6．貸倒引当金の計上

(借)	貸倒引当金繰入	2,500	(貸)	貸倒引当金	2,500

見積額：(前T/B 受取手形240,000円＋前T/B 売掛金560,000円
−70,000円(上記3.「売掛金の回収」参照))×1%＝7,300円

繰入額：見積額7,300円－前T/B 貸倒引当金4,800円＝2,500円

7．貯蔵品への振替

(借)	貯蔵品	70,000 *1	(貸)	租税公課	70,000 *2

*1 購入時に費用処理した収入印紙のうち70,000円が未使用であるため、貯蔵品勘定に振り替える。

*2 収入印紙は、租税公課勘定で仕訳する。

8．未払水道光熱費の計上

(借)	水道光熱費	9,000	(貸)	未払水道光熱費	9,000

9．前払利息の計上

(借)	前払利息	17,000	(貸)	支払利息	17,000

10. 前受地代の計上

(借)	受取地代	64,000	(貸)	前受地代	64,000

$$前T/B\ 受取地代832,000円 \times \frac{1ヶ月(×6年4月)}{13ヶ月} = 64,000円$$

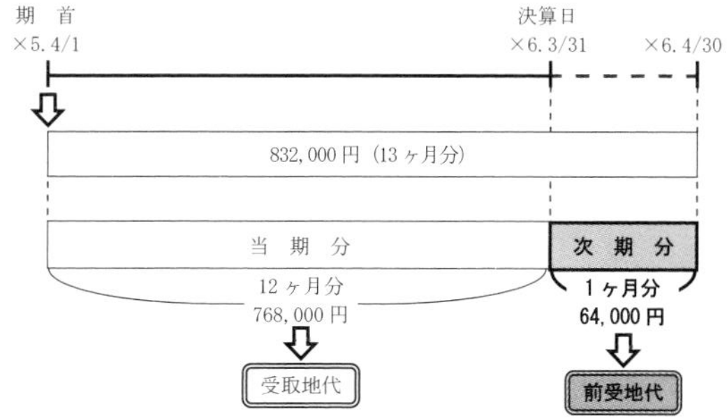

11. 法人税等の計上

(借)	法人税等	540,000	(貸)	仮払法人税等	280,000 *1
				未払法人税等	260,000 *2

*1 前T/B 仮払法人税等280,000円

*2 貸借差額

12. 財務諸表の作成

貸倒引当金	受取手形や売掛金といった、設定対象の下に表示し、対象資産からマイナスして表示する。その結果、受取手形や売掛金は、貸倒引当金をマイナスした後の残額で表示する。
商品	仕訳上では「繰越商品」勘定を使用するが、貸借対照表では「商品」で表示する。
減価償却累計額	仕訳上では「建物減価償却累計額」「備品減価償却累計額」勘定を使用するが、貸借対照表では「減価償却累計額」で表示する。また、建物や備品といった関連する資産の下に表示し、関連する資産からマイナスして表示する。その結果、建物や備品は、減価償却累計額をマイナスした後の残額で表示する。
前払費用	仕訳上では「前払利息」勘定を使用するが、貸借対照表では「前払費用」で表示する。
前受収益	仕訳上では「前受地代」勘定を使用するが、貸借対照表では「前受収益」で表示する。
未払費用	仕訳上では「未払水道光熱費」勘定を使用するが、貸借対照表では「未払費用」で表示する。
売上高	仕訳上では「売上」勘定を使用するが、損益計算書では「売上高」で表示する。
売上原価	仕訳上では「仕入」勘定を使用するが、損益計算書では「売上原価」で表示する。
当期純利益	損益計算書における貸借差額で当期純利益857,500円を計算し、「損益計算書」の借方に記載する。
繰越利益剰余金	前T/B 繰越利益剰余金1,676,200円＋当期純利益857,500円（当期純利益参照）＝2,533,700円

3級 全国統一模擬試験 第８回 解答解説

第１問 【解答】 各３点 計45点

	借方科目名	記号	金額	貸方科目名	記号	金額
1	支払利息	カ	10,000	現金過不足	イ	30,000
	雑損	オ	20,000			
2	租税公課	オ	30,000	当座預金	イ	30,000
3	旅費交通費	カ	75,000	仮払金	イ	60,000
				未払金	ウ	15,000
4	損益	カ	500,000	繰越利益剰余金	ウ	500,000
5	当座預金	イ	50,000	資本金	エ	50,000
6	仕入	カ	100,000	前払金	ウ	20,000
				買掛金	オ	80,000
7	仮受金	オ	50,000	売掛金	イ	50,000
8	当座預金	イ	100,000	備品	ウ	500,000
	備品減価償却累計額	エ	300,000			
	固定資産売却損	カ	100,000			
9	備品	イ	1,008,000	未払金	エ	1,108,800
	仮払消費税	ア	100,800			
10	普通預金	イ	200,000	受取手形	ウ	200,000
11	受取利息	オ	72,000	未収利息	ウ	72,000
	租税公課	カ	5,200	貯蔵品	イ	5,200
	借入金	エ	216,000	当座預金	ア	216,000
12	支払手形	エ	200,000	売上	カ	200,000
13	貸付金	イ	500,000	普通預金	ア	490,000
				受取利息	オ	10,000
14	現金	ア	70,000	普通預金Ｂ銀行	イ	70,000
15	所得税預り金	エ	97,500	当座預金	ア	97,500

第１問 【解説】

1．現金過不足の精算

（1）現金過不足計上時

(借)	現金過不足	30,000	(貸) 現金	30,000

（2）現金過不足精算時

(借)	支払利息	10,000 *2	(貸) 現金過不足	30,000 *1
	雑損	20,000 *3		

*1 現金の帳簿残高が実際有高より多いことで現金過不足勘定が借方で仕訳されているため、この現金過不足勘定を取り消す仕訳を貸方にする。

*2 問題文に「支払利息の支払い」と記載があるため、支払利息勘定で仕訳する。

*3 貸借差額で求め、借方差額であるため、雑損勘定で仕訳する。

2．自動車税の納付

(借)	租税公課	30,000 *1	(貸) 当座預金	30,000

*1 問題文に「自動車税」と記載があるため、租税公課勘定で仕訳する。

3．仮払金の精算（旅費交通費の計上）

(借)	旅費交通費	75,000 *2	(貸) 仮払金	60,000 *1
			未払金	15,000

*1 問題文に「概算額で仮払いしていた」と記載があるため、仮払金勘定で仕訳する。

*2 仮払金60,000円(*1)＋従業員立替分15,000円＝75,000円

4．繰越利益剰余金への振替

(借)	損益	500,000	(貸) 繰越利益剰余金	500,000

損益

×/× 費用	2,500,000	×/× 収益	3,000,000
×/× 繰越利益剰余金	500,000		
	3,000,000		3,000,000

繰越利益剰余金

		×/× 損益	500,000

5．増資

(借)	当座預金	50,000	(貸) 資本金	50,000

1株当たり100円×500株＝50,000円

6．仕入（前払金）

(借)	仕入	100,000	(貸) 前払金	20,000 *1
			買掛金	80,000

*1 問題文に「注文時に支払った手付金¥20,000を差し引き」と記載があるため、前払金勘定で仕訳する。

7．仮受金の精算（売掛金の回収）

(借)	仮受金	50,000 *1	(貸) 売掛金	50,000

*1 問題文に「出張先から送金した現金¥50,000は、売掛金の回収であることが判明した」と記載があるため、仮受金勘定で仕訳する。

8．備品の期首売却

(借)	当座預金	100,000	(貸) 備品	500,000
	備品減価償却累計額	300,000 *1		
	固定資産売却損	100,000 *2		

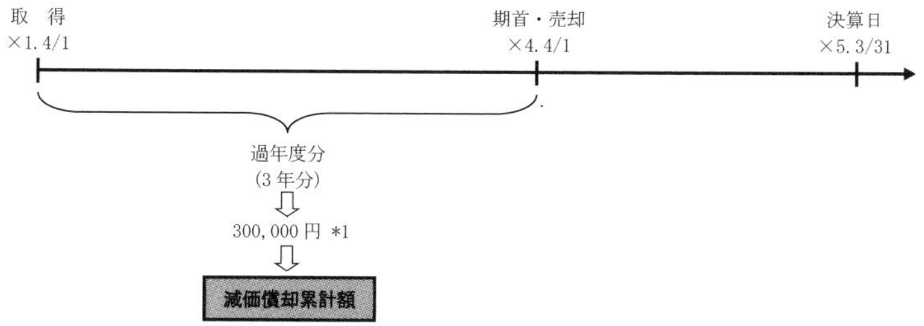

*1 備品500,000円×$\frac{3年(×1年4月〜×4年3月)}{耐用年数5年}$＝300,000円

*2 貸借差額

9．備品の購入（付随費用、消費税）

(借)	備品	1,008,000 *1	(貸) 未払金	1,108,800 *3
	仮払消費税	100,800 *2		

*1 備品1,000,000円＋据付費8,000円(付随費用であるため備品勘定に含める)＝1,008,000円

*2 備品1,008,000円(*1)×消費税率10%＝100,800円

*3 問題文に「後日支払う」と記載されているため、未払金勘定で仕訳する。
(備品の購入は主たる営業活動に係る取引には該当しないため、購入代金に係る債務は「未払金」となる。)

10．受取手形の取立

(借)	普通預金	200,000	(貸) 受取手形	200,000 *1

*1 問題文に「得意先振出の約束手形」と記載があるため、受取手形勘定で仕訳する。

11．未収利息等の再振替仕訳

（1）決算整理仕訳（前期末の仕訳）

(借)	未収利息	72,000	(貸) 受取利息	72,000
	貯蔵品	5,200	租税公課	5,200
	当座預金	216,000	借入金	216,000

取消 *1

（2）再振替仕訳（当期首の仕訳）

(借)	受取利息	72,000	(貸) 未収利息	72,000
	租税公課	5,200 *2	貯蔵品	5,200
	借入金	216,000	当座預金	216,000 *3

*1 前期末の決算整理仕訳を取り消す仕訳をする。

*2 問題文に「収入印紙代」と記載があるため、租税公課勘定で仕訳する。

*3 問題文に「当座借越」と記載があるため、当座預金勘定で仕訳する。

12．売上（自己振出手形）

(借)	支払手形	200,000 *1	(貸) 売上	200,000

*1 問題文に「以前当社が振り出していた約束手形を受け取った」と記載があるため、支払手形勘定で仕訳する。

13．貸付金の計上

(借)	貸付金	500,000	(貸) 普通預金	490,000 *1
			受取利息	10,000 *2

*1 貸付金500,000円－受取利息10,000円(*2)＝490,000円

*2 貸付金500,000円×年利率3%×$\frac{8ヶ月(貸付期間)}{12ヶ月}$＝10,000円

14．現金の引出

(借)	現金	70,000	(貸) 普通預金B銀行	70,000

15．源泉所得税の納付

(借)	所得税預り金	97,500 *1	(貸) 当座預金	97,500

*1 税金を納付する際には、定められた納付書を利用するが、納付後は「納付書」でなく「領収証書」が手元に残る。そのため、今回は「領収証書」で仕訳を行う。よって、従業員から徴収した源泉所得税の納付は、領収証書の合計額97,500円を所得税預り金勘定で仕訳する。

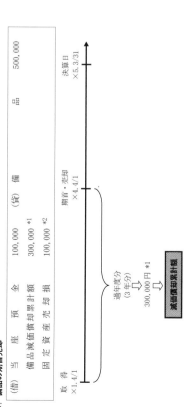

第２問 【解答】 (1) 10点 (2) 10点 計20点

(1) [　] 完答２点×５箇所 計10点

売 掛 金

4/ 1	前期繰越	1,760,000	8/25	当座預金	4,730,000
(7/ 1)	[コ]	(4,180,000)	(1/16)	[コ]	(330,000)
(1/15)	[コ]	(5,280,000)	(3/31)	[ケ]	(6,160,000)
		(11,220,000)			(11,220,000)

仮払消費税

(6/15)	[エ]	(230,000)	(3/31)	[オ]	(480,000)
(11/ 1)	[エ]	(250,000)			
		(480,000)			(480,000)

仮受消費税

(1/16)	[イ]	(30,000)	(7/ 1)	[イ]	(380,000)
(3/31)	[コ]	(830,000)	(1/15)	[イ]	(480,000)
		(860,000)			(860,000)

未払消費税

(5/25)	[ア]	(280,000)	(4/ 1)	[ク]	(280,000)
(3/31)	[ケ]	(350,000)	(3/31)	[オ]	(350,000)
		(630,000)			(630,000)

(2) 【１】● 各２点×４箇所 【２】完答２点 計10点

【１】 仕訳日計表

×7年5月1日

借　方	勘定科目	貸　方
205,000	現　金	175,000
133,000	受取手形	92,000
	売掛金	● 90,000
109,000	買掛金	26,000
	前受金	17,000
	売　上	139,000
● 79,000	仕　入	11,000
24,000	通信費	
●550,000		550,000

現　金

×7/5/1	前月繰越	130,000	×7/5/1 仕訳日計表	(175,000)
〃	仕訳日計表	(●205,000)		

【２】

出金伝票

科　目	金　額
買掛金	53,000

振替伝票

借方科目	金　額	貸方科目	金　額
仕　入	79,000	買掛金	79,000

第２問 【解説】

(1)

1．開始記入と５月25日の取引

① **前期末の決算整理仕訳**

(借)	仮受消費税	630,000 *1	(貸)	仮払消費税	350,000 *1
				未払消費税	280,000 *2

*1 問題文より
*2 貸借差額

② **開始記入**

売 掛 金

4/ 1 前期繰越 1,760,000	

未払消費税

	4/ 1 前期繰越 280,000

③ **５月25日の消費税の確定申告**

(借)	未払消費税	280,000	(貸)	現　金	280,000

未払消費税

5/25 現　金 280,000	4/ 1 前期繰越 280,000

2．６月15日の取引

(借)	仕　入	2,300,000	(貸)	買掛金	2,530,000 *2
	仮払消費税	230,000 *1			

*1 税抜価額2,300,000円×消費税率10%＝230,000円
*2 借方合計

仮払消費税

6/15 買掛金 230,000	

3．７月１日の取引

(借)	売掛金	4,180,000 *2	(貸)	売　上	3,800,000
				仮受消費税	380,000 *1

*1 税抜価額3,800,000円×消費税率10%＝380,000円
*2 貸方合計

売 掛 金

4/ 1 前期繰越 1,760,000	
7/ 1 諸　口 4,180,000	

仮受消費税

	7/ 1 売掛金 380,000

4．8月25日の取引

(借) 当　座　預　金	4,730,000	(貸) 売　掛　金	4,730,000

総勘定元帳・売掛金から推定する。

売　掛　金

4/1 前期繰越 1,760,000	**8/25 当座預金 4,730,000**
7/1 諸　口 4,180,000	

仮受消費税

	7/1 売掛金 380,000

5．11月1日の取引

(借) 仕　入	2,500,000	(貸) 買　掛　金	2,750,000 *2
仮払消費税	250,000 *1		

*1　税抜価額2,500,000円×消費税率10%＝250,000円
*2　借方合計

仮払消費税

6/15 買掛金 230,000	
11/1 買掛金 250,000	

6．1月15日の取引

(借) 売　掛　金	5,280,000 *2	(貸) 売　上	4,800,000
		仮受消費税	480,000 *1

*1　税抜価額4,800,000円×消費税率10%＝480,000円
*2　貸方合計

売　掛　金

4/1 前期繰越 1,760,000	8/25 当座預金 4,730,000
7/1 諸　口 4,180,000	
1/15 諸　口 5,280,000	

仮受消費税

	7/1 売掛金 380,000
	1/15 売掛金 480,000

7．1月16日の取引

(借) 売　上	300,000	(貸) 売　掛　金	330,000 *2
仮受消費税	30,000 *1		

*1　税抜価額300,000円×消費税率10%＝30,000円
*2　借方合計

売　掛　金

4/1 前期繰越 1,760,000	8/25 当座預金 4,730,000
7/1 諸　口 4,180,000	**1/16 諸　口 330,000**
1/15 諸　口 5,280,000	

仮受消費税

1/16 売掛金 30,000	7/1 売掛金 380,000
	1/15 売掛金 480,000

8．3月31日

① **決算整理仕訳**

(借) 仮受消費税	830,000 *1	(貸) 仮払消費税	480,000 *2
		未払消費税	350,000 *3

*1　380,000円(7月1日)＋480,000円(1月15日)－30,000円(1月16日)＝830,000円
*2　230,000円(6月15日)＋250,000円(11月1日)＝480,000円
*3　貸借差額

仮払消費税

6/15 買掛金 230,000	**3/31 仮受消費税 480,000**
11/1 買掛金 250,000	

仮受消費税

1/16 売掛金 30,000	7/1 売掛金 380,000
3/31 諸　口 830,000	1/15 売掛金 480,000

未払消費税

5/25 現　金 280,000	4/1 前期繰越 280,000
	3/31 仮受消費税 350,000

② **帳簿の締切り**

売　掛　金

4/1 前期繰越 1,760,000	8/25 当座預金 4,730,000
7/1 諸　口 4,180,000	1/16 諸　口 330,000
1/15 諸　口 5,280,000	**3/31 次期繰越 6,160,000**
11,220,000	**11,220,000**

仮払消費税

6/15 買掛金 230,000	3/31 仮受消費税 480,000
11/1 買掛金 250,000	
480,000	**480,000**

仮受消費税

1/16 売掛金 30,000	7/1 売掛金 380,000
3/31 諸　口 830,000	1/15 売掛金 480,000
860,000	**860,000**

未払消費税

5/25 現　金 280,000	4/1 前期繰越 280,000
3/31 次期繰越 350,000	3/31 仮受消費税 350,000
630,000	**630,000**

(2)

1．各伝票に起票されている仕訳

＜１＞入金伝票

① No. 101

(借)	現金	31,000	(貸)	売掛金（千葉商店）	31,000

② No. 102

(借)	現金	65,000	(貸)	売上	65,000

③ No. 103

(借)	現金	92,000	(貸)	受取手形	92,000

④ No. 104

(借)	現金	17,000	(貸)	前受金	17,000

＜２＞出金伝票

① No. 201

(借)	仕入	53,000	(貸)	現金	53,000

② No. 202

(借)	買掛金（埼玉商店）	58,000	(貸)	現金	58,000

③ No. 203

(借)	買掛金（群馬商店）	40,000	(貸)	現金	40,000

④ No. 204

(借)	通信費	24,000	(貸)	現金	24,000

＜３＞振替伝票

① No. 301

(借)	仕入	26,000	(貸)	買掛金（群馬商店）	26,000

② No. 302

(借)	買掛金（埼玉商店）	11,000	(貸)	仕入	11,000

③ No. 303

(借)	受取手形	59,000	(貸)	売掛金（茨城商店）	59,000

④ No. 304

(借)	受取手形	74,000	(貸)	売上	74,000

2．仕訳日計表の作成

上記「**1．各伝票に起票されている仕訳**」で作成した仕訳を各勘定に集計し、仕訳日計表を作成する。

3．総勘定元帳・現金勘定への転記

上記「**2．仕訳日計表の作成**」で集計した現金の金額(「借方　205,000」、「貸方　175,000」)を答案用紙の現金勘定の借方および貸方に転記する。

4．伝票の起票

本問の伝票の起票方式を仮に、「出金伝票No. 201と振替伝票No. 301が分解方式によって起票された伝票」とした場合、擬制方式ではどのような伝票が起票されるかが問われている。

したがって、仕訳の全体像を捉え、擬制方式によって伝票を作成すればよい。

＜１＞仕訳の全体像

(借)	仕入	79,000	(貸)	現金	53,000
				買掛金	26,000

＜２＞伝票への記載

① **分解方式(本問の起票方式)**　※下記２つの仕訳を合わせると、上記＜１＞の仕訳になる

(借)	仕入	53,000	(貸)	現金	53,000	⇨ **出金伝票**
(借)	仕入	26,000	(貸)	買掛金	26,000	⇨ **振替伝票**

② **擬制方式(解答すべき起票方式)**　※下記２つの仕訳を合わせると、上記＜１＞の仕訳になる

(借)	仕入	79,000	(貸)	買掛金	79,000	⇨ **振替伝票**
(借)	買掛金	53,000	(貸)	現金	53,000	⇨ **出金伝票**

第3問 【解答】 ○ 勘定科目と金額をセットで正解4点×5箇所 ● 3点×5箇所 計35点

問1

決算整理後残高試算表

借方残高	勘定科目	貸方残高
290,000	現金	
● 88,800	小口現金	
1,129,000	普通預金	
800,000	定期預金	
370,000	受取手形	
494,000	売掛金	
311,000	繰越商品	
○ 64,000	（前払）家賃	
○ 960	（未収）利息	
900,000	備品	
	支払手形	500,000
	買掛金	● 826,200
	（未払）給料	○ 25,000
	未払法人税等	23,800
	貸倒（引当金）	○ 34,560
	備品減価償却累計額	● 450,000
	資本金	2,000,000
	繰越利益剰余金	469,300
	売上	2,897,000
	受取利息	35,060
● 1,919,000	仕入	
477,000	給料	
180,000	減価償却費	
103,400	支払家賃	
37,600	消耗品費	
29,100	旅費交通費	
26,260	貸倒引当金繰入	
※○ 40,800	（法人税等）	
7,260,920		7,260,920

※ 『法人税、住民税及び事業税』でも正解とする。

問2 当期純利益または当期純損失の金額 ￥ ● 118,900

第3問 【解説】

問1 決算整理後残高試算表の作成

決算整理事項等

1．小口現金の精算

(借)	消耗品費	4,000 *1	(貸) 小口現金	11,200 *3
	旅費交通費	7,200 *2		

*1 問題文に、「文房具」と記載があるため、消耗品費勘定で仕訳する。
*2 問題文に、「タクシー代」と記載があるため、旅費交通費勘定で仕訳する。
*3 問題文に、「小口現金を使用したことの報告」と記載があるため、小口現金勘定で仕訳する。

2．会計処理の訂正

① 適切な仕訳

(借)	買掛金	56,000	(貸) 普通預金	56,000

② 当社が行っていた仕訳

(借)	買掛金	65,000	(貸) 普通預金	65,000

③ 訂正仕訳（①－②）

(借)	普通預金	9,000	(貸) 買掛金	9,000

3．貸倒れの処理

(借)	貸倒引当金	12,600 *1	(貸) 売掛金	12,600

*1 前期以前に発生した売掛金について貸倒引当金を設定しているため、貸倒引当金勘定で仕訳する。

4．貸倒引当金の計上

(借)	貸倒引当金繰入	26,260	(貸) 貸倒引当金	26,260

見積額：(前T/B 受取手形370,000円＋前T/B 売掛金506,600円
－12,600円(上記3.「貸倒れの処理」参照))×4%＝34,560円
繰入額：見積額34,560円－(前T/B 貸倒引当金20,900円－12,600円(上記3.「貸倒れの処理」参照))＝26,260円

5．売上原価の算定

(借)	仕入	294,000	(貸) 繰越商品	294,000 *1
	繰越商品	311,000 *2	仕入	311,000

*1 前T/B 繰越商品294,000円
*2 問題文・期末商品棚卸高311,000円

6．減価償却費の計上（月次決算）

(借)	減価償却費	15,000	(貸)	備品減価償却累計額	15,000

前T/B 備品 900,000円÷耐用年数5年× $\frac{1ヶ月(3月分)}{12ヶ月}$ ＝15,000

または、

年間計上額：前T/B 備品 900,000円÷耐用年数5年＝180,000円

月次計上額：1ヶ月当たり見積計上額15,000円×11ヶ月＝165,000円

決算計上額：180,000円－165,000円＝15,000円

7．未収利息の計上

(借)	未収利息	960	(貸)	受取利息	960

前T/B 定期預金800,000円×年利率0.3%× $\frac{146日}{365日}$ ＝960円

8．前払家賃の計上

(借)	前払家賃	64,000	(貸)	支払家賃	64,000

問題文・支払家賃144,000円× $\frac{8ヶ月(×3年4月～×3年11月)}{18ヶ月}$ ＝64,000円

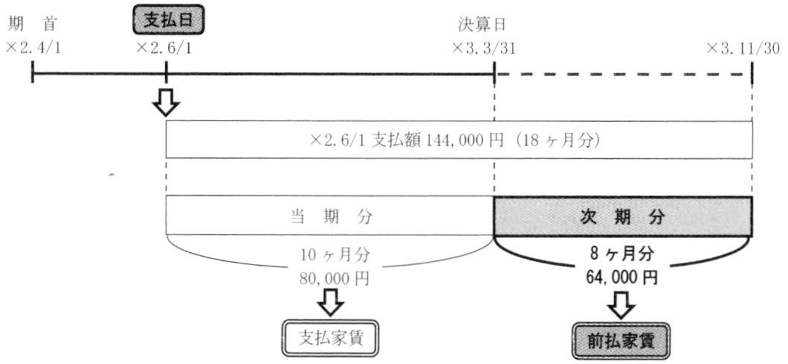

9．未払給料の計上

(借)	給料	25,000	(貸)	未払給料	25,000

10．法人税等の計上

(借)	法人税等	40,800 *2	(貸)	仮払法人税等	17,000 *1
				未払法人税等	23,800

*1　前T/B 仮払法人税等17,000円

*2　貸方合計

問2　当期純利益の計算

当期純利益は収益と費用の差で計算する。本問は、収益が費用より大きいため、当期純利益となる。

借方		貸方	
費用勘定合計	**2,813,160円**	**収益勘定合計**	**2,932,060円**
仕入	1,919,000円	売上	2,897,000円
給料	477,000円	受取利息	35,060円
減価償却費	180,000円		
支払家賃	103,400円		
消耗品費	37,600円		
旅費交通費	29,100円		
貸倒引当金繰入	26,260円		
法人税等	40,800円		
当期純利益	**118,900円**		

3級 全国統一模擬試験 第9回 解答解説

第１問 【解答】 各３点 計45点

	借方科目名	記号	金額	貸方科目名	記号	金額
1	受取手形	イ	100,000	売上	オ	200,000
	現金	ア	100,000			
2	現金	ア	500,000	車両運搬具	イ	1,000,000
	減価償却累計額	ウ	600,000	固定資産売却益	エ	150,000
	減価償却費	オ	50,000			
3	貸倒引当金	ウ	80,000	受取手形	ア	100,000
	貸倒損失	カ	20,000			
4	減価償却費	エ	50,000	減価償却累計額	ウ	50,000
5	前払金	ウ	10,000	当座預金	イ	10,000
6	当座預金	ア	200,000	受取手形	イ	200,000
7	現金	ア	181,000	当座預金	ウ	181,000
8	受取手形	エ	15,000	売掛金	イ	15,000
9	備品	ウ	842,800	仮払金	ア	943,580
	消耗品費	オ	15,000			
	仮払消費税	イ	85,780			
10	仕入	カ	1,700,000	買掛金	エ	1,700,000
11	保険料	オ	80,000	普通預金	ウ	80,000
12	受取利息	オ	16,000	未収利息	ウ	16,000
13	貯蔵品	イ	21,640	租税公課	カ	20,000
				通信費	オ	1,640
14	租税公課	エ	20,000	普通預金	イ	20,000
15	手形貸付金	エ	400,000	当座預金	ア	395,000
				受取利息	カ	5,000

第１問 【解説】

１．売上（受取手形）

(借)	受取手形	100,000 *1	(貸)	売上	200,000
	現金	100,000 *2			

*1 問題文に、「当社宛ての約束手形」と記載があるため、受取手形勘定で仕訳する。

*2 売上200,000円－受取手形100,000円＝100,000円

２．車両運搬具の期中売却

(借)	現金	500,000	(貸)	車両運搬具	1,000,000
	減価償却累計額	600,000 *1		固定資産売却益	150,000 *3
	減価償却費	50,000 *2			

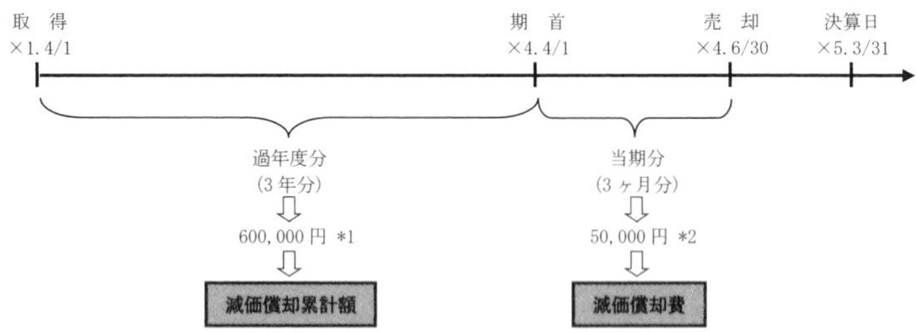

*1 車両運搬具1,000,000円×$\dfrac{3年(×1年4月～×4年3月)}{耐用年数5年}$＝600,000円

*2 車両運搬具1,000,000円÷耐用年数5年×$\dfrac{3ヶ月(×4年4月～6月)}{12ヶ月}$＝50,000円

*3 貸借差額

３．貸倒れの処理

(借)	貸倒引当金	80,000 *1	(貸)	受取手形	100,000
	貸倒損失	20,000 *2			

*1 前期以前に発生したA社に対する受取手形について貸倒引当金を設定しているため、貸倒引当金勘定で仕訳し、貸倒引当金で充当できなかった分については、貸倒損失勘定で仕訳する。

*2 受取手形100,000円－貸倒引当金80,000円(*1)＝20,000円

４．減価償却費の計上

(借)	減価償却費	50,000	(貸)	減価償却累計額	50,000

建物2,000,000円÷耐用年数20年×$\dfrac{6ヶ月(×0年10月～×1年3月)}{12ヶ月}$＝50,000円

５．前払金の計上

(借)	前払金	10,000 *1	(貸)	当座預金	10,000 *3

*1 注文代金100,000円×10%＝10,000円(*2)

*2 問題文に「代金の10%を手付金」と記載があるため、前払金勘定で仕訳する。

*3 問題文に「小切手を振り出して支払った」と記載があるため、当座預金勘定で仕訳する。

6．受取手形の取立

(借)	当座預金	200,000	(貸)	受取手形	200,000 *1

*1 問題文に「かねて取立てを依頼していた得意先振出の約束手形¥200,000が支払期日になり」と記載があるため、受取手形勘定で仕訳する。

7．当座預金口座の解約

(借)	現金	181,000	(貸)	当座預金	181,000

8．3伝票作成

（1）仕訳の全体像

(借)	現金	15,000	(貸)	売掛金	30,000
	受取手形	15,000 *1			

*1 問題文に「当社宛ての約束手形」と記載があるため、受取手形勘定で仕訳する。

（2）伝票への記載

分解方式　※下記２つの仕訳を合わせると、上記（1）の仕訳になる

(借)	現金	15,000	(貸)	売掛金	15,000	⇨ **入金伝票**
(借)	受取手形	15,000	(貸)	売掛金	15,000	⇨ **振替伝票**

（3）本問で求められている振替伝票の仕訳

(借)	受取手形	15,000	(貸)	売掛金	15,000

入金伝票は、分解方式の考え方で作成されていることがわかるため、分解方式の考え方で作成される振替伝票の仕訳をする。

9．備品と消耗品の購入（付随費用、消費税）

(借)	備品	842,800 *1	(貸)	仮払金	943,580 *4
	消耗品費	15,000 *2			
	仮払消費税	85,780 *3			

*1 プリンター840,000円＋据付費2,800円（付随費用であるため備品勘定に含める）＝842,800円

*2 領収書に「コピー用紙」と記載があるため、消耗品費勘定で仕訳する。

*3 領収書の消費税欄

*4 領収書の合計欄

10．販売用建物の購入

(借)	仕入	1,700,000 *1	(貸)	買掛金	1,700,000 *2

*1 不動産業では、通常建物や土地が商品となるため、販売用の建物を購入した場合は仕入勘定で仕訳する。

*2 不動産業の販売用建物であるため、主たる営業活動に該当し、未払金勘定ではなく買掛金勘定で仕訳する。

11．保険料の支払い

(借)	保険料	80,000	(貸)	普通預金	80,000

12．未収利息の再振替仕訳

（1）決算整理仕訳（前期末の仕訳）

(借)	未収利息	16,000	(貸)	受取利息	16,000

取消

（2）再振替仕訳（当期首の仕訳）

(借)	受取利息	16,000	(貸)	未収利息	16,000

前期末の決算整理仕訳を取り消す仕訳をする。

13．貯蔵品への振替

(借)	貯蔵品	21,640 *3	(貸)	租税公課	20,000 *1
				通信費	1,640 *2

*1 費用として処理した収入印紙(*4)のうち20,000円が未使用であるため、貯蔵品勘定に振り替える。

*2 費用として処理した郵便切手(*4)のうち1,640円が未使用であるため、貯蔵品勘定に振り替える。

*3 租税公課20,000円＋通信費1,640円＝21,640円

*4 収入印紙は租税公課勘定、郵便切手は通信費勘定で仕訳する。

14．収入印紙の購入

(借)	租税公課	20,000 *1	(貸)	普通預金	20,000

*1 問題文に「収入印紙」と記載があるため、租税公課勘定で仕訳する。

15．手形貸付金の計上

(借)	手形貸付金	400,000 *1	(貸)	当座預金	395,000 *2
				受取利息	5,000 *4

*1 問題文に「貸し付け、その際得意先の振り出した同額の約束手形を受け取り」と記載があるため、手形貸付金勘定で仕訳する。

*2 手形貸付金400,000円－利息5,000円(*3)＝395,000円(*3)

*3 問題文に「小切手を振り出して支払った」と記載があるため、当座預金勘定で仕訳する。

*4 手形貸付金400,000円×年利率3%×$\frac{5ヶ月(貸付期間)}{12ヶ月}$＝5,000円

第2問　【解答】 (1) 10点 (2) 10点　計20点

(1) 各2点×5箇所　計10点

①	②	③	④	⑤
未収利息	¥　45,200	¥　25,200	¥　4,000	受取利息

(2) □ 完答2点×5箇所　計10点

当座預金出納帳

×7年		摘　要	預　入	引　出	借または貸	残　高
8	1	（前月繰越）		30,000	貸	30,000
	2	省　略		200,000	〃	230,000
	12		250,000		借	20,000
	14			280,000	貸	260,000
	21		412,500		借	152,500
	31	（次月繰越）		152,500		
			662,500	662,500		
9	1	（前月繰越）	152,500		借	152,500

第2問　【解説】

(1)

1．前期の仕訳（参考）　※利息に関する仕訳のみここでは示す

（1）**×4年3月31日　決算日（未収利息の計上）**

(借) 未収利息	4,000	(貸) 受取利息	4,000

貸付金1,500,000円(金沢商店)×年利率1.6%×$\frac{2ヶ月(×4年2月～3月)}{12ヶ月}$=4,000円

2．当期の仕訳（開始記入を含む）

① **×4年4月1日　開始記入**

受取利息

未収利息

4/1 前期繰越 4,000 ④	

② **×4年4月1日　未収利息の再振替仕訳**

(借) 受取利息	4,000	(貸) 未収利息	4,000

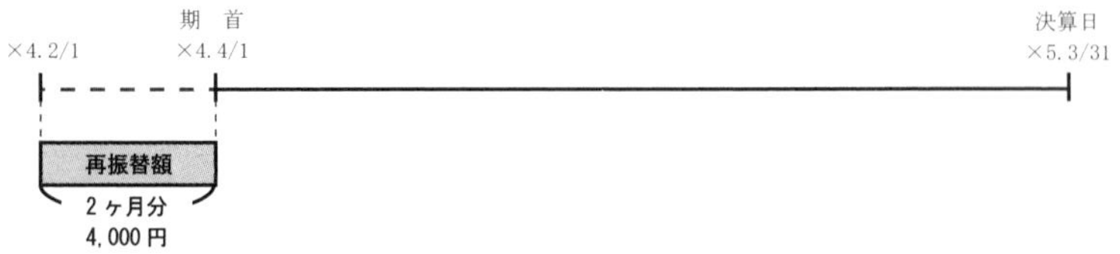

受取利息

4/1 未収利息 4,000 ①	

未収利息

4/1 前期繰越 4,000	**4/1 受取利息 4,000**

③ **×4年7月31日 利息の受け取り**

(借)	普通預金	12,000	(貸) 受取利息	12,000

貸付金1,500,000円(金沢商店)×年利率1.6%× 6ヶ月(×4年2月～×4年7月) / 12ヶ月 ＝12,000円

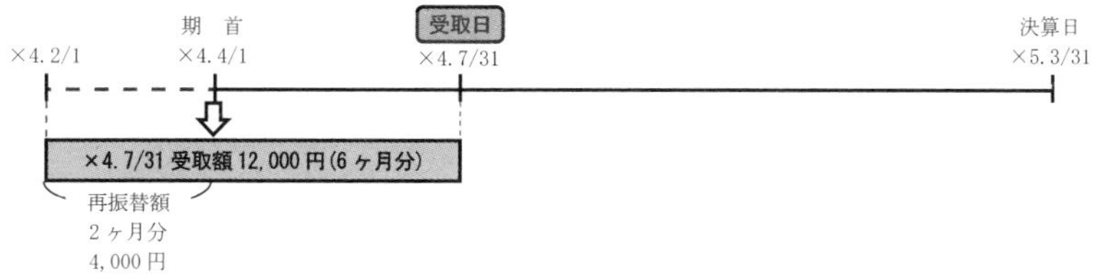

受取利息

4/1	未収利息	4,000	**7/31**	**普通預金**	**12,000**

未収利息

4/1	前期繰越	4,000	4/1	受取利息	4,000

④ **×5年1月31日 利息の受け取り** ※貸付金の回収仕訳は省略する。

(借)	普通預金	12,000	(貸) 受取利息	12,000

貸付金1,500,000円(金沢商店)×年利率1.6%× 6ヶ月(×4年8月～×5年1月) / 12ヶ月 ＝12,000円

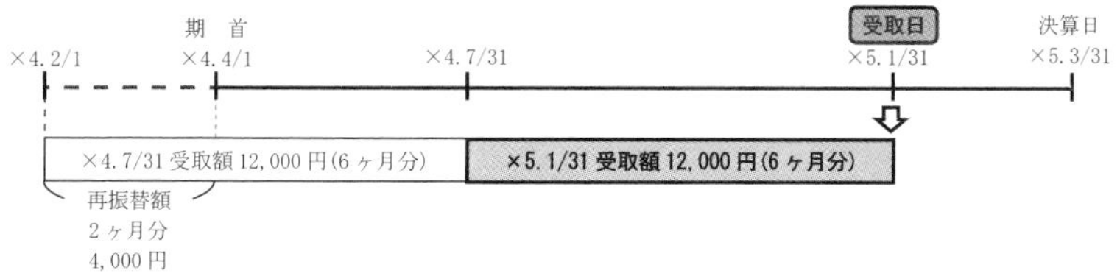

受取利息

4/1	未収利息	4,000	7/31	普通預金	12,000
			1/31	**普通預金**	**12,000**

未収利息

4/1	前期繰越	4,000	4/1	受取利息	4,000

3．**×5年3月31日**

① **未収利息の計上**

(借)	未収利息	25,200	(貸) 受取利息	25,200

貸付金2,400,000円(仙台商店)×年利率1.8%× 7ヶ月(×4年9月～×5年3月) / 12ヶ月 ＝25,200円

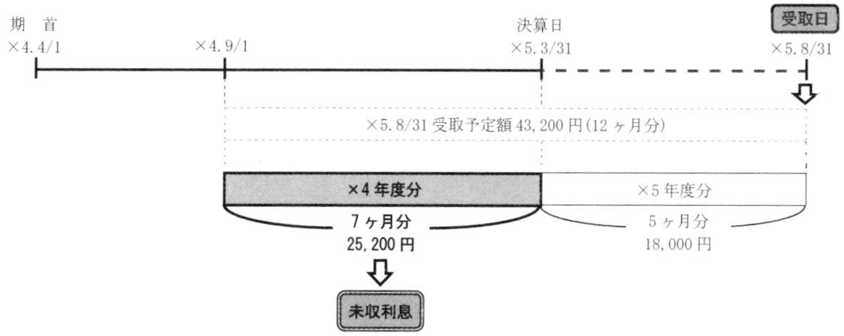

受取利息

4/1	未収利息	4,000	7/31	普通預金	12,000
			1/31	普通預金	12,000
			3/31	**未収利息**	**25,200** ③

未収利息

4/1	前期繰越	4,000	4/1	受取利息	4,000
3/31	**受取利息**	**25,200** ⑤			

② **帳簿の締切り**

受取利息

4/1	未収利息	4,000	7/31	普通預金	12,000
3/31	**損益**	**45,200** ②	1/31	普通預金	12,000
			3/31	未収利息	25,200
		49,200			**49,200**

未収利息

4/1	前期繰越	4,000	4/1	受取利息	4,000
3/31	受取利息	25,200	**3/31**	**次期繰越**	**25,200**
		29,200			**29,200**

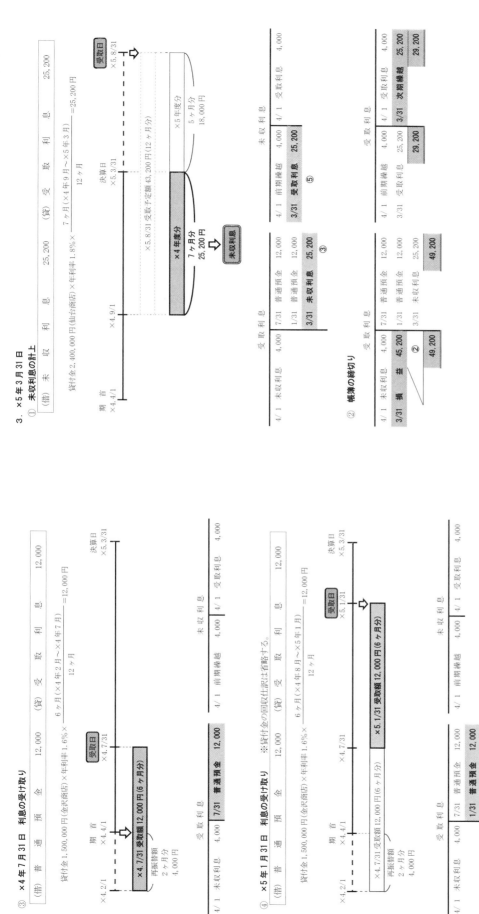

⑵
当座預金出納帳の作成

（1）**8月1日　開始記入**

当社は、取引銀行と300,000円を限度額とする当座借越契約を結んでおり、7月31日（8月1日）時点の当座預金勘定は、貸方残高30,000円であった。

当座預金出納帳

×7年		摘　要	預　入	引　出	借または貸	残　高
8	**1**	**（前月繰越）**		**30,000**	**貸**	**30,000**

（2）**8月2日　仕入**

（借）	仕　入	400,000	（貸）	当座預金	200,000
				買掛金	200,000 *1

*1　問題文に「小切手を振り出し」と記載があるため、当座預金勘定で仕訳する。

当座預金出納帳

×7年		摘　要	預　入	引　出	借または貸	残　高
8	1	（前月繰越）		30,000	貸	30,000
	2	省　略		**200,000**	**〃**	**230,000**

（3）**8月5日　仕入**

（借）	仕　入	370,000	（貸）	買掛金	370,000

（4）**8月12日　売掛金の回収**

（借）	当座預金	250,000 *1	（貸）	売掛金	250,000

*1　問題文に「ただちに当座預金に預け入れた」と記載があるため、当座預金勘定で仕訳する。

当座預金出納帳

×7年		摘　要	預　入	引　出	借または貸	残　高
8	1	（前月繰越）		30,000	貸	30,000
	2	省　略		200,000	〃	230,000
	12		**250,000**		**借**	**20,000**

（5）**8月14日　買掛金の決済**

（借）	買掛金	280,000 *1	（貸）	当座預金	280,000 *2

*1　青森商店120,000円＋岩手商店160,000円＝280,000円

*2　問題文に「小切手を振り出して支払った」と記載があるため、当座預金勘定で仕訳する。

当座預金出納帳

×7年		摘　要	預　入	引　出	借または貸	残　高
8	1	（前月繰越）		30,000	貸	30,000
	2	省　略		200,000	〃	230,000
	12		250,000		借	20,000
	14			**280,000**	**貸**	**260,000**

（6）**8月18日　売上**

（借）	現　金	412,500	（貸）	売　上	412,500

（7）**8月21日　当座預金への預入**

（借）	当座預金	412,500	（貸）	現　金	412,500

当座預金出納帳

×7年		摘　要	預　入	引　出	借または貸	残　高
8	1	（前月繰越）		30,000	貸	30,000
	2	省　略		200,000	〃	230,000
	12		250,000		借	20,000
	14			280,000	貸	260,000
	21		**412,500**		**借**	**152,500**

（8）**8月27日　売上**

（借）	現　金	186,000	（貸）	売　上	372,000
	売掛金	186,000			

（9）**帳簿の締切りと開始記入**

当座預金出納帳

×7年		摘要	預入	引出	借または貸	残高
8	1	（前月繰越）		30,000	貸	30,000
	2	省略		200,000	〃	230,000
	12		250,000		借	20,000
	14			280,000	貸	260,000
	21		412,500		借	152,500
	31	**（次月繰越）**		**152,500**		
			662,500	**662,500**		
9	**1**	**（前月繰越）**	**152,500**		**借**	**152,500**

第3問【解答】 □ 勘定科目と金額のセットが4点×5箇所　金額のみが3点×5箇所　計35点

精　算　表

勘定科目	残高試算表		修正記入		損益計算書		貸借対照表	
	借方	貸方	借方	貸方	借方	貸方	借方	貸方
現金	372,600		12,400				385,000	
当座預金		672,000	1,300,000				628,000	
普通預金	2,490,000			60,000			2,430,000	
売掛金	690,000						690,000	
電子記録債権	480,000						480,000	
仮払金	40,000			40,000				
仮払法人税等	200,000			200,000				
仮払消費税	288,000			288,000				
繰越商品	196,000		215,000	196,000			215,000	
建物	5,000,000						5,000,000	
備品	870,000						870,000	
土地	3,700,000						3,700,000	
買掛金		290,000						290,000
電子記録債務		360,000	60,000					300,000
仮受消費税		528,000	528,000					
借入金		880,000						880,000
貸倒引当金		8,400		15,000				23,400
建物減価償却累計額		2,475,000		112,500				2,587,500
備品減価償却累計額		326,250		145,000				471,250
資本金		7,000,000		1,300,000				8,300,000
繰越利益剰余金		411,750						411,750
売上		5,163,000				5,163,000		
受取手数料		914,000	180,000			734,000		
仕入	3,851,000		196,000	215,000	3,832,000			
給料	439,000				439,000			
支払家賃	296,000			33,000	263,000			
旅費交通費	75,300		27,600		102,900			
支払利息	40,500		22,000		62,500			
	19,028,400	19,028,400						
(貸倒引当金繰入)			15,000		15,000			
減価償却費			257,500		257,500			
(未払)利息				22,000				22,000
前受手数料				180,000				180,000
(前払)家賃			33,000				33,000	
未払消費税				240,000				240,000
(未払)法人税等				210,000				210,000
法人税等			410,000		410,000			
当期純(利益)					515,100			515,100
			3,256,500	3,256,500	5,897,000	5,897,000	14,431,000	14,431,000

第3問　【解説】

決算整理事項等

1．仮払金の精算（現金過不足）

(借)	旅費交通費	27,600 *3	(貸) 仮払金	40,000 *2
	現金	12,400 *1		

*1　現金実際有高385,000円－答案用紙の精算表・「残高試算表」欄・現金372,600円＝12,400円

*2　問題文に「旅費の概算額」と記載があるため、仮払金勘定で仕訳する。

*3　貸借差額

2．増資

(借)	当座預金	1,300,000	(貸) 資本金	1,300,000

1株当たり650円×2,000株＝1,300,000円

3．電子記録債務の決済

(借)	電子記録債務	60,000	(貸) 普通預金	60,000

4．売上原価の算定

(借)	仕入	196,000	(貸) 繰越商品	196,000 *1
	繰越商品	215,000 *2	仕入	215,000

*1　答案用紙の精算表・「残高試算表」欄・繰越商品196,000円

*2　問題文・期末商品棚卸高215,000円

5．貸倒引当金の計上

(借)	貸倒引当金繰入	15,000	(貸) 貸倒引当金	15,000

見積額：答案用紙の精算表・「残高試算表」欄・(売掛金690,000円＋電子記録債権480,000円)×2％＝23,400円

繰入額：見積額23,400円－答案用紙の精算表・「残高試算表」欄・貸倒引当金8,400円＝15,000円

6．減価償却費の計上

（1）**建物**

(借)	減価償却費	112,500	(貸) 建物減価償却累計額	112,500

答案用紙の精算表・「残高試算表」欄・建物5,000,000円×0.9÷耐用年数40年＝112,500円

（2）**備品**

(借)	減価償却費	145,000	(貸) 備品減価償却累計額	145,000

答案用紙の精算表・「残高試算表」欄・備品870,000円÷耐用年数6年＝145,000円

※　精算表上の減価償却費は、上記（1）と（2）の合計257,500円となる。

7. 未払利息の計上

(借)	支払利息	22,000	(貸) 未払利息	22,000

答案用紙の精算表・「残高試算表」欄・借入金880,000円×年利率3%× $\frac{10ヶ月(×5年6月～×6年3月)}{12ヶ月}$ =22,000円

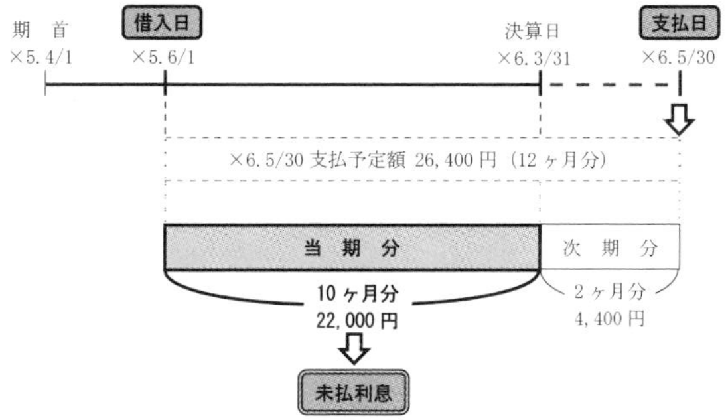

8. 前受手数料の計上

(借)	受取手数料	180,000	(貸) 前受手数料	180,000

問題文・受取手数料270,000円× $\frac{8ヶ月(×6年4月～×6年11月)}{12ヶ月}$ =180,000円

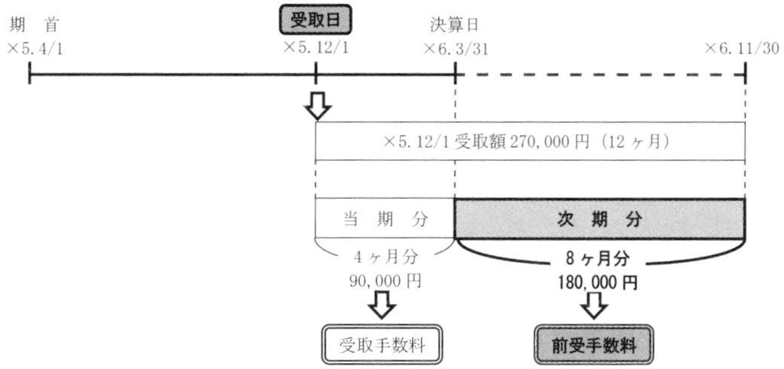

9. 前払家賃の計上

(借)	前払家賃	33,000	(貸) 支払家賃	33,000

10. 未払消費税の計上

(借)	仮受消費税	528,000 *1	(貸) 仮払消費税	288,000 *2
			未払消費税	240,000 *3

*1 答案用紙の精算表・「残高試算表」欄・仮受消費税528,000円
*2 答案用紙の精算表・「残高試算表」欄・仮払消費税288,000円
*3 貸借差額

11. 法人税等の計上

(借)	法人税等	410,000	(貸) 仮払法人税等	200,000 *1
			未払法人税等	210,000 *2

*1 答案用紙の精算表・「残高試算表」欄・仮払法人税等200,000円
*2 貸借差額

12. 当期純利益

当期純利益が生じている場合は、「損益計算書」欄の借方に記載するとともに、「貸借対照表」欄の貸方にも同額記載することになる。当期純利益は収益と費用の差で計算する。

「損益計算書」欄

借方	貸方
費用勘定合計 5,381,900	収益勘定合計 5,897,000
当期純利益(差額) 515,100	

「貸借対照表」欄

借方	貸方
資産勘定合計 14,431,000	負債勘定合計(*1) 5,204,150
	純資産勘定合計(*2) 8,711,750
	当期純利益 515,100

金額を移す

(*1) 貸倒引当金勘定と減価償却累計額勘定を含む。
(*2) 当期純利益を除いた、資本金勘定と繰越利益剰余金勘定の合計額。

3級 全国統一模擬試験 第10回 解答解説

第1問 【解答】 各3点　計45点

	借方科目名	記号	金額	貸方科目名	記号	金額
1	普通預金	ウ	3,000,750	定期預金	エ	3,000,000
				受取利息	オ	750
2	普通預金	イ	485,000	借入金	エ	500,000
	支払利息	オ	15,000			
3	前払保険料	ウ	8,000	支払保険料	カ	8,000
4	未収入金	ア	100,000	備品	イ	500,000
	減価償却累計額	ウ	300,000			
	固定資産売却損	カ	100,000			
5	未払配当金	エ	200,000	現金	ア	200,000
6	仕入	カ	110,000	当座預金	イ	50,000
				支払手形	エ	50,000
				現金	ア	10,000
7	小口現金	イ	20,000	当座預金	ウ	20,000
8	現金	ア	30,000	売掛金	オ	30,000
9	当座預金	ア	45,120	電子記録債権	イ	46,000
	支払手数料	オ	800			
	仮払消費税	ウ	80			
10	建物	ウ	2,100,000	普通預金	イ	2,100,000
11	給料	カ	4,000,000	従業員立替金	イ	10,000
				社会保険料預り金	エ	500,000
				所得税預り金	オ	300,000
				普通預金	ア	3,190,000
12	売上	ウ	20,000	クレジット売掛金	イ	20,000
13	普通預金	イ	16,000,000	資本金	エ	16,000,000
14	貸倒損失	カ	100,000	受取手形	ア	100,000
15	未払法人税等	エ	2,000,000	現金	ア	2,000,000

第1問 【解説】

1. 預金口座の振替

(借)	普通預金	3,000,750 *1	(貸)	定期預金	3,000,000
				受取利息	750 *2

*1 定期預金3,000,000円＋利息750円(*2)＝3,000,750円

*2 定期預金3,000,000円×年利率0.1%× $\frac{3ヶ月(預入期間)}{12ヶ月}$ ＝750円

2. 借入金の計上

(借)	普通預金	485,000 *1	(貸)	借入金	500,000
	支払利息	15,000			

*1 借入金500,000円－利息15,000円＝485,000円

3. 前払保険料の計上

(借)	前払保険料	8,000	(貸)	支払保険料	8,000

保険料24,000円× $\frac{4ヶ月(×2年4月～×2年7月)}{12ヶ月}$ ＝8,000円

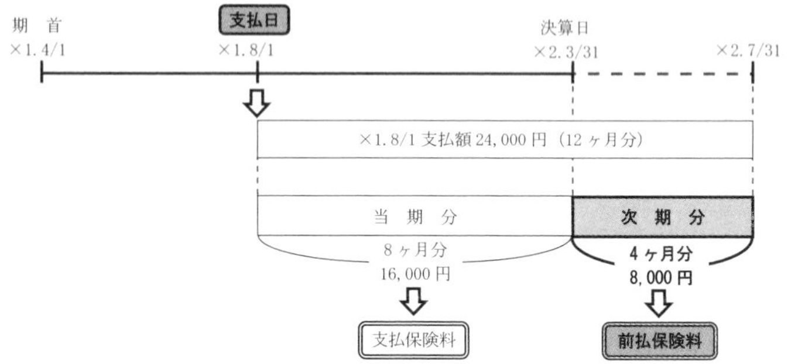

4．備品の期首売却

(借)	未収入金	100,000 *1	(貸)	備品	500,000
	減価償却累計額	300,000 *2			
	固定資産売却損	100,000 *3			

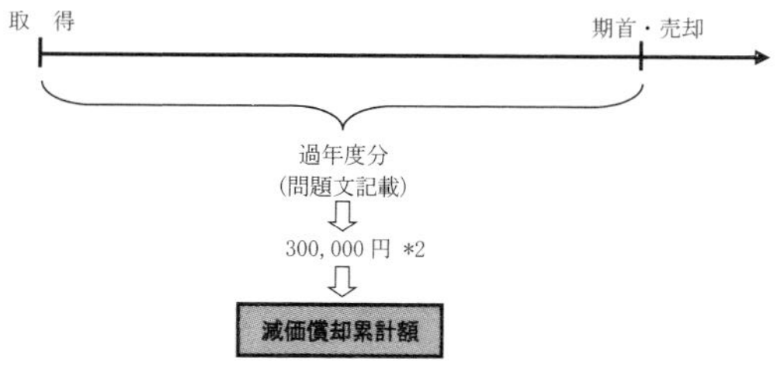

*1　問題文に「代金は毎月末の4分割で受け取る」と記載があるため、未収入金勘定で仕訳する。
（備品の売却は主たる営業活動に係る取引に該当しないため、売却代金に係る債権は「未収入金」となる。）
*2　問題文より 減価償却累計額 300,000円
*3　貸借差額

5．未払配当金の支払い

(借)	未払配当金	200,000 *1	(貸)	現金	200,000

*1　問題文に「株主総会で承認された株主配当金」と記載があるため、未払配当金勘定で仕訳する。

6．仕入（仕入諸掛）

(借)	仕入	110,000 *1	(貸)	当座預金	50,000 *2
				支払手形	50,000 *3
				現金	10,000

*1　仕入100,000円＋引取運賃10,000円（仕入諸掛のため仕入勘定に含める）＝110,000円
*2　問題文に「小切手を振り出し支払い」と記載があるため、当座預金勘定で仕訳する。
*3　問題文に「取引先宛ての約束手形を振り出し」と記載があるため、支払手形勘定で仕訳する。

7．小口現金の補給

(借)	小口現金	20,000 *1	(貸)	当座預金	20,000 *2

*1　問題文に「小口現金を扱う社内の用度係に対して」と記載があるため、小口現金勘定で仕訳する。
*2　問題文に「小切手￥20,000を振り出して渡した」と記載があるため、当座預金勘定で仕訳する。

8．売掛金の回収

(借)	現金	30,000 *1	(貸)	売掛金	30,000

*1　問題文に「同社振出の小切手で受け取った」と記載があるため、現金勘定で仕訳する。

9．電子記録債権の回収

(借)	当座預金	45,120 *1	(貸)	電子記録債権	46,000
	支払手数料	800 *2			
	仮払消費税	80 *3			

*1　電子記録債権46,000円－支払手数料800円(*2)－仮払消費税80円(*3)＝45,120円
*2　支払手数料880円÷(1＋消費税率10%)＝800円
*3　支払手数料 税抜価額800円(*2)×消費税率10%＝80円

10．建物の購入（付随費用）

(借)	建物	2,100,000 *1	(貸)	普通預金	2,100,000

*1　建物2,000,000円＋仲介手数料100,000円（付随費用のため建物勘定に含める）＝2,100,000円

11．給料の支払い

(借)	給料	4,000,000 *1	(貸)	従業員立替金	10,000 *2
				社会保険料預り金	500,000 *3
				所得税預り金	300,000 *4
				普通預金	3,190,000 *5

*1　問題文に「従業員給料総額」と記載があるため、給料勘定で仕訳する。
*2　問題文に「従業員への立替金」と記載があるため、従業員立替金勘定で仕訳する。
*3　問題文に「健康保険料および厚生年金保険料」と記載があるため、社会保険料預り金勘定で仕訳する。
*4　問題文に「所得税」と記載があるため、所得税預り金勘定で仕訳する。
*5　給料4,000,000円－立替金10,000円(*2)－預り金(500,000円(*3)＋300,000円(*4))＝3,190,000円

12．販売商品の返品（クレジット売掛金）

(借)	売上	20,000	(貸)	クレジット売掛金	20,000 *1

*1　問題文に「信販会社へのクレジット手数料（販売代金の2%）は入金時に認識している」と記載があるため、手数料を控除する前の20,000円で仕訳する。

13．増資

(借)	普通預金	16,000,000	(貸)	資本金	16,000,000

1株当たり80,000円×200株＝16,000,000円

14．貸倒れの処理

(借)	貸倒損失	100,000 *1	(貸)	受取手形	100,000

*1　受取手形が当期発生のものであり、貸倒引当金が設定されていないため、貸倒損失勘定で仕訳する。

15．法人税等の確定納付

(借)	未払法人税等	2,000,000 *1	(貸)	現金	2,000,000

*1　税金を納付する際には、定められた納付書を利用するが、納付後は「納付書」でなく「領収証書」が手元に残る。そのため、今回は「領収証書」で仕訳を行う。その領収証書の科目が法人税、申告区分については確定申告に○がついているため、法人税の確定納付の仕訳となる。よって、未払法人税等勘定で仕訳する。

第2問 【解答】 (1) 10点 (2) 10点 計20点

(1) ● 2点×5箇所 計10点

当座預金

4/ 1	前期繰越	(● 450,000)	－	期中減少額	3,480,000
－	期中増加額	3,000,000	3/17	仕入	(150,000)
3/10	諸口	100,000	3/28	支払家賃	(● 100,000)
3/15	(売掛金)	(● 500,000)	3/31	次期繰越	(320,000)
		(4,050,000)			(4,050,000)

損益

3/31	諸費用	8,456,000	3/31	諸収益	9,750,000
〃	減価償却費	(● 98,000)	〃	固定資産売却益	(● 4,000)
〃	固定資産売却損	( )			
〃	繰越利益剰余金	(1,200,000)			
		(9,754,000)			(9,754,000)

(2) □ 完答2点×5箇所 計10点

売掛金元帳
宮崎商店

×6年		摘要	借方	貸方	借または貸	残高
9	1	(⑨)	280,000		借	280,000
	4	(①)	240,000		〃	520,000
	10	(④)		190,000	〃	330,000
	24	(⑥)		53,000	〃	277,000
	29	(⑤)		120,000	〃	157,000
	30	(⑧)		157,000		
			520,000	520,000		
10	1	(⑨)	157,000		借	157,000

売掛金明細表

	9月1日	9月30日
宮崎商店	¥ 280,000	¥ 157,000
大分商店	¥ 190,000	¥ 120,000
	¥ 470,000	¥ 277,000

第2問 【解説】

(1)

簿記の一連の流れは、企業の取引を主要簿である仕訳帳に**仕訳をし**、その結果を**総勘定元帳や補助簿に転記する**ことである。したがって、本問は、**総勘定元帳や補助簿の内容から仕訳を推定できるか**どうかが重要なポイントになる。

解説では日付順に、仕訳の作成と総勘定元帳や補助簿に転記する過程を示すことにする。上記のポイントを意識しながら復習してほしい。

① **4月1日 総勘定元帳の開始記入と2月末日までの取引**

当座預金

4/1 前期繰越	450,000	－ 期中減少額	3,480,000
－ 期中増加額	3,000,000		

損益

当座預金出納帳の3月1日の金額は、4月1日の前期繰越金額に2月末日までの期中増加額をプラスし、また、期中減少額をマイナスすることによって計算される。したがって、この関係性を利用し、次の計算式に組み換え4月1日の前期繰越金額を求める。

3月1日の前月繰越△30,000円－期中増加額3,000,000円＋期中減少額3,480,000円＝450,000円

② **3月1日 当座預金出納帳の開始記入**

当座預金出納帳

×6年		摘要	預入	引出	借または貸	残高
3	1	**前月繰越**		**30,000**	**貸**	**30,000**

③ **3月10日 備品γの売却**

(借)	当座預金	100,000	(貸) 備品	240,000
	減価償却累計額	96,000 *1		
	減価償却費	48,000 *2	固定資産売却益	4,000 *3

当座預金出納帳および固定資産台帳の備品γから仕訳を推定する。

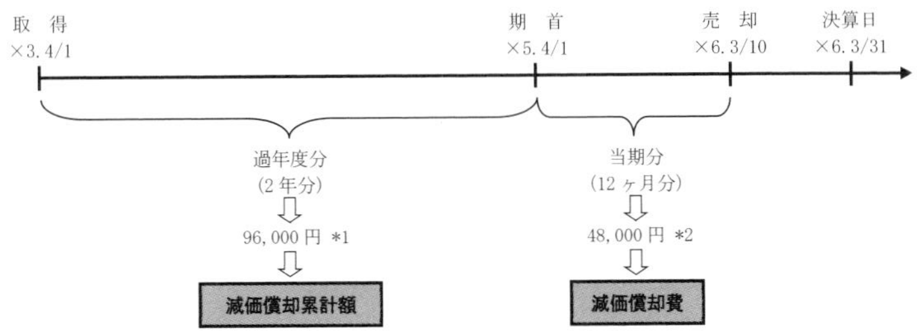

*1 備品γ 240,000円× $\frac{2年(×3年4月～×5年3月)}{耐用年数5年}$ ＝96,000円

*2 備品γ 240,000円÷耐用年数5年× $\frac{12ヶ月(×5年4月～×6年3月)}{12ヶ月}$ ＝48,000円

*3 貸借差額

当座預金出納帳

×6年		摘要	預入	引出	借または貸	残高
3	1	前月繰越		30,000	貸	30,000
	10	**備品γの売却**	**100,000**		**借**	**70,000**

当座預金

借方		貸方	
4/1 前期繰越	450,000	－ 期中減少額	3,480,000
－ 期中増加額	3,000,000		
3/10 諸口	**100,000**		

固定資産売却益

借方		貸方	
		3/10 諸口	**4,000**

減価償却費

借方		貸方	
3/10 諸口	**48,000**		

④ **3月15日 売掛金の回収**

(借) 当座預金	500,000	(貸) 売掛金	500,000

当座預金出納帳から仕訳を推定する。金額は、3月10日の残高と3月15日の残高の差額で計算する。

3月15日の残高570,000円－3月10日の残高70,000円＝500,000円

当座預金出納帳

×6年		摘要	預入	引出	借または貸	残高
3	1	前月繰越		30,000	貸	30,000
	10	備品γの売却	100,000		借	70,000
	15	**鎌倉商店の売掛金回収**	**500,000**		**〃**	**570,000**

当座預金

借方		貸方	
4/1 前期繰越	450,000	－ 期中減少額	3,480,000
－ 期中増加額	3,000,000		
3/10 諸口	100,000		
3/15 売掛金	**500,000**		

⑤ **3月17日 仕入**

(借) 仕入	150,000	(貸) 当座預金	150,000

当座預金出納帳から仕訳を推定する。

当座預金出納帳

×6年		摘要	預入	引出	借または貸	残高
3	1	前月繰越		30,000	貸	30,000
	10	備品γの売却	100,000		借	70,000
	15	鎌倉商店の売掛金回収	500,000		〃	570,000
	17	**伊勢商店からの仕入れ**		**150,000**	**〃**	**420,000**

当座預金

借方		貸方	
4/1 前期繰越	450,000	－ 期中減少額	3,480,000
－ 期中増加額	3,000,000	**3/17 仕入**	**150,000**
3/10 諸口	100,000		
3/15 売掛金	500,000		

⑥ **3月28日 家賃の支払い**

(借) 支払家賃	100,000	(貸) 当座預金	100,000

当座預金出納帳から仕訳を推定する。金額は、3月17日の残高と3月28日の残高の差額で計算する。なお、次期繰越の金額は、最後に取引した残高が記載されるため、3月28日の残高と次期繰越の金額は一致する関係にある。

3月28日残高320,000円－3月17日残高420,000円＝△100,000円

当座預金出納帳

×6年		摘要	預入	引出	借または貸	残高
3	1	前月繰越		30,000	貸	30,000
	10	備品γの売却	100,000		借	70,000
	15	鎌倉商店の売掛金回収	500,000		〃	570,000
	17	伊勢商店からの仕入れ		150,000	〃	420,000
	28	**家賃の支払い**		**100,000**	**〃**	**320,000**

当座預金

借方		貸方	
4/1 前期繰越	450,000	－ 期中減少額	3,480,000
－ 期中増加額	3,000,000	3/17 仕入	150,000
3/10 諸口	100,000	**3/28 支払家賃**	**100,000**
3/15 売掛金	500,000		

⑦ **3月31日 減価償却費の計上**

(借) 減価償却費	50,000 *1	(貸) 減価償却累計額	50,000

*1 備品α 35,000円(*2)＋備品β 15,000円(*3)＝50,000円

*2 備品α 350,000円÷耐用年数10年＝35,000円

*3 備品β 200,000円÷耐用年数10年×$\frac{9ヶ月(×5年7月〜×6年3月)}{12ヶ月}$＝15,000円

減価償却費

3/10	諸口	48,000			
3/31	**減価償却累計額**	**50,000**			

⑧ **3月31日 帳簿の締切り**

当座預金出納帳

×6年		摘要	預入	引出	借または貸	残高
3	1	前月繰越		30,000	貸	30,000
	10	備品γの売却	100,000		借	70,000
	15	鎌倉商店の売掛金回収	500,000		〃	570,000
	17	伊勢商店からの仕入れ		150,000	〃	420,000
	28	家賃の支払い		100,000	〃	320,000
	31	**次期繰越**		**320,000**		
			600,000	**600,000**		

当座預金

4/1	前期繰越	450,000	－	期中減少額	3,480,000
－	期中増加額	3,000,000	3/17	仕入	150,000
3/10	諸口	100,000	3/28	支払家賃	100,000
3/15	売掛金	500,000	**3/31**	**次期繰越**	**320,000**
		4,050,000			**4,050,000**

損益

3/31	**諸費用**	**8,456,000**	**3/31**	**諸収益**	**9,750,000**
〃	**減価償却費**	**98,000**	**〃**	**固定資産売却益**	**4,000**
〃	**繰越利益剰余金**	**1,200,000**			
		9,754,000			**9,754,000**

減価償却費

3/10	諸口	48,000	**3/31**	**損益**	**98,000**
3/31	減価償却累計額	50,000			
		98,000			**98,000**

固定資産売却益

3/31	**損益**	**4,000**	3/2	諸口	4,000

諸費用

－	期中発生額	8,456,000	**3/31**	**損益**	**8,456,000**

諸収益

3/31	**損益**	**9,750,000**	－	期中発生額	9,750,000

【参考】

固定資産台帳　　×6年3月31日現在

取得年月日	名称等	期末数量	耐用年数	期首(期中取得)取得原価	期首減価償却累計額	期首(期中取得)帳簿価額	期中売却	当期減価償却費
×1年10月1日	備品α	7	10年	350,000	122,500	227,500	0	35,000
×3年4月1日	備品γ	6	5年	240,000	96,000	144,000	96,000	48,000
×5年7月1日	備品β	2	10年	200,000	0	200,000	0	15,000
				790,000	218,500	571,500	96,000	98,000

(2)

<売掛金元帳・宮崎商店の作成・売掛金明細表の作成>

大分商店の売掛金明細表9月30日残高はT勘定を作成し計算する。また、宮崎商店の9月30日残高は、売掛金元帳・宮崎商店の次月繰越高より求める。

※ 売掛金元帳や売掛金明細表を作成するため、仕訳上、売掛金勘定の横には店名を記載している。

（1）**9月1日 開始記入**

売掛金元帳
宮崎商店

×6年		摘要	借方	貸方	借または貸	残高
9	1	**（前月繰越）**	**280,000**		**借**	**280,000**

答案用紙の売掛金明細表・宮崎商店の9月1日残高から記入する。

（2）**9月4日 売上（宮崎商店）**

(借) 受取手形	80,000 *1	(貸) 売上	320,000
売掛金(宮崎商店)	240,000 *3		

*1 売上高320,000円×$\frac{1}{4}$＝80,000円(*2)

*2 問題文に「同店振り出しの約束手形で受け取り」と記載があるため、受取手形勘定で仕訳する。

*3 売上高320,000円－受取手形80,000円(*1)＝240,000円

売掛金元帳
宮崎商店

×6年		摘要	借方	貸方	借または貸	残高
9	1	（前月繰越）	280,000		借	280,000
	4	**（売り上げ）**	**240,000**		**〃**	**520,000**

（3）**9月6日 売上（大分商店）**

(借) 当座預金	130,000	(貸) 売上	130,000

（4）**9月10日　売掛金の回収（宮崎商店、大分商店）**

(借)	現　　金	280,000	(貸)	売掛金(宮崎商店)	190,000
				売掛金(大分商店)	90,000

売掛金元帳
宮崎商店

×6年		摘　　要	借　方	貸　方	借または貸	残　高
9	1	(前月繰越)	280,000		借	280,000
	4	(売り上げ)	240,000		〃	520,000
	10	**(現金回収)**		**190,000**	**〃**	**330,000**

大分商店

9/1	前月繰越	190,000	**9/10**	**現　金**	**90,000**

（5）**9月15日　買掛金の決済（鹿児島商店）**

(借)	買　掛　金	80,000	(貸)	支払手形	80,000 *1

*1　問題文に「約束手形を振り出した」と記載があるため、支払手形勘定で仕訳する。

（6）**9月21日　売上（大分商店）**

(借)	受取手形	60,000 *1	(貸)	売　　上	150,000
	売掛金(大分商店)	90,000 *2			

*1　問題文に「大分商店振り出しの約束手形を受け取り」と記載があるため、受取手形勘定で仕訳する。
*2　売上高 150,000円－受取手形 60,000円(*1)＝90,000円

大分商店

9/1	前月繰越	190,000	9/10	現　金	90,000
9/21	**売　上**	**90,000**			

（7）**9月24日　販売商品の返品（宮崎商店）**

(借)	売　　上	53,000	(貸)	売掛金(宮崎商店)	53,000

売掛金元帳
宮崎商店

×6年		摘　　要	借　方	貸　方	借または貸	残　高
9	1	(前月繰越)	280,000		借	280,000
	4	(売り上げ)	240,000		〃	520,000
	10	(現金回収)		190,000	〃	330,000
	24	**(返　品)**		**53,000**	**〃**	**277,000**

（8）**9月25日　売掛金の回収（大分商店）**

(借)	現　　金	70,000	(貸)	売掛金(大分商店)	70,000

大分商店

9/1	前月繰越	190,000	9/10	現　金	90,000
9/21	売　上	90,000	**9/25**	**現　金**	**70,000**

（9）**9月29日　売掛金の回収（宮崎商店）**

(借)	当座預金	120,000 *1	(貸)	売掛金(宮崎商店)	120,000

*1　問題文に「直ちに当座預金へ預け入れた」と記載があるため、当座預金勘定で仕訳する。

売掛金元帳
宮崎商店

×6年		摘　　要	借　方	貸　方	借または貸	残　高
9	1	(前月繰越)	280,000		借	280,000
	4	(売り上げ)	240,000		〃	520,000
	10	(現金回収)		190,000	〃	330,000
	24	(返　品)		53,000	〃	277,000
	29	**(小切手回収(当座入金))**		**120,000**	**〃**	**157,000**

（10）**9月30日　帳簿の締切りと開始記入**

①　売掛金元帳・宮崎商店

売掛金元帳
宮崎商店

×6年		摘　　要	借　方	貸　方	借または貸	残　高
9	1	(前月繰越)	280,000		借	280,000
	4	(売り上げ)	240,000		〃	520,000
	10	(現金回収)		190,000	〃	330,000
	24	(返　品)		53,000	〃	277,000
	29	(小切手回収(当座入金))		120,000	〃	157,000
	30	**(次月繰越)**		**157,000**		
			520,000	**520,000**		
10	**1**	**(前月繰越)**	**157,000**		**借**	**157,000**

売掛金明細表 宮崎商店
9/30の残高 157,000円

②　T勘定（大分商店）

売掛金明細表 大分商店
9/30の残高 120,000円

大分商店

9/1	前月繰越	190,000	9/10	現　金	90,000
9/21	売　上	90,000	9/25	現　金	70,000
			9/30	**次月繰越**	**120,000**
		280,000			**280,000**

第3問 【解答】 ○ 勘定科目と金額をセットで正解4点×5箇所 ● 3点×5箇所 計35点

貸借対照表
×5年3月31日
(単位：円)

現金		(136,200)	支払手形	(310,000)
当座預金		(316,000)	買掛金	(240,000)
受取手形	(300,000)		(前受)収益	(○ 24,000)
売掛金	(320,000)		未払法人税等	(180,000)
貸倒引当金	(△ 18,600)	(601,400)	借入金	(600,000)
商品		(● 324,000)	資本金	(1,000,000)
(前払金)		(○ 50,000)	繰越利益剰余金	(726,601)
(前払)費用		(○ 5,000)		
建物	(1,200,000)			
減価償却累計額	(△ 468,000)	(732,000)		
備品	(300,000)			
減価償却累計額	(△ 299,999)	(● 1)		
土地		(916,000)		
		(3,080,601)		(3,080,601)

損益計算書
自 ×4年4月1日 至 ×5年3月31日
(単位：円)

売上原価	(3,186,000)	売上高	(4,200,000)
給料	(430,000)	受取地代	(33,600)
修繕費	(● 55,000)		
(貸倒損失)	(○ 26,000)		
貸倒引当金繰入	(18,600)		
消耗品費	(17,400)		
減価償却費	(● 36,000)		
支払利息	(25,000)		
法人税等	(● 180,000)		
当期純(利益)	(○ 259,600)		
	(4,233,600)		(4,233,600)

第3問 【解説】

決算整理事項等

1．仮払金の精算（前払金）

(借)	前払金	50,000 *1	(貸)	仮払金	50,000

*1 問題文に「手付金を支払っていたが」と記載されているため、前払金勘定で仕訳する。

2．貸倒れの処理

(借)	貸倒引当金	4,000 *1	(貸)	売掛金	30,000
	貸倒損失	26,000 *2			

*1 前期以前に発生した得意先K社に対する売掛金について貸倒引当金を設定しているため、貸倒引当金勘定で仕訳し、貸倒引当金で充当できなかった分については、貸倒損失勘定で仕訳する。

*2 売掛金30,000円－前T/B 貸倒引当金4,000円(*1)＝26,000円

3．資本的支出

(借)	土地	16,000	(貸)	修繕費	16,000

整地工事の金額16,000円は資本的支出に該当するため、修繕費勘定から土地勘定に振り替える。

4．売上原価の算定

(借)	仕入	270,000	(貸)	繰越商品	270,000 *1
	繰越商品	324,000 *2		仕入	324,000

*1 前T/B 繰越商品270,000円

*2 問題文・期末商品棚卸高324,000円

5．貸倒引当金の計上

(借)	貸倒引当金繰入	18,600	(貸)	貸倒引当金	18,600

見積額：(前T/B 受取手形300,000円＋前T/B 売掛金350,000円
－30,000円(上記2.「貸倒れの処理」参照))×3%＝18,600円

繰入額：見積額18,600円－(前T/B 貸倒引当金4,000円－4,000円(上記2.「貸倒れの処理」参照))＝18,600円

6．減価償却費の計上（建物）

(借)	減価償却費	36,000	(貸)	建物減価償却累計額	36,000

前T/B 建物1,200,000円×0.9÷耐用年数30年＝36,000円

7．減価償却費の計上（備品）

仕訳なし

減価償却期間が終了しているため、備忘価額で据え置くことになる。

8．前払利息の計上

(借) 前　払　利　息	5,000	(貸) 支　払　利　息	5,000

前T/B 借入金600,000円×年利率5%×$\frac{2ヶ月(×5年4月〜5月)}{12ヶ月}$＝5,000円

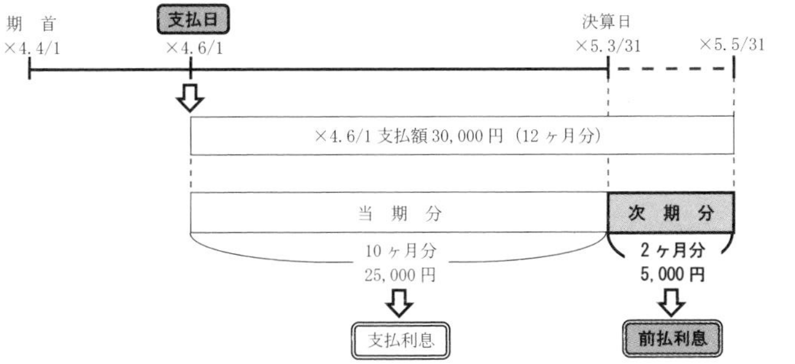

9．前受地代の計上

(借) 受　取　地　代	24,000	(貸) 前　受　地　代	24,000

前T/B 受取地代57,600円×$\frac{5ヶ月(×5年4月〜8月)}{12ヶ月}$＝24,000円

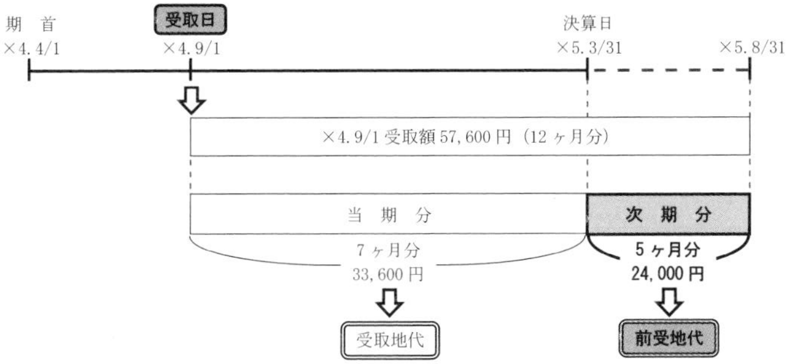

10．法人税等の計上

(借) 法　人　税　等	180,000	(貸) 未 払 法 人 税 等	180,000

*1　前T/Bに仮払法人税等勘定がない場合、全額を未払法人税等勘定で仕訳する。

11．財務諸表の作成

貸倒引当金	受取手形や売掛金といった、設定対象の下に表示し、対象資産からマイナスして表示する。その結果、受取手形や売掛金は、貸倒引当金をマイナスした後の残額で表示する。
商　　品	仕訳上では「繰越商品」勘定を使用するが、貸借対照表では「商品」で表示する。
減価償却累計額	仕訳上では「建物減価償却累計額」「備品減価償却累計額」勘定を使用するが、貸借対照表では「減価償却累計額」で表示する。また、建物や備品といった関連する資産の下に表示し、関連する資産からマイナスして表示する。その結果、建物や備品は、減価償却累計額をマイナスした後の残額で表示する。
前 払 費 用	仕訳上では「前払利息」勘定を使用するが、貸借対照表では「前払費用」で表示する。
前 受 収 益	仕訳上では「前受地代」勘定を使用するが、貸借対照表では「前受収益」で表示する。
売　上　高	仕訳上では「売上」勘定を使用するが、損益計算書では「売上高」で表示する。
売 上 原 価	仕訳上では「仕入」勘定を使用するが、損益計算書では「売上原価」で表示する。
当 期 純 利 益	損益計算書における貸借差額で当期純利益259,600円を計算し、「損益計算書」の借方に記載する。
繰越利益剰余金	前T/B 繰越利益剰余金467,001円＋当期純利益259,600円（当期純利益参照）＝726,601円

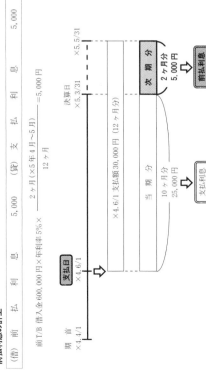

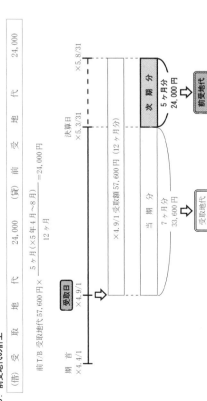

3級 チャレンジ 第2問　解答解説

第1回　**【解答】**　□　完答2点×5箇所　計10点

建　　物

4/ 1	（前期繰越）	（2,700,000）	9/30	諸口	（600,000）
1/ 1	諸口	（3,000,000）	3/31	（次期繰越）	（5,100,000）
		（5,700,000）			（5,700,000）
4/ 1	（前期繰越）	（5,100,000）			

建物減価償却累計額

9/30	建物	（180,000）	4/ 1	（前期繰越）	（600,000）
3/31	（次期繰越）	（508,750）	3/31	（減価償却費）	（88,750）
		（688,750）			（688,750）
			4/ 1	（前期繰越）	（508,750）

減価償却費

9/30	建物	（20,000）	3/31	（損益）	（108,750）
3/31	建物減価償却累計額	（88,750）			
		（108,750）			（108,750）

【解説】

1．当期の開始記入

（1）建物勘定

建物X　2,100,000円＋倉庫Y　600,000円＝2,700,000円

（2）建物減価償却累計額勘定

建物X　420,000円(*1)＋倉庫Y　180,000円(*2)＝600,000円

＜建物X＞

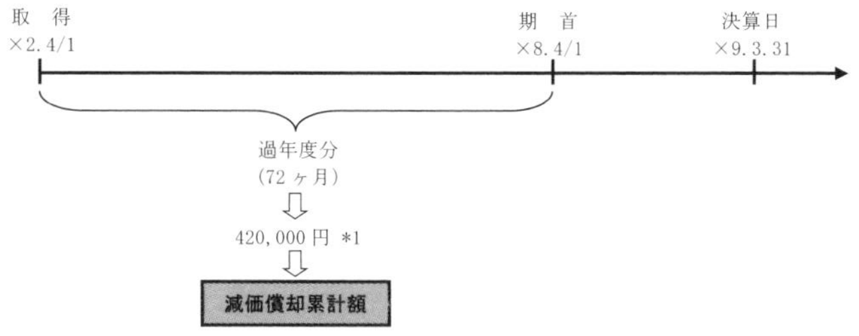

*1　建物X　2,100,000円÷耐用年数30年× 72ヶ月（×2年4月～×8年3月） / 12ヶ月 ＝420,000円

＜倉庫Y＞

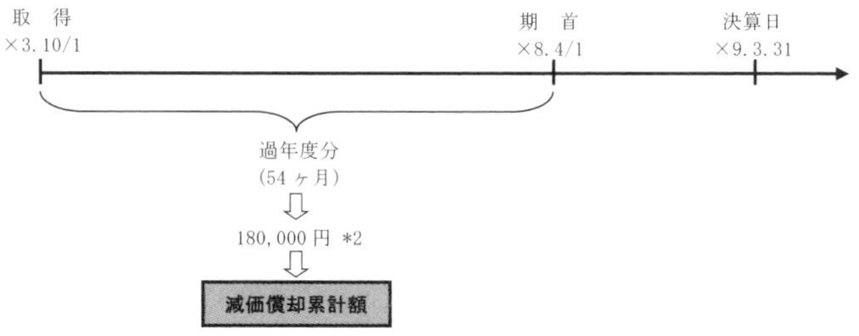

*2　倉庫Y　600,000円÷耐用年数15年× 54ヶ月（×3年10月～×8年3月） / 12ヶ月 ＝180,000円

建　　物

4/ 1 前期繰越 2,700,000	

建物減価償却累計額

	4/ 1 前期繰越 600,000

2．期中取引

① ×8年9月30日　倉庫Yの売却

（借）	未収入金	350,000 *1	（貸）建物	600,000
	建物減価償却累計額	180,000 *2		
	減価償却費	20,000 *3		
	固定資産売却損	50,000 *4		

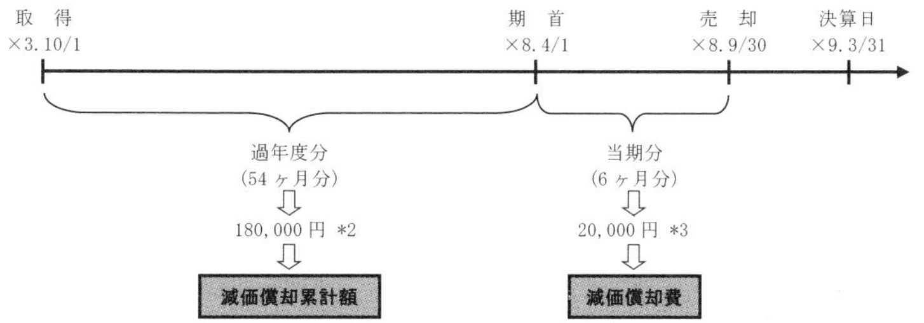

*1　問題文に「代金は2ヶ月後に受け取ることとした」と記載があるため、未収入金勘定で仕訳する。

*2　固定資産台帳より　180,000円（上記1．倉庫Y参照）

*3　倉庫Y　600,000円÷耐用年数15年×$\frac{6ヶ月（×8年4月～×8年9月）}{12ヶ月}$＝20,000円

*4　貸借差額

建物

4/1 前期繰越 2,700,000	**9/30 諸口 600,000**

建物減価償却累計額

9/30 建物 180,000	4/1 前期繰越 600,000

減価償却費

9/30 建物 20,000	

② ×9年1月1日　建物Zの取得

（借）	建物	3,000,000 *1	（貸）当座預金	2,800,000 *2
			現金	200,000

*1　建物2,800,000円＋
（仲介手数料150,000円＋登記費用50,000円）（付随費用のため建物勘定に含める）＝3,000,000円

*2　問題文に「小切手を振り出して支払った」と記載があるため、当座預金勘定で仕訳する。

建物

4/1 前期繰越 2,700,000	9/30 諸口 600,000
1/1 諸口 3,000,000	

③ ×9年3月31日　決算整理仕訳

（借）	減価償却費	88,750 *1	（貸）建物減価償却累計額	88,750

*1　建物X 70,000円（*2）＋建物Z 18,750円（*3）＝88,750円

*2　建物X 2,100,000円÷耐用年数30年＝70,000円

*3　建物Z 3,000,000円÷耐用年数40年×$\frac{3ヶ月（×9年1月～3月）}{12ヶ月}$＝18,750円

減価償却費

9/30 建物 20,000	
3/31 建物累計額 88,750	

建物減価償却累計額

9/30 建物 180,000	4/1 前期繰越 600,000
	3/31 減価償却費 88,750

3．帳簿の締切り

建物

4/1 前期繰越 2,700,000	9/30 諸口 600,000
1/1 諸口 3,000,000	**3/31 次期繰越 5,100,000**
5,700,000	**5,700,000**

建物減価償却累計額

9/30 建物 180,000	4/1 前期繰越 600,000
3/31 次期繰越 508,750	3/31 減価償却費 88,750
688,750	**688,750**

減価償却費

9/30 建物 20,000	**3/31 損益 108,750**
3/31 建物累計額 88,750	
108,750	**108,750**

4．翌期の開始記入

建物

4/1 前期繰越 2,700,000	9/30 諸口 600,000
1/1 諸口 3,000,000	3/31 次期繰越 5,100,000
5,700,000	5,700,000
4/1 前期繰越 5,100,000	

建物減価償却累計額

9/30 建物 180,000	4/1 前期繰越 600,000
3/31 次期繰越 508,750	3/31 減価償却費 88,750
688,750	688,750
	4/1 前期繰越 508,750

【参考】

固定資産台帳の（　）をすべて埋めると以下のようになる。

固定資産台帳　　×9年3月31日現在

取得年月日	名称等	期末数量	耐用年数	期首（期中取得）取得原価	期首減価償却累計額	期首（期中取得）帳簿価額	期中売却	当期減価償却費
×2年 4月 1日	建物X	1	30年	2,100,000	420,000	1,680,000	0	70,000
×3年10月 1日	倉庫Y	1	15年	600,000	180,000	420,000	400,000	20,000
×9年 1月 1日	建物Z	1	40年	3,000,000	0	3,000,000	0	18,750
				5,700,000	600,000	5,100,000	400,000	108,750

第２回 【解答】 各２点×５箇所 計10点

①	②	③	④	⑤
￥ 300,000	仕入	前払金	記入なし	仮払金

【解説】

1．取引1．について

「一部現金取引」であるため、「分解方式」または「擬制方式」での起票となるが、どちらの方式であるかは、問題文の伝票の一部記載事項をもとに推定することになる。

具体的には、下書用紙に「分解方式での仕訳」と「擬制方式での仕訳」を作成し、問題文の伝票の一部記載事項と照らし合わせて「分解方式」か「擬制方式」か推定し、各伝票の空欄を埋める。

＜１＞**仕訳の全体像**

(借)	仕入	450,000	(貸)	前払金	150,000 *1
				現金	300,000 *3

*1 仕入代金450,000円×$\frac{1}{3}$＝150,000円(*2)

*2 問題文に「契約時に支払った手付金」と記載があるため、前払金勘定で仕訳する。

*3 仕入代金450,000円－150,000円(*1)＝300,000円

＜２＞**伝票への記載**

① **分解方式**　※下記２つの仕訳を合わせると、上記＜１＞の仕訳になる

(借)	仕入	150,000	(貸)	前払金	150,000	⇨ **振替伝票**

(借)	仕入	300,000	(貸)	現金	300,000	⇨ **出金伝票**

② **擬制方式**　※下記２つの仕訳を合わせると、上記＜１＞の仕訳になる

(借)	仕入	450,000	(貸)	前払金	450,000	⇨ **振替伝票**

(借)	前払金	300,000	(貸)	現金	300,000	⇨ **出金伝票**

＜３＞**分解方式か擬制方式かの推定**

問題文の振替伝票の金額が「150,000」であることから、分解方式であると推定できる。仮に擬制方式であるならば、振替伝票の金額は「450,000」となるからである。したがって、分解方式により、出金伝票および振替伝票を作成する。

2．取引2．について

問題文より、ＩＣカードへの入金は今週のはじめの出金取引であり、本日の出金取引でないため、本日の出金伝票には記入されない。よって、現金勘定の増加・減少をともなわない取引であるため振替伝票に起票されるだけである。したがって、出金伝票には起票されないため、「④」については、問題文の指示どおり「記入なし」と解答する。

仕訳なし	⇨ **出金伝票**

(借)	旅費交通費	7,000	(貸)	仮払金	7,000	⇨ **振替伝票**

第3回 【解答】 □ 完答2点×5箇所 計10点

売掛金

7/ 1	前月繰越	30,000	7/18	（ ア ）	（ 50,000）
7/15	売上	（ 40,000）	7/24	売上	（ 2,000）
7/23	売上	（ 32,000）	7/31	次月繰越	50,000
		102,000			102,000

繰越商品

7/ 1	前月繰越	（ 10,000）	7/31	仕入	（ 10,000）
7/31	仕入	（ 11,600）	〃	次月繰越	（ 11,600）
		（ 21,600）			（ 21,600）

仕入

（7/ 8）	（ オ ）	（ 18,000）	7/31	（ エ ）	（ 11,600）
（7/19）	（ オ ）	（ 23,400）	〃	損益	（ 39,800）
7/31	（ エ ）	（ 10,000）			
		（ 51,400）			（ 51,400）

【解説】

簿記の一連の流れは、企業の取引を主要簿である仕訳帳に**仕訳をし**、その結果を**総勘定元帳や補助簿に転記する**ことである。したがって、本問は、**総勘定元帳や補助簿の内容から仕訳を推定できるか**どうかが重要なポイントになる。

また、総勘定元帳・売掛金と得意先元帳は、**総勘定元帳・売掛金の内訳を得意先元帳で表している関係**にある。したがって、岐阜商店の得意先は、東京商店のみであるため、問題文に示されている**得意先元帳**と、答案用紙に示されている**総勘定元帳・売掛金の記載内容は一致する**結果になる。

同じように、総勘定元帳・繰越商品、仕入と商品有高帳は、**総勘定元帳・繰越商品、仕入の詳細を商品有高帳で表している関係**にある。したがって、問題文に示されている**商品有高帳**と、答案用紙に示されている**総勘定元帳・繰越商品、仕入の記載内容は一致する**結果になる。

解説では日付順に、仕訳の作成と総勘定元帳や補助簿に転記する過程を示すことにする。上記のポイントを意識しながら復習してほしい。

① 7月1日 開始記入

商品有高帳 （移動平均法）

日付		摘要	受入高 数量	受入高 単価	受入高 金額	払出高 数量	払出高 単価	払出高 金額	残高 数量	残高 単価	残高 金額
7	1	**前月繰越**	**100**	**100**	**10,000**				**100**	**100**	**10,000**

売掛金

7/ 1 前月繰越 30,000	

得意先元帳
東京商店

7/ 1 前月繰越 30,000	

繰越商品

7/ 1 前月繰越 10,000	

② 7月8日 仕入

（借）	仕入	18,000	（貸）	買掛金	18,000

商品有高帳の7月8日の記載から仕訳を推定する。なお、問題文に「商品の仕入れおよび売り上げは、すべて掛けによって行われている」と記載があるため、商品の仕入れの場合、貸方は買掛金勘定、商品の売り上げの場合、借方は売掛金勘定となる。（以下同様）

商品有高帳 （移動平均法）

日付		摘要	受入高 数量	受入高 単価	受入高 金額	払出高 数量	払出高 単価	払出高 金額	残高 数量	残高 単価	残高 金額
7	1	前月繰越	100	100	10,000				100	100	10,000
	8	**仕入**	**150**	**120**	**18,000**				**250**	**112**	**28,000**

仕入

7/ 8 買掛金 18,000	

③　**7月15日　売上**

(借) 売掛金	40,000	(貸) 売上	40,000

商品有高帳の7月15日の記載から仕訳を推定する。売上の金額は、問題文に「X商品（販売価格@￥200）」と記載があるため、販売価格@200円に払出数量を乗じて計算する。（以下同様）

販売価格@200円×払出数量200個＝40,000円

商品有高帳（移動平均法）

日付		摘要	受入高 数量	受入高 単価	受入高 金額	払出高 数量	払出高 単価	払出高 金額	残高 数量	残高 単価	残高 金額
7	1	前月繰越	100	100	10,000				100	100	10,000
	8	仕入	150	120	18,000				250	112	28,000
	15	**売上**				**200**	**112**	**22,400**	**50**	**112**	**5,600**

売掛金

借方	貸方
7/1 前月繰越 30,000	
7/15 売上 40,000	

得意先元帳
東京商店

借方	貸方
7/1 前月繰越 30,000	
7/15 売り上げ 40,000	

④　**7月18日　売掛金の回収**

(借) 現金	50,000	(貸) 売掛金	50,000

得意先元帳・東京商店の7月18日の記載から仕訳を推定する。他店小切手を受け取っているため、現金勘定で仕訳する。

売掛金

借方	貸方
7/1 前月繰越 30,000	**7/18 現金 50,000**
7/15 売上 40,000	

得意先元帳
東京商店

借方	貸方
7/1 前月繰越 30,000	**7/18 他店小切手回収 50,000**
7/15 売り上げ 40,000	

⑤　**7月19日　仕入**

(借) 仕入	23,400	(貸) 買掛金	23,400

商品有高帳の7月19日の記載から仕訳を推定する。

商品有高帳（移動平均法）

日付		摘要	受入高 数量	受入高 単価	受入高 金額	払出高 数量	払出高 単価	払出高 金額	残高 数量	残高 単価	残高 金額
7	1	前月繰越	100	100	10,000				100	100	10,000
	8	仕入	150	120	18,000				250	112	28,000
	15	売上				200	112	22,400	50	112	5,600
	19	**仕入**	**200**	**117**	**23,400**				**250**	**116**	**29,000**

仕入

借方	貸方
7/8 買掛金 18,000	
7/19 買掛金 23,400	

⑥　**7月23日　売上**

(借) 売掛金	32,000	(貸) 売上	32,000

商品有高帳の7月23日の記載から仕訳を推定する。なお、払出数量は、得意先元帳・東京商店の売上金額から次の計算式で計算する。

売上金額32,000円÷販売価格@200円＝160個

商品有高帳（移動平均法）

日付		摘要	受入高 数量	受入高 単価	受入高 金額	払出高 数量	払出高 単価	払出高 金額	残高 数量	残高 単価	残高 金額
7	1	前月繰越	100	100	10,000				100	100	10,000
	8	仕入	150	120	18,000				250	112	28,000
	15	売上				200	112	22,400	50	112	5,600
	19	仕入	200	117	23,400				250	116	29,000
	23	**売上**				**160**	**116**	**18,560**	**90**	**116**	**10,440**

売掛金

借方	貸方
7/1 前月繰越 30,000	7/18 現金 50,000
7/15 売上 40,000	
7/23 売上 32,000	

得意先元帳
東京商店

借方	貸方
7/1 前月繰越 30,000	7/18 他店小切手回収 50,000
7/15 売り上げ 40,000	
7/23 売り上げ 32,000	

⑦　**7月24日　売上返品**

(借) 売上	2,000	(貸) 売掛金	2,000

商品有高帳の7月24日の記載から仕訳を推定する。

販売価格@200円×受入数量(返品数量)10個＝2,000円

商品有高帳（移動平均法）

日付		摘要	受入高 数量	受入高 単価	受入高 金額	払出高 数量	払出高 単価	払出高 金額	残高 数量	残高 単価	残高 金額
7	1	前月繰越	100	100	10,000				100	100	10,000
	8	仕入	150	120	18,000				250	112	28,000
	15	売上				200	112	22,400	50	112	5,600
	19	仕入	200	117	23,400				250	116	29,000
	23	売上				160	116	18,560	90	116	10,440
	24	**売上返品**	**10**	**116**	**1,160**				**100**	**116**	**11,600**

売掛金

借方	貸方
7/1 前月繰越 30,000	7/18 現金 50,000
7/15 売上 40,000	**7/24 売上 2,000**
7/23 売上 32,000	

得意先元帳
東京商店

借方	貸方
7/1 前月繰越 30,000	7/18 他店小切手回収 50,000
7/15 売り上げ 40,000	**7/24 返品 2,000**
7/23 売り上げ 32,000	

⑧ 7月31日 決算整理仕訳

（借）	仕入	10,000	（貸）	繰越商品	10,000 *1
	繰越商品	11,600 *2		仕入	11,600

*1 商品有高帳の7月1日時点の残高10,000円

*2 商品有高帳の7月24日時点（当月最後の取引日）の残高11,600円

仕入

7/ 8	買掛金	18,000	**7/31**	**繰越商品**	**11,600**
7/19	買掛金	23,400			
7/31	**繰越商品**	**10,000**			

繰越商品

7/ 1	前月繰越	10,000	**7/31**	**仕入**	**10,000**
7/31	**仕入**	**11,600**			

⑨ 7月31日 帳簿の締切り

商品有高帳 （移動平均法）

日付		摘要	受入高			払出高			残高		
			数量	単価	金額	数量	単価	金額	数量	単価	金額
7	1	前月繰越	100	100	10,000				100	100	10,000
	8	仕入	150	120	18,000				250	112	28,000
	15	売上				200	112	22,400	50	112	5,600
	19	仕入	200	117	23,400				250	116	29,000
	23	売上				160	116	18,560	90	116	10,440
	24	売上返品	10	116	1,160				100	116	11,600
	31	**次月繰越**				**100**	**116**	**11,600**			
			460		**52,560**	**460**		**52,560**			

売掛金

7/ 1	前月繰越	30,000	7/18	現金	50,000
7/15	売上	40,000	7/24	売上	2,000
7/23	売上	32,000	**7/31**	**次月繰越**	**50,000**
		102,000			**102,000**

得意先元帳

東京商店

7/ 1	前月繰越	30,000	7/18	他店小切手回収	50,000
7/15	売り上げ	40,000	7/24	返品	2,000
7/23	売り上げ	32,000	**7/31**	**次月繰越**	**50,000**
		102,000			**102,000**

仕入

7/ 8	買掛金	18,000	7/31	繰越商品	11,600
7/19	買掛金	23,400	**7/31**	**損益**	**39,800**
7/31	繰越商品	10,000			
		51,400			**51,400**

繰越商品

7/ 1	前月繰越	10,000	7/31	仕入	10,000
7/31	仕入	11,600	**7/31**	**次月繰越**	**11,600**
		21,600			**21,600**

第4回 【解答】 完答各2点×5箇所 計10点

買掛金元帳
横浜商店

×3年		摘要	借方	貸方	借または貸	残高
9	1	（ ⑥ ）		230,000	貸	230,000
	8	（ ① ）		100,000	〃	330,000
	13	（ ① ）		130,000	〃	460,000
	14	（ ④ ）	26,000		〃	434,000
	27	（ ② ）	260,000		〃	174,000
	30	（ ⑦ ）	174,000			
			460,000	460,000		
10	1	（ ⑥ ）		174,000	貸	174,000

問2 ¥ 138,600

1．買掛金元帳（横浜商店）の作成

※ 買掛金元帳の作成を解答するため、仕訳上、買掛金勘定の横には店名を記載している。

（1）9月1日 開始記入

買掛金元帳
横浜商店

×3年		摘要	借方	貸方	借または貸	残高
9	1	（ 前月繰越 ）		230,000	貸	230,000

問題文の「買掛金元帳の前期繰越高は¥350,000（東京商店¥120,000、横浜商店¥230,000）である」より、買掛金元帳・横浜商店の前月繰越高を記入する。

（2）9月8日 仕入（東京商店、横浜商店）

（借）	仕入	170,000	（貸）	買掛金（東京商店）	70,000 *1
				買掛金（横浜商店）	100,000 *2

*1 @700円×100個＝70,000円

*2 @500円×200個＝100,000円

買掛金元帳
横浜商店

×3年		摘要	借方	貸方	借または貸	残高
9	1	（ 前月繰越 ）		230,000	貸	230,000
	8	（ 仕入 ）		100,000	〃	330,000

（3）9月13日 仕入（横浜商店）

（借）	仕入	130,000	（貸）	買掛金（横浜商店）	130,000

@520円×250個＝130,000円

買掛金元帳
横浜商店

×3年		摘要	借方	貸方	借または貸	残高
9	1	（ 前月繰越 ）		230,000	貸	230,000
	8	（ 仕入 ）		100,000	〃	330,000
	13	（ 仕入 ）		130,000	〃	460,000

（4）9月14日 仕入商品の返品（横浜商店）

（借）	買掛金（横浜商店）	26,000	（貸）	仕入	26,000

@520円×50個＝26,000円

買 掛 金 元 帳
横 浜 商 店

×3年		摘　要	借　方	貸　方	借または貸	残　高
9	1	（ 前月繰越 ）		230,000	貸	230,000
	8	（ 仕　入 ）		100,000	〃	330,000
	13	（ 仕　入 ）		130,000	〃	460,000
	14	（ **返　品** ）	**26,000**		**〃**	**434,000**

（5）**9月18日　仕入（東京商店）**

（借）	仕　入	180,000	（貸）	買掛金（東京商店）	180,000

@720円×250個＝180,000円

（6）**9月27日　買掛金の決済（東京商店、横浜商店）**

（借）	買掛金（東京商店）	150,000	（貸）	当座預金	410,000 *1
	買掛金（横浜商店）	260,000			

*1　問題文に「それぞれ小切手を振り出して支払った」と記載があるため、当座預金勘定で仕訳する。

買 掛 金 元 帳
横 浜 商 店

×3年		摘　要	借　方	貸　方	借または貸	残　高
9	1	（ 前月繰越 ）		230,000	貸	230,000
	8	（ 仕　入 ）		100,000	〃	330,000
	13	（ 仕　入 ）		130,000	〃	460,000
	14	（ 返　品 ）	26,000		〃	434,000
	27	（ **小切手振出** ）	**260,000**		**〃**	**174,000**

（7）**9月30日　帳簿の締切りと開始記入**

買 掛 金 元 帳
横 浜 商 店

×3年		摘　要	借　方	貸　方	借または貸	残　高
9	1	（ 前月繰越 ）		230,000	貸	230,000
	8	（ 仕　入 ）		100,000	〃	330,000
	13	（ 仕　入 ）		130,000	〃	460,000
	14	（ 返　品 ）	26,000		〃	434,000
	27	（ 小切手振出 ）	260,000		〃	174,000
	30	（ **次月繰越** ）	**174,000**			
			460,000	**460,000**		
10	**1**	（ **前月繰越** ）		**174,000**	**貸**	**174,000**

2．9月における商品Aの売上原価

①　**月末数量の計算**

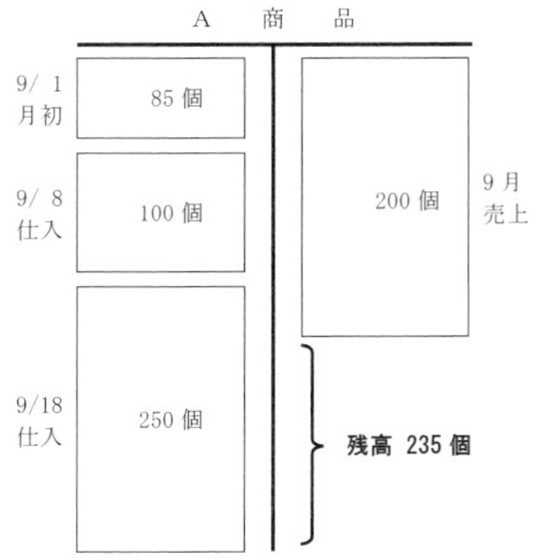

先入先出法の場合には、**後**に仕入れた商品が**月末に残る**ため、残高の235個は、**9月18日仕入分の235個**となる。

②　**次月繰越高の計算**

9月18仕入分：@720円×235個＝169,200円

③　**売上原価の計算**

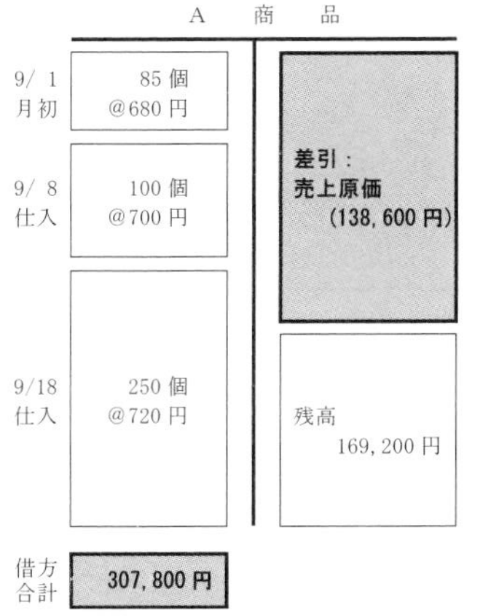

第5回 【解答】 □ 完答2点×5箇所　計10点

受取手形

8/1	前月繰越	(140,000)	8/10	当座預金	(140,000)
8/15	売掛金	210,000	8/31	次月繰越	335,000
8/25	(オ)	(125,000)			
		475,000			475,000

売掛金

8/1	前月繰越	430,000	8/6	売上	(15,000)
8/5	(オ)	(240,000)	8/12	当座預金	220,000
8/18	(オ)	(420,000)	8/15	(イ)	(210,000)
			8/31	(ク)	(645,000)
		1,090,000			1,090,000

【解説】

簿記の一連の流れは、企業の取引を主要簿である仕訳帳に**仕訳をし**、その結果を**総勘定元帳や補助簿に転記する**ことである。したがって、本問は、**総勘定元帳や補助簿の内容から仕訳を推定できるか**どうかが重要なポイントになる。

また、受取手形記入帳は、下記図のように**てん末欄は、受取手形の減少取引**が行われたときに記帳され、**てん末欄の左側は、受取手形の増加取引**が行われたときに記帳される。

解説では日付順に、仕訳の作成と総勘定元帳や補助簿に転記する過程を示すことにする。上記のポイントを意識しながら復習してほしい。

受取手形記入帳

×2年	摘要	手形金額	手形種類	手形番号	支払人	振出人または裏書人	振出日	満期日	支払場所	てん末 日付	てん末 摘要

←　増加取引　|　減少取引　→

① 8月以前の取引

(借) 受取手形	140,000	(貸) 売上	140,000

受取手形記入帳の7月10日の記載から、手形による売上取引が行われていることがわかる。

受取手形記入帳

×2年	摘要	手形金額	手形種類	手形番号	支払人	振出人または裏書人	振出日	満期日	支払場所	てん末 日付	てん末 摘要
7/10	売上	140,000	約手	5	山梨商店	山梨商店	7/10	8/10	甲府銀行		

② 8月1日 開始記入

受取手形

8/1 前月繰越 140,000	

売掛金

8/1 前月繰越 430,000	

受取手形記入帳に「上記に記載されていないものは、8月1日までに取立が完了している」と記載があるため、7月10日に振り出された手形金額140,000円が前月繰越に該当する。

③ 8月5日 掛け売上

(借) 売掛金	240,000	(貸) 売上	240,000

売上帳から仕訳を推定する。

売上帳

×2年		摘要	内訳	金額
8	5	静岡商店　掛		
		A商品　480個　@500円		240,000

受取手形

8/1 前月繰越 140,000	

売掛金

8/1 前月繰越 430,000	
8/5 売上 240,000	

④ **8月6日　返品**

(借)	売　　上	15,000	(貸)	売　掛　金	15,000

売上帳から仕訳を推定する。

売　上　帳

×2年		摘　　要				内　訳	金　額
8	5	静岡商店			掛		
			A商品	480個	@500円		240,000
	6	**静岡商店**			**掛戻り**		
			A商品	**30個**	**@500円**		**15,000**

受取手形

8/1 前月繰越 140,000	

売掛金

8/1 前月繰越 430,000	**8/6 売　上 15,000**
8/5 売　上 240,000	

⑤ **8月10日　受取手形の取立**

(借)	当座預金	140,000	(貸)	受取手形	140,000

受取手形記入帳のてん末欄および総勘定元帳・受取手形から仕訳を推定する。

受 取 手 形 記 入 帳

×2年	摘要	手形金額	手形種類	手形番号	支払人	振出人または裏書人	振出日	満期日	支払場所	てん末 日付	てん末 摘要
7/10	売　上	140,000	約手	5	山梨商店	山梨商店	7/10	8/10	甲府銀行	**8/10**	**取 立**

受取手形

8/1 前月繰越 140,000	**8/10 当座預金 140,000**

売掛金

8/1 前月繰越 430,000	8/6 売　上 15,000
8/5 売　上 240,000	

⑥ **8月12日　売掛金の回収**

(借)	当座預金	220,000	(貸)	売　掛　金	220,000

総勘定元帳・売掛金から仕訳を推定する。

受取手形

8/1 前月繰越 140,000	8/10 当座預金 140,000

売掛金

8/1 前月繰越 430,000	8/6 売　上 15,000
8/5 売　上 240,000	**8/12 当座預金 220,000**

⑦ **8月15日　売掛金の回収**

(借)	受取手形	210,000	(貸)	売　掛　金	210,000

受取手形記入帳および総勘定元帳・受取手形、売掛金から仕訳を推定する。

受 取 手 形 記 入 帳

×4年	摘要	手形金額	手形種類	手形番号	支払人	振出人または裏書人	振出日	満期日	支払場所	てん末 日付	てん末 摘要
7/10	売　上	140,000	約手	5	山梨商店	山梨商店	7/10	8/10	甲府銀行	8/10	取 立
8/15	**売掛金**	**210,000**	**約手**	**10**	**山梨商店**	**山梨商店**	**8/15**	**10/15**	**甲府銀行**		

受取手形

8/1 前月繰越 140,000	8/10 当座預金 140,000
8/15 売 掛 金 210,000	

売掛金

8/1 前月繰越 430,000	8/6 売　上 15,000
8/5 売　上 240,000	8/12 当座預金 220,000
	8/15 受取手形 210,000

⑧ **8月18日　掛け売上**

(借)	売　掛　金	420,000	(貸)	売　　上	420,000

売上帳から仕訳を推定する。

売　上　帳

×2年		摘　　要				内　訳	金　額
8	5	静岡商店			掛		
			A商品	480個	@500円		240,000
	6	静岡商店			掛戻り		
			A商品	30個	@500円		15,000
	18	**山梨商店**			**掛**		
			B商品	**600個**	**@700円**		**420,000**

受取手形

8/1 前月繰越 140,000	8/10 当座預金 140,000
8/15 売 掛 金 210,000	

売掛金

8/1 前月繰越 430,000	8/6 売　上 15,000
8/5 売　上 240,000	8/12 当座預金 220,000
8/18 売　上 420,000	8/15 受取手形 210,000

⑨ **8月25日　手形による売上**

(借) 受取手形	125,000	(貸) 売上	125,000

売上帳から仕訳を推定する。金額は、総勘定元帳・受取手形の借方合計との差額で計算する。
借方合計 475,000 円－8 月 1 日 140,000 円－8 月 15 日 210,000 円＝125,000 円
また、売上帳の数量は次の計算式で計算する
売上高 125,000 円÷販売価格＠500 円＝250 個

売　上　帳

×2年		摘要				内訳	金額
8	5	静岡商店			掛		
			A商品	480 個	＠500 円		240,000
	6	静岡商店			掛戻り		
			A商品	30 個	＠500 円		15,000
	18	山梨商店			掛		
			B商品	600 個	＠700 円		420,000
	25	**静岡商店**			**約手**		
			A商品	**250 個**	**＠500 円**		**125,000**

受取手形記入帳

×2年	摘要	手形金額	手形種類	手形番号	支払人	振出人または裏書人	振出日	満期日	支払場所	てん末 日付	てん末 摘要
7/10	売上	140,000	約手	5	山梨商店	山梨商店	7/10	8/10	甲府銀行	8/10	取立
8/15	売掛金	210,000	約手	10	山梨商店	山梨商店	8/15	10/15	甲府銀行		
8/25	**売上**	**125,000**	**約手**	**8**	**静岡商店**	**静岡商店**	**8/25**	**10/25**	**静岡銀行**		

受取手形

8/1 前月繰越	140,000	8/10 当座預金	140,000
8/15 売掛金	210,000		
8/25 売上	**125,000**		

売掛金

8/1 前月繰越	430,000	8/6 売上	15,000
8/5 売上	240,000	8/12 当座預金	220,000
8/18 売上	420,000	8/15 受取手形	210,000

⑩ **8月31日　帳簿の締切り**

売　上　帳

×2年		摘要				内訳	金額
8	5	静岡商店			掛		
			A商品	480 個	＠500 円		240,000
	6	静岡商店			掛戻り		
			A商品	30 個	＠500 円		15,000
	18	山梨商店			掛		
			B商品	600 個	＠700 円		420,000
	25	静岡商店			約手		
			A商品	250 個	＠500 円		125,000
	31				**総売上高**		**785,000**
	〃				**売上戻り高**		**15,000**
					純売上高		**770,000**

受取手形

8/1 前月繰越	140,000	8/10 当座預金	140,000
8/15 売掛金	210,000	**8/31 次月繰越**	**335,000**
8/25 売上	125,000		
	475,000		**475,000**

売掛金

8/1 前月繰越	430,000	8/6 売上	15,000
8/5 売上	240,000	8/12 当座預金	220,000
8/18 売上	420,000	8/15 受取手形	210,000
		8/31 次月繰越	**645,000**
	1,090,000		**1,090,000**

第6回 【解答】 完答各2点×5箇所 計10点

受取地代

(3/31)	(前受地代)	(160,000)	(4/ 1)	(前受地代)	(160,000)
3/31	(損益)	(960,000)	(6/ 1)	(普通預金)	(480,000)
			(12/ 1)	(普通預金)	(480,000)
		(1,120,000)			(1,120,000)

前受地代

(4/ 1)	(受取地代)	(160,000)	4/ 1	(前期繰越)	(160,000)
3/31	(次期繰越)	(160,000)	3/31	(受取地代)	(160,000)
		(320,000)			(320,000)

【解説】

1．前期の仕訳（参考）

① ×7年12月1日　受取地代の受け取り

(借) 普通預金	480,000	(貸) 受取地代	480,000

1ヶ月当たりの地代額80,000円×6ヶ月(×7年12月～×8年5月)＝480,000円

また、問題文に「契約内容は毎年6月と12月の各初日に向こう6ヶ月分が普通預金口座に振り込まれることになっている」と記載があるため、受取地代の受け取り時の借方は普通預金勘定となる。(以下同様)

② ×8年3月31日　決算日（前受地代の計上）

(借) 受取地代	160,000	(貸) 前受地代	160,000

1ヶ月当たりの地代額80,000円×2ヶ月(×8年4月～5月)＝160,000円

2．当期の仕訳（開始記入を含む）

① ×8年4月1日　開始記入

受取地代

借方	貸方

前受地代

借方	貸方
	4/ 1 前期繰越 160,000

② ×8年4月1日　前受地代の再振替仕訳

(借) 前受地代	160,000	(貸) 受取地代	160,000

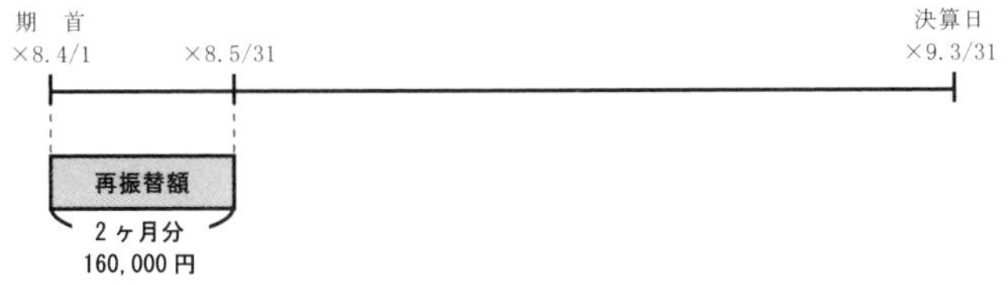

受取地代

借方	貸方
	4/ 1 前受地代 160,000

前受地代

借方	貸方
4/ 1 受取地代 160,000	4/ 1 前期繰越 160,000

③ **×8年6月1日　受取地代の受け取り**

(借)	普通預金	480,000	(貸)	受取地代	480,000

1ヶ月当たりの地代額80,000円×6ヶ月(×8年6月～11月)＝480,000円

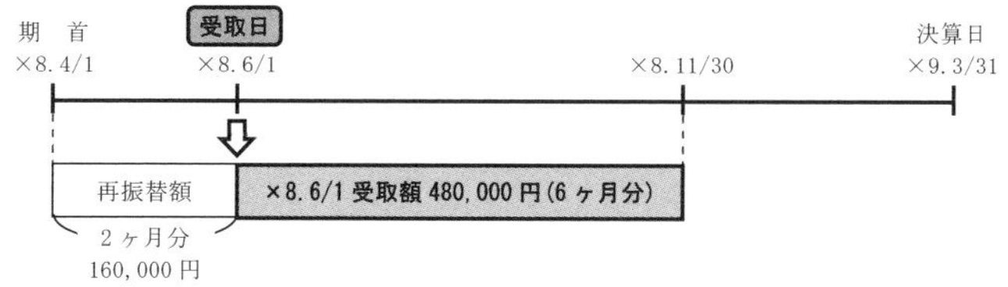

受取地代

			4/1	前受地代	160,000
			6/1	**普通預金**	**480,000**

前受地代

4/1	受取地代	160,000	4/1	前期繰越	160,000

④ **×8年12月1日　受取地代の受け取り**

(借)	普通預金	480,000	(貸)	受取地代	480,000

1ヶ月当たりの地代額80,000円×6ヶ月(×8年12月～×9年5月)＝480,000円

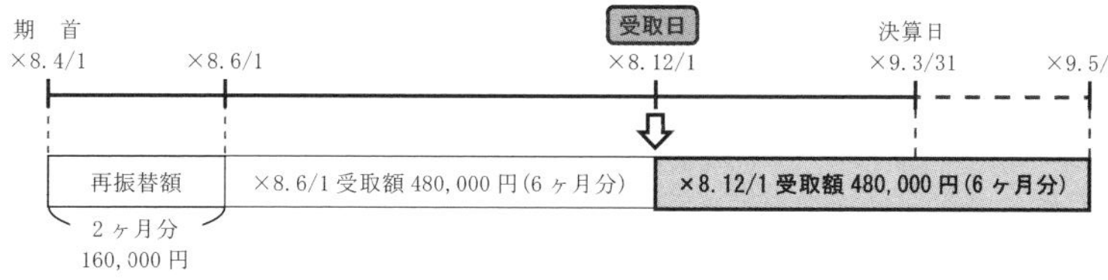

受取地代

			4/1	前受地代	160,000
			6/1	普通預金	480,000
			12/1	**普通預金**	**480,000**

前受地代

4/1	受取地代	160,000	4/1	前期繰越	160,000

⑤ **×9年3月31日　決算日**

＜1＞ **前受地代の計上**

(借)	受取地代	160,000	(貸)	前受地代	160,000

1ヶ月当たりの地代額80,000円×2ヶ月(×9年4月～5月)＝160,000円

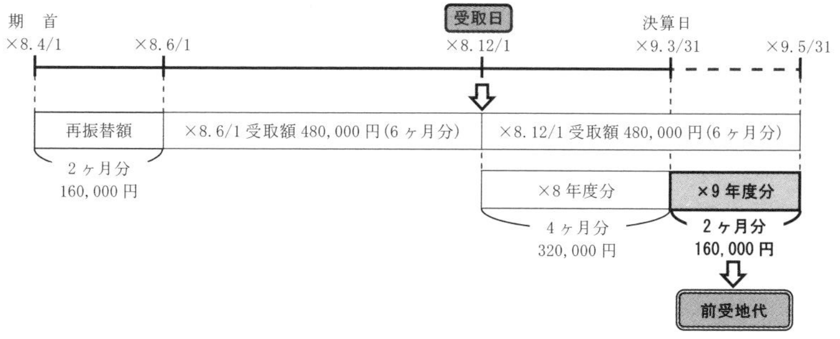

受取地代

3/31	**前受地代**	**160,000**	4/1	前受地代	160,000
			6/1	普通預金	480,000
			12/1	普通預金	480,000

前受地代

4/1	受取地代	160,000	4/1	前期繰越	160,000
			3/31	**受取地代**	**160,000**

＜2＞ **帳簿の締切り**

受取地代

3/31	前受地代	160,000	4/1	前受地代	160,000
3/31	**損益**	**960,000**	6/1	普通預金	480,000
			12/1	普通預金	480,000
		1,120,000			**1,120,000**

前受地代

4/1	受取地代	160,000	4/1	前期繰越	160,000
3/31	**次期繰越**	**160,000**	3/31	受取地代	160,000
		320,000			**320,000**

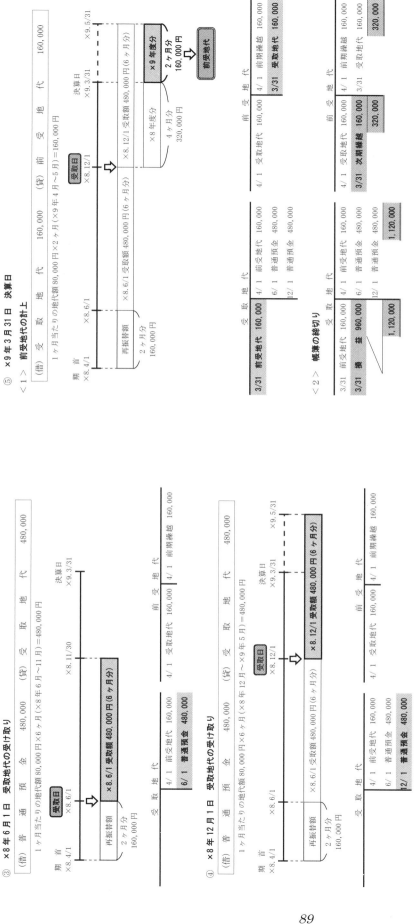

第7回 【解答】 完答2点×5箇所 計10点

問1

建　　物

4/ 1	前期繰越	1,200,000	3/31	次期繰越	(1,500,000)
3/31	[未払金]	(300,000)			
		(1,500,000)			(1,500,000)

備品減価償却累計額

6/30	[備品]	(560,000)	4/ 1	前期繰越	(650,000)
3/31	[次期繰越]	(200,000)	3/31	[減価償却費]	(110,000)
		(760,000)			(760,000)

減価償却費

6/30	備品	(20,000)	3/31	[損益]	(160,000)
3/31	建物減価償却累計額	(30,000)			
〃	備品減価償却累計額	(110,000)			
		(160,000)			(160,000)

問2　固定資産売却(㊖ ・ 益)　20,000 円

(注) (　　)内の損か益のいずれかに○印をつけること。

【解説】

簿記の一連の流れは、企業の取引を主要簿である仕訳帳に**仕訳をし**、その結果を**総勘定元帳や補助簿に転記する**ことである。したがって、本問は、**取引の内容から仕訳にできるか**どうかが重要なポイントになる。

解説では日付順に、仕訳の作成と総勘定元帳に転記する過程を示すことにする。上記のポイントを意識しながら復習してほしい。

1．当期の開始記入

（1）建物勘定

建物A 1,200,000円（[資料] Ⅰより）

（2）備品減価償却累計額勘定

備品A 560,000円(*1)＋備品B 90,000円(*2)＝650,000円

＜備品A＞

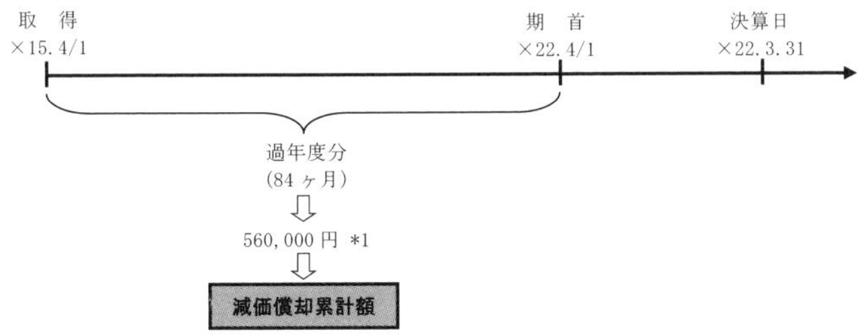

*1　備品A 800,000円÷耐用年数10年×84ヶ月(×15年4月～×22年3月)／12ヶ月＝560,000円

＜備品B＞

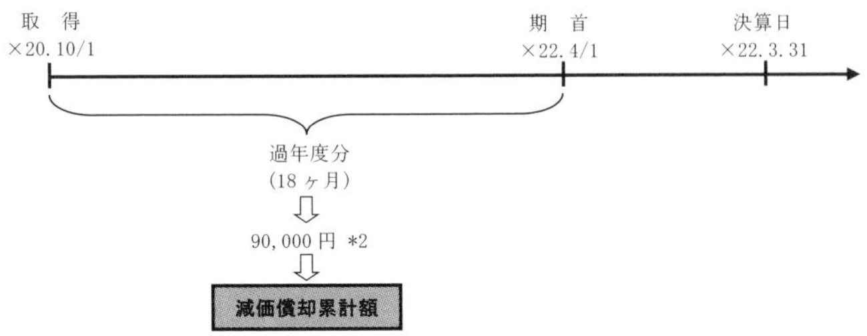

*2　備品B 600,000円÷耐用年数10年×18ヶ月(×20年10月～×22年3月)／12ヶ月＝90,000円

建　　物

4/ 1 前期繰越 1,200,000	

備品減価償却累計額

	4/ 1 前期繰越 650,000

2．期中取引

① ×22年6月30日　備品Aの売却（問2）

（借）	現　　　金	200,000	（貸）備　　　品	800,000
	備品減価償却累計額	560,000 *1		
	減価償却費	20,000 *2		
	固定資産売却損	20,000 *3		

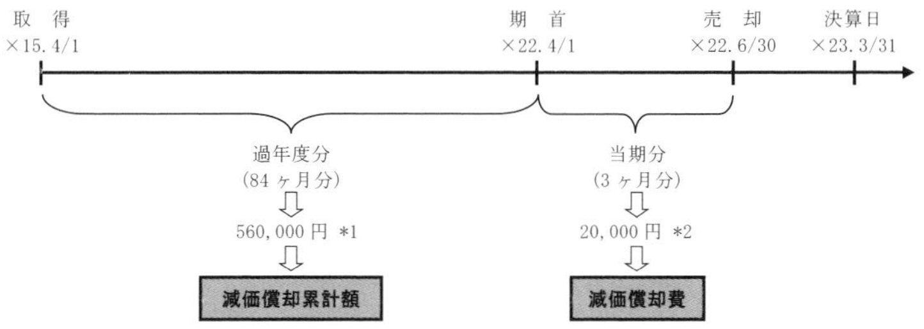

*1　開始記入より　560,000円（上記1．備品A参照）

*2　備品A 800,000円÷耐用年数10年×$\frac{3ヶ月（×22年4月〜×22年6月）}{12ヶ月}$＝20,000円

*3　貸借差額

減価償却費

6/30 備　　品 20,000	

備品減価償却累計額

6/30 備　　品 560,000	4/1 前期繰越 650,000

② ×22年12月1日　備品Cの取得

（借）	備　　　品	750,000 *1	（貸）当座預金	750,000 *2

*1　備品670,000円＋
（引取費用30,000円＋据付費50,000円）（付随費用のため備品勘定に含める）＝750,000円

*2　問題文に「小切手を振り出して支払った」と記載があるため、当座預金勘定で仕訳する。

③ ×23年3月31日　建物の修繕と改良

（借）	建　　　物	300,000 *1	（貸）未払金	400,000 *3
	修繕費	100,000 *2		

*1　問題文に「建物Aの耐震工事¥300,000（資本的支出）」と記載があるため、建物勘定で仕訳する。

*2　問題文に「窓ガラスの修理¥100,000（収益的支出）」と記載があるため、修繕費勘定で仕訳する。

*3　問題文に「代金は来月支払うことにした」と記載があるため、未払金勘定で仕訳する。

建　物

4/1 前期繰越 1,200,000	
3/31 未払金 300,000	

④ ×23年3月31日　決算整理仕訳

＜建物＞

（借）	減価償却費	30,000	（貸）建物減価償却累計額	30,000

建物A 1,200,000円÷耐用年数40年＝30,000円

＜備品＞

（借）	減価償却費	110,000 *1	（貸）備品減価償却累計額	110,000 *1

*1　備品B 60,000円(*2)＋備品C 50,000円(*3)＝110,000円

*2　備品B 600,000円÷耐用年数10年＝60,000円

*3　備品C 750,000円÷耐用年数5年×$\frac{4ヶ月（×22年12月〜×23年3月）}{12ヶ月}$＝50,000円

減価償却費

6/30 備　　品 20,000	
3/31 建物累計額 30,000	
〃 備品累計額 110,000	

備品減価償却累計額

6/30 備　　品 560,000	4/1 前期繰越 650,000
	3/31 減価償却費 110,000

3．帳簿の締切り

建　物

4/1 前期繰越 1,200,000	**3/31 次期繰越 1,500,000**
3/31 未払金 300,000	
1,500,000	**1,500,000**

備品減価償却累計額

6/30 建　　物 560,000	4/1 前期繰越 650,000
3/31 次期繰越 200,000	3/31 減価償却費 110,000
760,000	**760,000**

減価償却費

6/30 建　　物 20,000	**3/31 損　　益 160,000**
3/31 建物累計額 30,000	
〃 備品累計額 110,000	
160,000	**160,000**

第8回 **【解答】** ● 2点×5箇所　計10点

【1】 仕訳日計表

×2年10月1日

借方	勘定科目	貸方
123,000	現金	95,000
103,000	売掛金	43,000
65,000	買掛金	26,000
	電子記録債務	● 11,000
	借入金	40,000
	売上	143,000
● 56,000	仕入	
11,000	通信費	
358,000		●358,000

現金

×2/10/1 前月繰越	62,000	×2/10/1 仕訳日計表	(95,000)
〃 仕訳日計表	(●123,000)		

【2】 10月1日現在の横浜商店に対する売掛金残高
¥(● 51,000)

10月1日現在の千葉商店に対する買掛金残高
¥(18,000)

【解説】

1．各伝票に起票されている仕訳

＜1＞**入金伝票**

① **No. 101**

(借) 現金	40,000	(貸) 売上	40,000

② **No. 102**

(借) 現金	15,000	(貸) 売掛金(埼玉商店)	15,000

③ **No. 103**

(借) 現金	40,000	(貸) 借入金	40,000

④ **No. 104**

(借) 現金	28,000	(貸) 売掛金(横浜商店)	28,000

＜2＞**出金伝票**

① **No. 201**

(借) 通信費	11,000	(貸) 現金	11,000

② **No. 202**

(借) 買掛金(山梨商店)	30,000	(貸) 現金	30,000

③ **No. 203**

(借) 買掛金(千葉商店)	24,000	(貸) 現金	24,000

④ **No. 204**

(借) 仕入	30,000	(貸) 現金	30,000

＜3＞**振替伝票**

① **No. 301**

(借) 仕入	26,000	(貸) 買掛金(山梨商店)	26,000

② **No. 302**

(借) 売掛金(埼玉商店)	44,000	(貸) 売上	44,000

③ **No. 303**

(借) 売掛金(横浜商店)	59,000	(貸) 売上	59,000

④ **No. 304**

(借) 買掛金(千葉商店)	11,000	(貸) 電子記録債務	11,000

2．仕訳日計表の作成

上記「**1．各伝票に起票されている仕訳**」で作成した仕訳を各勘定ごとに集計し、仕訳日計表を作成する。

仕　訳　日　計　表
×2年10月1日

借　　方	勘定科目	貸　　方
123,000	現　　　金	95,000
103,000	売　掛　金	43,000
65,000	買　掛　金	26,000
	電子記録債務	11,000
	借　入　金	40,000
	売　　　上	143,000
56,000	仕　　　入	
11,000	通　信　費	
358,000		358,000

3．総勘定元帳・現金勘定への転記

上記「**2．仕訳日計表の作成**」で集計した現金の金額(「借方　123,000」、「貸方　95,000」)を答案用紙の現金勘定の借方および貸方に転記する。

4．10月1日の横浜商店に対する売掛金残高、千葉商店に対する買掛金残高

① 横浜商店に対する売掛金残高

9月30日残高20,000円－ No.104 28,000円＋ No.303 59,000円＝51,000円

② 千葉商店に対する買掛金残高

9月30日残高53,000円－ No.203 24,000円－ No.304 11,000円＝18,000円

第9回 【解答】 ☐ 完答各2点×5箇所 計10点

支 払 手 数 料

日付	勘定科目	金額	日付	勘定科目	金額
(6/30)	(売 掛 金)	(4,000)	(3/31)	(損 益)	(64,000)
(3/31)	(未払手数料)	(60,000)			
		(64,000)			(64,000)

未 払 手 数 料

日付	勘定科目	金額	日付	勘定科目	金額
(3/31)	(次 期 繰 越)	(60,000)	(3/31)	(支払手数料)	(60,000)

【解説】

1. ×3年6月30日

(借)	普 通 預 金	296,000	(貸)	売 掛 金	300,000
	支 払 手 数 料	4,000 *1			

*1 売掛金300,000円－振込額296,000円＝4,000円

支払手数料

6/30	売掛金	4,000

未払手数料

（記入なし）

2. ×3年10月26日

(借)	土 地	2,430,000 *1	(貸)	当 座 預 金	2,400,000 *2
				現 金	30,000

*1 土地2,400,000円＋仲介手数料30,000円(付随費用のため土地勘定に含める)＝2,430,000円

*2 問題文に「小切手を振り出して支払った」と記載があるため、当座預金勘定で仕訳する。

(注) 「仲介手数料30,000円」は付随費用として土地勘定に含められるため、支払手数料勘定への記入は行われない。

支払手数料

6/30	売掛金	4,000

未払手数料

（記入なし）

3. ×4年2月1日

仕 訳 な し

(注) 契約を行ったのみであるため「仕訳なし」となり、支払手数料勘定への記入は行われない。

支払手数料

6/30	売掛金	4,000

未払手数料

（記入なし）

4. ×4年3月31日(決算日)

① **未払手数料の計上**

(借)	支 払 手 数 料	60,000	(貸)	未 払 手 数 料	60,000

1ヶ月当たり30,000円×2ヶ月分(×4年2月～3月)＝60,000円

支払手数料

6/30	売掛金	4,000			
3/31	未払手数料	60,000			

未払手数料

			3/31	支払手数料	60,000

② **帳簿の締切り**

支払手数料

6/30	売掛金	4,000	3/31	損益	64,000
3/31	未払手数料	60,000			
		64,000			64,000

未払手数料

3/31	次期繰越	60,000	3/31	支払手数料	60,000

第10回 【解答】 ①と②各２点 ③と④各３点 計10点

	借方科目名	記号	金額	貸方科目名	記号	金額
①	売掛金	エ	2,240,000	売上	ケ	2,240,000
	発送費	シ	8,900	現金	ア	8,900
②	備品	カ	2,240,000	未払金	ク	2,240,000
③	普通預金	ウ	2,240,000	売掛金	エ	2,240,000
④	未払金	ク	2,240,000	当座預金	イ	2,241,120
	支払手数料	セ	1,120			

【解説】

大阪食品株式会社と東京電機株式会社の取引は「備品（ノートパソコン）の売買取引」である。備品の購入側（買い手）である大阪食品株式会社の主たる営業活動は食料品の販売であるため、備品の購入取引は「主たる営業活動以外の取引」となる。一方、備品の販売側（売り手）である東京電機株式会社は家電量販店を展開しているため、備品の販売取引は「主たる営業活動の取引」となる。

① 東京電機株式会社：ノートパソコンの発送・納品時（９月26日）

(借)	売掛金	2,240,000 *1	(貸) 売上	2,240,000
	発送費	8,900 *2	現金	8,900

主たる営業活動の取引となるため、売上取引として仕訳を作成する。

*1 問題文の「納品書兼請求書」から振込期限が10月31日であることが判明するため、売掛金勘定で仕訳する。

*2 問題文に「東京電機株式会社はノートパソコンを発送した際に、送料（発送費）¥8,900を現金で支払っている」と記載があるため、発送費勘定で仕訳する。

② 大阪食品株式会社：ノートパソコンの納品時（９月26日）

(借)	備品	2,240,000	(貸) 未払金	2,240,000 *1

主たる営業活動以外の取引となるため、備品の購入取引として仕訳を作成する。

*1 問題文の「納品書兼請求書」から振込期限が10月31日であることが判明するため、未払金勘定で仕訳する。

③ 東京電機株式会社：代金の振込時（受取時）（10月31日）

(借)	普通預金	2,240,000 *1	(貸) 売掛金	2,240,000

*1 問題文の「納品書兼請求書」から振込先が普通預金口座であることが判明するため、普通預金勘定で仕訳する。

④ 大阪食品株式会社：代金の振込時（支払時）（10月31日）

(借)	未払金	2,240,000	(貸) 当座預金	2,241,120 *2
	支払手数料	1,120 *1		

*1 問題文の「当座勘定照合表（抜粋）」から手数料が生じていることが判明するため、支払手数料勘定で仕訳する。

*2 問題文の「当座勘定照合表（抜粋）」から当座預金口座より支払ったことが判明するため、当座預金勘定で仕訳する。

3級 チャレンジ 第3問　解答

第1回①　○ 勘定科目と金額をセットで正解4点×5箇所　● 3点×5箇所　　計35点

決算整理後残高試算表

借方残高	勘定科目	貸方残高
189,200	現金	
842,000	当座預金	
260,000	受取手形	
377,500	売掛金	
236,000	繰越商品	
4,720	貯蔵品	
63,000	前払家賃	
700,000	備品	
1,600,000	土地	
	支払手形	280,000
	買掛金	370,000
	（未払）消費税	○ 70,000
	（未払）法人税等	○ 95,000
	（前受）地代	○ 214,900
	（貸倒引当金）	○ 12,750
	備品減価償却累計額	● 228,750
	資本金	2,000,000
	繰越利益剰余金	521,400
	売上	● 4,587,500
	受取地代	153,500
● 3,274,000	仕入	
373,000	給料	
55,680	通信費	
● 189,000	支払家賃	
7,450	貸倒引当金繰入	
123,750	減価償却費	
○ 3,500	（雑損）	
235,000	法人税等	
8,533,800		8,533,800

当期純利益または当期純損失の金額　　¥ ● 479,620

※ 当期純損失の場合は金額の頭に△を付すこと。

（注）勘定科目がすべて空欄の箇所は順不同とする。

第1回②　□ 勘定科目と金額のセットが4点×5箇所　金額のみが3点×5箇所　　計35点

精算表

勘定科目	残高試算表		修正記入		損益計算書		貸借対照表	
	借方	貸方	借方	貸方	借方	貸方	借方	貸方
現金	192,700			3,500			189,200	
当座預金	842,000						842,000	
受取手形	260,000						260,000	
売掛金	410,000			32,500			377,500	
繰越商品	250,000		236,000	250,000			236,000	
仮払金	300,000			300,000				
仮払法人税等	140,000			140,000				
仮払消費税	129,900			129,900				
備品	400,000		300,000				700,000	
土地	1,600,000						1,600,000	
支払手形		280,000						280,000
買掛金		370,000						370,000
仮受消費税		199,900	199,900					
（貸倒引当金）		5,300		7,450				12,750
備品減価償却累計額		105,000		123,750				228,750
資本金		2,000,000						2,000,000
繰越利益剰余金		521,400						521,400
売上		4,620,000	32,500			4,587,500		
受取地代		368,400	214,900			153,500		
仕入	3,260,000		250,000	236,000	3,274,000			
給料	373,000				373,000			
通信費	60,400			4,720	55,680			
支払家賃	252,000			63,000	189,000			
	8,470,000	8,470,000						
（雑損）			3,500		3,500			
貸倒引当金繰入			7,450		7,450			
減価償却費			123,750		123,750			
貯蔵品			4,720				4,720	
前払家賃			63,000				63,000	
（前受）地代				214,900				214,900
（未払）消費税				70,000				70,000
未払法人税等				95,000				95,000
法人税等			235,000		235,000			
当期純（利益）					479,620			479,620
			1,670,720	1,670,720	4,741,000	4,741,000	4,272,420	4,272,420

第2回① ○ 勘定科目と金額をセットで正解4点×5箇所 ● 3点×5箇所 計35点

貸借対照表
×5年3月31日 (単位：円)

現金		(● 120,200)	支払手形	(310,000)
受取手形	(300,000)		買掛金	(240,000)
売掛金	(350,000)		(前受金)	(○ 30,000)
貸倒引当金	(△ 19,500)	(630,500)	(前受) 収益	(○ 19,200)
商品		(● 300,000)	未払費用	(10,000)
備品	(400,000)		(未払) 消費税	(○ 80,000)
減価償却累計額	(△ 288,000)	(● 112,000)	(未払) 法人税等	(○ 70,000)
土地		(1,800,000)	借入金	(880,000)
			資本金	(1,000,000)
			繰越利益剰余金	(323,500)
		(2,962,700)		(2,962,700)

損益計算書
自 ×4年4月1日 至 ×5年3月31日 (単位：円)

売上原価	(3,210,000)	売上高	(4,470,000)
給料	(430,000)	受取地代	(38,400)
修繕費	(● 87,000)		
支払家賃	(301,000)		
貸倒引当金繰入	(● 15,500)		
減価償却費	(72,000)		
支払利息	(25,000)		
法人税等	(180,000)		
当期純(利益)	(○ 187,900)		
	(4,508,400)		(4,508,400)

第2回② ▭ 勘定科目と金額のセットが4点×5箇所 金額のみが3点×5箇所 計35点

精算表

勘定科目	残高試算表		修正記入		損益計算書		貸借対照表	
	借方	貸方	借方	貸方	借方	貸方	借方	貸方
現金	136,200			16,000			[120,200]	
当座預金		280,000	280,000					
受取手形	300,000						300,000	
売掛金	350,000						350,000	
繰越商品	270,000		300,000	270,000			[300,000]	
仮払消費税	320,000			320,000				
仮払法人税等	110,000			110,000				
備品	400,000						400,000	
土地	1,800,000						1,800,000	
支払手形		310,000						310,000
買掛金		240,000						240,000
仮受消費税		400,000	400,000					
借入金		600,000		280,000				880,000
貸倒引当金		4,000		15,500				19,500
備品減価償却累計額		216,000		72,000				[288,000]
資本金		1,000,000						1,000,000
繰越利益剰余金		135,600						135,600
売上		4,500,000	30,000			4,470,000		
受取地代		57,600	19,200			38,400		
仕入	3,240,000		270,000	300,000	3,210,000			
給料	430,000				430,000			
修繕費	71,000		16,000		[87,000]			
支払家賃	301,000				301,000			
支払利息	15,000		10,000		25,000			
	7,743,200	7,743,200						
[(前受金)]				30,000				30,000
貸倒引当金繰入			15,500		[15,500]			
減価償却費			72,000		72,000			
未払利息				10,000				10,000
[(前受)地代]				19,200				19,200
[(未払)消費税]				80,000				80,000
[(未払)法人税等]				70,000				70,000
法人税等			180,000		180,000			
当期純[(利益)]					187,900			187,900
			1,592,700	1,592,700	4,508,400	4,508,400	3,270,200	3,270,200

第3回① ○ 勘定科目と金額をセットで正解4点×5箇所 ● 3点×5箇所　計35点

貸借対照表
×3年3月31日　(単位：円)

現金		(● 90,000)	支払手形	(400,000)
当座預金		(300,000)	買掛金	(716,100)
定期預金		(1,200,000)	(前受)収益	(○ 3,000)
受取手形	(280,000)		(未払)費用	(○ 55,000)
売掛金	(393,000)		未払法人税等	(● 15,000)
貸倒引当金	(△● 20,190)	(652,810)	資本金	(1,000,000)
商品		(180,000)	繰越利益剰余金	(634,150)
貯蔵品		(8,000)		
前払費用		(70,000)		
(未収)収益		(○ 1,440)		
備品	(300,000)			
減価償却累計額	(△ 171,000)	(129,000)		
車両運搬具	(600,000)			
減価償却累計額	(△ 408,000)	(192,000)		
		(2,823,250)		(2,823,250)

損益計算書
自 ×2年4月1日　至 ×3年3月31日　(単位：円)

売上原価	(●1,827,000)	売上高	(2,627,000)
給料	(431,000)	受取利息	(12,040)
減価償却費	(● 150,000)	受取手数料	(17,000)
支払家賃	(116,000)	(雑益)	(○ 3,000)
通信費	(75,000)		
貸倒引当金繰入	(3,890)		
法人税等	(22,000)		
当期純(利益)	(○ 34,150)		
	(2,659,040)		(2,659,040)

第3回② ○ 勘定科目と金額をセットで正解4点×5箇所 ● 3点×5箇所　計35点

決算整理後残高試算表

借方残高	勘定科目	貸方残高
● 90,000	現金	
300,000	当座預金	
1,200,000	定期預金	
280,000	受取手形	
393,000	売掛金	
180,000	繰越商品	
8,000	貯蔵品	
70,000	前払家賃	
○ 1,440	(未収)利息	
300,000	備品	
600,000	車両運搬具	
	支払手形	400,000
	買掛金	716,100
	未払(法人税等)	○ 15,000
	(未払)給料	○ 55,000
	(前受)手数料	○ 3,000
	貸倒引当金	● 20,190
	備品減価償却累計額	171,000
	車両運搬具減価償却累計額	408,000
	資本金	1,000,000
	繰越利益剰余金	600,000
	売上	2,627,000
	受取利息	12,040
	受取手数料	17,000
	(雑益)	○ 3,000
● 1,827,000	仕入	
431,000	給料	
● 150,000	減価償却費	
116,000	支払家賃	
75,000	通信費	
3,890	貸倒引当金繰入	
22,000	法人税等	
6,047,330		6,047,330

当期純利益または当期純損失の金額　¥ ● 34,150

※ 当期純損失の場合は金額の頭に△を付すこと。

第4回① ○ 勘定科目と金額をセットで正解4点×5箇所 ● 3点×5箇所 計35点

決算整理後残高試算表

借方残高	勘定科目	貸方残高
120,000	現金	
458,000	当座預金	
313,000	売掛金	
● 400,000	電子記録債権	
339,000	繰越商品	
500,000	貸付金	
○ 15,000	（貯蔵品）	
○ 8,750	（未収）利息	
600,000	備品	
2,400,000	土地	
	支払手形	460,500
	買掛金	226,800
	前受手数料	17,000
	（未払）給料	○ 16,000
	（未払法人税等）	○ 22,100
	貸倒引当金	14,260
	備品減価償却累計額	● 360,000
	資本金	3,000,000
	繰越利益剰余金	901,300
	売上	2,200,000
	受取手数料	● 153,000
	受取利息	8,750
	固定資産売却益	104,000
● 1,786,000	仕入	
277,000	給料	
78,300	支払家賃	
24,000	租税公課	
○ 7,660	（貸倒引当金繰入）	
120,000	減価償却費	
37,000	法人税等	
7,483,710		7,483,710

当期純利益または当期純損失の金額 ￥ ● 135,790

※ 当期純損失の場合は金額の頭に△を付すこと。

（注） 勘定科目がすべて空欄の箇所は順不同とする。

第4回② □ 勘定科目と金額のセットが4点×5箇所 金額のみが3点×5箇所 計35点

精算表

勘定科目	残高試算表 借方	残高試算表 貸方	修正記入 借方	修正記入 貸方	損益計算書 借方	損益計算書 貸方	貸借対照表 借方	貸借対照表 貸方
現金	120,000						120,000	
当座預金	458,000						458,000	
売掛金	313,000						313,000	
電子記録債権	480,000			80,000			400,000	
仮払法人税等	14,900			14,900				
繰越商品	320,000		339,000	320,000			339,000	
貸付金	500,000						500,000	
備品	600,000						600,000	
土地	2,400,000						2,400,000	
支払手形		460,500						460,500
買掛金		250,800	24,000					226,800
仮受金		80,000	80,000					
貸倒引当金		6,600		7,660				14,260
備品減価償却累計額		350,000		10,000				360,000
資本金		3,000,000						3,000,000
繰越利益剰余金		901,300						901,300
売上		2,200,000				2,200,000		
受取手数料		170,000	17,000			153,000		
固定資産売却益		104,000				104,000		
仕入	1,829,000		320,000	24,000	1,786,000			
				339,000				
給料	261,000		16,000		277,000			
支払家賃	78,300				78,300			
租税公課	39,000			15,000	24,000			
減価償却費	110,000		10,000		120,000			
	7,523,200	7,523,200						
（貸倒引当金繰入）			7,660		7,660			
（貯蔵品）			15,000				15,000	
受取利息				8,750		8,750		
（未収）利息			8,750				8,750	
前受手数料				17,000				17,000
未払給料				16,000				16,000
（未払法人税等）				22,100				22,100
法人税等			37,000		37,000			
当期純（利益）					135,790			135,790
			874,410	874,410	2,465,750	2,465,750	5,153,750	5,153,750

（注） 勘定科目がすべて空欄の箇所は順不同とする。

第5回①　○ 勘定科目と金額をセットで正解4点×5箇所　● 3点×5箇所　　計35点

貸借対照表
×8年3月31日　　(単位：円)

現　　　金		(494,500)	買　掛　金	(431,000)
当 座 預 金		(21,000)	(未 払 金)	(○ 369,000)
普 通 預 金		(● 658,200)	(未払)費用	(○ 4,860)
売　掛　金	(580,000)		未払消費税	(136,000)
電子記録債権	(320,000)		未払法人税等	(● 35,000)
貸倒引当金	(△● 27,000)	(873,000)	借　入　金	(540,000)
商　　　品		(252,000)	資　本　金	(2,500,000)
前 払 費 用		(● 67,500)	繰越利益剰余金	(945,740)
備　　　品	(969,000)			
減価償却累計額	(△ 404,600)	(564,400)		
土　　　地		(2,031,000)		
		(4,961,600)		(4,961,600)

損益計算書
自 ×7年4月1日　至 ×8年3月31日　　(単位：円)

売 上 原 価	(●3,592,000)	売　上　高	(6,200,000)
給　　　料	(1,650,000)	受取手数料	(6,400)
貸倒引当金繰入	(15,300)	(償却債権取立益)	(○ 200,000)
減価償却費	(144,600)		
支 払 家 賃	(302,500)		
水道光熱費	(52,000)		
通　信　費	(34,300)		
法定福利費	(312,000)		
雑 （ 損 ）	(○ 200)		
支 払 利 息	(19,440)		
法 人 税 等	(58,000)		
当期純(利益)	(○ 226,060)		
	(6,406,400)		(6,406,400)

第5回②　□ 勘定科目と金額のセットが4点×5箇所　金額のみが3点×5箇所　　計35点

精　算　表

勘定科目	残高試算表		修正記入		損益計算書		貸借対照表	
	借方	貸方	借方	貸方	借方	貸方	借方	貸方
現　　　金	498,000			3,500			494,500	
当 座 預 金		179,000	200,000				21,000	
普 通 預 金	638,200		20,000				658,200	
売　掛　金	580,000						580,000	
電子記録債権	340,000			20,000			320,000	
繰 越 商 品	264,000		252,000	264,000			252,000	
仮払消費税	320,000			320,000				
仮払法人税等	23,000			23,000				
備　　　品	969,000						969,000	
土　　　地	2,031,000						2,031,000	
買　掛　金		800,000	369,000					431,000
仮受消費税		456,000	456,000					
借　入　金		540,000						540,000
貸倒引当金		11,700		15,300				27,000
備品減価償却累計額		260,000		144,600				404,600
資　本　金		2,500,000						2,500,000
繰越利益剰余金		719,680						719,680
売　　　上		6,200,000				6,200,000		
受取手数料		6,400				6,400		
仕　　　入	3,580,000		264,000	252,000	3,592,000			
給　　　料	1,650,000				1,650,000			
支 払 家 賃	370,000			67,500	302,500			
水道光熱費	52,000				52,000			
通　信　費	31,000		3,300		34,300			
法定福利費	312,000				312,000			
支 払 利 息	14,580		4,860		19,440			
	11,672,780	11,672,780						
(償却債権取立益)				200,000		200,000		
雑 （ 損 ）			200		200			
(未 払 金)				369,000				369,000
貸倒引当金繰入			15,300		15,300			
減価償却費			144,600		144,600			
(前　払)家　賃			67,500				67,500	
(未　払)利　息				4,860				4,860
未払消費税				136,000				136,000
未払法人税等				35,000				35,000
法 人 税 等			58,000		58,000			
当期純(利益)					226,060			226,060
			1,854,760	1,854,760	6,406,400	6,406,400	5,393,200	5,393,200

（注）勘定科目がすべて空欄の箇所は順不同とする。

第6回① ○ 勘定科目と金額をセットで正解4点×5箇所 ● 3点×5箇所 計35点

貸借対照表
×7年3月31日 (単位：円)

現金		(480,200)	買掛金	(550,000)
普通預金		(●1,970,000)	未払費用	(305,000)
受取手形	(255,000)		未払消費税	(270,000)
売掛金	(645,000)		(未払)法人税等	(○ 342,500)
貸倒引当金	(△ 18,000)	(882,000)	資本金	(6,120,000)
商品		(666,000)	繰越利益剰余金	(2,303,000)
(前払)費用		(○ 168,000)		
(未収)収益		(2,700)		
貸付金		(540,000)		
建物	(3,360,000)			
減価償却累計額	(△1,238,400)	(●2,121,600)		
備品	(1,440,000)			
減価償却累計額	(△1,080,000)	(360,000)		
土地		(2,700,000)		
		(9,890,500)		(9,890,500)

損益計算書
自 ×6年4月1日 至 ×7年3月31日 (単位：円)

費用	金額	収益	金額
売上原価	(3,885,000)	売上高	(6,800,000)
給料	(●1,198,000)	受取利息	(2,700)
貸倒引当金繰入	(● 10,800)	(固定資産売却益)	(○ 13,800)
減価償却費	(● 494,400)		
旅費交通費	(348,800)		
保険料	(28,000)		
雑(損)	(○ 6,000)		
法人税等	(342,500)		
当期純(利益)	(○ 503,000)		
	(6,816,500)		(6,816,500)

第6回② ○ 勘定科目と金額をセットで正解4点×5箇所 ● 3点×5箇所 計35点

決算整理後残高試算表

借方残高	勘定科目	貸方残高
480,200	現金	
● 1,070,000	普通預金A銀行	
900,000	普通預金B銀行	
255,000	受取手形	
645,000	売掛金	
666,000	繰越商品	
○ 2,700	(未収)利息	
○ 168,000	(前払)保険料	
540,000	貸付金	
3,360,000	建物	
1,440,000	備品	
2,700,000	土地	
	買掛金	550,000
	(未払)法人税等	○ 342,500
	未払消費税	270,000
	未払給料	305,000
	貸倒引当金	18,000
	建物減価償却累計額	1,238,400
	備品減価償却累計額	1,080,000
	資本金	6,120,000
	繰越利益剰余金	1,800,000
	売上	6,800,000
	受取利息	2,700
	(固定資産売却益)	○ 13,800
3,885,000	仕入	
● 1,198,000	給料	
348,800	旅費交通費	
28,000	保険料	
● 10,800	貸倒引当金繰入	
● 494,400	減価償却費	
○ 6,000	雑(損)	
342,500	法人税等	
18,540,400		18,540,400

当期純利益または当期純損失の金額 ¥ ● 503,000

※ 当期純損失の場合は金額の頭に△を付すこと。

第7回① ○ 勘定科目と金額をセットで正解4点×5箇所 ● 3点×5箇所 計35点

決算整理後残高試算表

借方残高	勘定科目	貸方残高
592,000	現金	
301,000	普通預金	
240,000	受取手形	
490,000	売掛金	
285,000	繰越商品	
○ 70,000	（貯蔵品）	
○ 17,000	（前払）利息	
6,400,000	建物	
500,000	備品	
3,500,000	土地	
	買掛金	780,000
	未払金	18,000
	借入金	940,000
	未払法人税等	260,000
	（未払）水道光熱費	○ 9,000
	前受地代	64,000
	貸倒引当金	● 7,300
	建物減価償却累計額	1,408,000
	備品減価償却累計額	375,000
	資本金	6,000,000
	（繰越利益剰余金）	○ 1,676,200
	売上	5,842,000
	受取地代	● 768,000
● 3,950,000	仕入	
421,000	給料	
96,000	水道光熱費	
40,000	旅費交通費	
85,000	通信費	
80,000	租税公課	
● 313,000	減価償却費	
2,500	貸倒引当金繰入	
35,000	支払利息	
○ 190,000	固定資産（売却損）	
540,000	法人税等	
18,147,500		18,147,500

当期純利益または当期純損失の金額　¥ ● 857,500

※ 当期純損失の場合は金額の頭に△を付すこと。

第7回② □ 勘定科目と金額のセットが4点×5箇所 金額のみが3点×5箇所 計35点

精算表

勘定科目	残高試算表 借方	残高試算表 貸方	修正記入 借方	修正記入 貸方	損益計算書 借方	損益計算書 貸方	貸借対照表 借方	貸借対照表 貸方
現金	592,000						592,000	
普通預金	231,000		70,000				301,000	
受取手形	240,000						240,000	
売掛金	560,000			70,000			490,000	
仮払法人税等	280,000			280,000				
繰越商品	320,000		285,000	320,000			285,000	
建物	6,400,000						6,400,000	
備品	500,000						500,000	
車両運搬具	560,000			560,000				
土地	3,500,000						3,500,000	
買掛金		780,000						780,000
仮受金		150,000	150,000					
借入金		940,000						940,000
貸倒引当金		4,800		2,500				7,300
建物減価償却累計額		1,280,000		128,000				1,408,000
備品減価償却累計額		250,000		125,000				375,000
車両減価償却累計額		160,000	160,000					
資本金		6,000,000						6,000,000
繰越利益剰余金		1,676,200						1,676,200
売上		5,842,000				5,842,000		
受取地代		832,000	64,000			768,000		
仕入	3,915,000		320,000	285,000	3,950,000			
給料	421,000				421,000			
水道光熱費	87,000		9,000		96,000			
通信費	85,000				85,000			
旅費交通費	22,000		18,000		40,000			
租税公課	150,000			70,000	80,000			
支払利息	52,000			17,000	35,000			
	17,915,000	17,915,000						
未払金				18,000				18,000
減価償却費			60,000		313,000			
			253,000					
固定資産(売却損)			190,000		190,000			
貸倒引当金繰入			2,500		2,500			
（貯蔵品）			70,000				70,000	
(未払)水道光熱費				9,000				9,000
(前払)利息			17,000				17,000	
(前受)地代				64,000				64,000
未払法人税等				260,000				260,000
法人税等			540,000		540,000			
当期純(利益)					857,500			857,500
			2,208,500	2,208,500	6,610,000	6,610,000	12,395,000	12,395,000

第8回① ○ 勘定科目と金額をセットで正解4点×5箇所 ● 3点×5箇所　計35点

貸借対照表
×3年3月31日　(単位：円)

現　　金		(290,000)	支払手形	(500,000)
小口現金		(● 88,800)	買　掛　金	(● 826,200)
普通預金		(1,129,000)	(未払)費用	(○ 25,000)
定期預金		(800,000)	未払法人税等	(23,800)
受取手形	(370,000)		資　本　金	(2,000,000)
売　掛　金	(494,000)		繰越利益剰余金	(588,200)
貸倒引当金	(△● 34,560)	(829,440)		
商　　品		(311,000)		
(前払)費用		(○ 64,000)		
(未収)収益		(○ 960)		
備　　品	(900,000)			
減価償却累計額	(△●450,000)	(450,000)		
		(3,963,200)		(3,963,200)

損益計算書
自 ×2年4月1日　至 ×3年3月31日　(単位：円)

売上原価	(●1,919,000)	売　上　高	(2,897,000)
給　　料	(477,000)	受取利息	(35,060)
減価償却費	(180,000)		
支払家賃	(103,400)		
消耗品費	(37,600)		
旅費交通費	(29,100)		
貸倒引当金繰入	(26,260)		
(※法人税等)	(○ 40,800)		
当期純(利益)	(○ 118,900)		
	(2,932,060)		(2,932,060)

※　『法人税、住民税及び事業税』でも正解とする。

第8回② □ 勘定科目と金額のセットが4点×5箇所　金額のみが3点×5箇所　計35点

精　算　表

勘定科目	残高試算表		修正記入		損益計算書		貸借対照表	
	借方	貸方	借方	貸方	借方	貸方	借方	貸方
現　　金	290,000						290,000	
小口現金	100,000			11,200			88,800	
普通預金	1,120,000		9,000				1,129,000	
定期預金	800,000						800,000	
受取手形	370,000						370,000	
売　掛　金	506,600			12,600			494,000	
仮払法人税等	17,000			17,000				
繰越商品	294,000		311,000	294,000			311,000	
備　　品	900,000						900,000	
支払手形		500,000						500,000
買　掛　金		817,200		9,000				826,200
貸倒(引当金)		20,900	12,600	26,260				34,560
備品減価償却累計額		435,000		15,000				450,000
資　本　金		2,000,000						2,000,000
繰越利益剰余金		469,300						469,300
売　　上		2,897,000				2,897,000		
受取利息		34,100		960		35,060		
仕　　入	1,936,000		294,000	311,000	1,919,000			
給　　料	452,000		25,000		477,000			
減価償却費	165,000		15,000		180,000			
支払家賃	167,400			64,000	103,400			
消耗品費	33,600		4,000		37,600			
旅費交通費	21,900		7,200		29,100			
	7,173,500	7,173,500						
貸倒引当金繰入			26,260		26,260			
(未収)利息			960				960	
(前払)家賃			64,000				64,000	
(未払)給料				25,000				25,000
未払法人税等				23,800				23,800
(※法人税等)			40,800		40,800			
当期純(利益)					118,900			118,900
			809,820	809,820	2,932,060	2,932,060	4,447,760	4,447,760

※　『法人税、住民税及び事業税』でも正解とする。

第9回① ○ 勘定科目と金額をセットで正解4点×5箇所 ● 3点×5箇所　計35点

貸 借 対 照 表

×6年3月31日　（単位：円）

現　金		（● 385,000）	買 掛 金	（290,000）
当座預金		（628,000）	電子記録債務	（300,000）
普通預金		（2,430,000）	前受収益	（180,000）
売 掛 金	（690,000）		（未払）費用	（○ 22,000）
電子記録債権	（480,000）		未払消費税	（● 240,000）
貸倒引当金	（△ 23,400）	（1,146,600）	(未払)法人税等	（○ 210,000）
商　品		（● 215,000）	借 入 金	（880,000）
（前払）費用		（○ 33,000）	資 本 金	（8,300,000）
建　物	（5,000,000）		繰越利益剰余金	（● 926,850）
減価償却累計額	（△2,587,500）	（2,412,500）		
備　品	（870,000）			
減価償却累計額	（△ 471,250）	（398,750）		
土　地		（3,700,000）		
		（11,348,850）		（11,348,850）

損 益 計 算 書

自 ×5年4月1日 至 ×6年3月31日　（単位：円）

売上原価	（3,832,000）	売 上 高	（5,163,000）
給　料	（439,000）	受取手数料	（● 734,000）
減価償却費	（257,500）		
支払家賃	（263,000）		
旅費交通費	（102,900）		
（貸倒引当金繰入）	（○ 15,000）		
支払利息	（62,500）		
法人税等	（410,000）		
当期純（利益）	（○ 515,100）		
	（5,897,000）		（5,897,000）

第9回② ○ 勘定科目と金額をセットで正解4点×5箇所 ● 3点×5箇所　計35点

決算整理後残高試算表

借方残高	勘定科目	貸方残高
● 385,000	現　金	
628,000	当座預金	
2,430,000	普通預金	
690,000	売 掛 金	
480,000	電子記録債権	
215,000	繰越商品	
○ 33,000	（前払）家賃	
5,000,000	建　物	
870,000	備　品	
3,700,000	土　地	
	買 掛 金	290,000
	電子記録債務	300,000
	（未払）法人税等	○ 210,000
	未払消費税	● 240,000
	（前受）手数料	○ 180,000
	（未払）利息	○ 22,000
	借 入 金	880,000
	貸倒引当金	23,400
	建物減価償却累計額	2,587,500
	備品減価償却累計額	471,250
	資 本 金	8,300,000
	繰越利益剰余金	411,750
	売　上	5,163,000
	受取手数料	● 734,000
● 3,832,000	仕　入	
439,000	給　料	
263,000	支払家賃	
102,900	旅費交通費	
○ 15,000	（貸倒引当金繰入）	
257,500	減価償却費	
62,500	支払利息	
410,000	法人税等	
19,812,900		19,812,900

当期純利益または当期純損失の金額　¥ ● 515,100

※ 当期純損失の場合は金額の頭に△を付すこと。

第10回① ○ 勘定科目と金額をセットで正解4点×5箇所 ● 3点×5箇所 計35点

決算整理後残高試算表

借方残高	勘定科目	貸方残高
136,200	現金	
316,000	当座預金	
300,000	受取手形	
320,000	売掛金	
● 324,000	繰越商品	
○ 50,000	（前払金）	
○ 5,000	（前払）利息	
1,200,000	建物	
300,000	備品	
916,000	土地	
	支払手形	310,000
	買掛金	240,000
	（未払）法人税等	○ 180,000
	（前受）地代	○ 24,000
	借入金	600,000
	貸倒引当金	18,600
	建物減価償却累計額	468,000
	備品減価償却累計額	● 299,999
	資本金	1,000,000
	繰越利益剰余金	467,001
	売上	4,200,000
	受取地代	33,600
3,186,000	仕入	
430,000	給料	
● 55,000	修繕費	
○ 26,000	（貸倒損失）	
18,600	貸倒引当金繰入	
17,400	消耗品費	
● 36,000	減価償却費	
25,000	支払利息	
180,000	法人税等	
7,841,200		7,841,200

当期純利益または当期純損失の金額　¥ ● 259,600

※ 当期純損失の場合は金額の頭に△を付すこと。

（注） 勘定科目がすべて空欄の箇所は順不同とする。

第10回② □ 勘定科目と金額のセットが4点×5箇所 金額のみが3点×5箇所 計35点

精算表

勘定科目	残高試算表		修正記入		損益計算書		貸借対照表	
	借方	貸方	借方	貸方	借方	貸方	借方	貸方
現金	136,200						136,200	
当座預金	316,000						316,000	
受取手形	300,000						300,000	
売掛金	350,000			30,000			320,000	
繰越商品	270,000		324,000	270,000			324,000	
仮払金	50,000			50,000				
建物	1,200,000						1,200,000	
備品	300,000						300,000	
土地	900,000		16,000				916,000	
支払手形		310,000						310,000
買掛金		240,000						240,000
借入金		600,000						600,000
貸倒引当金		4,000	4,000	18,600				18,600
建物減価償却累計額		432,000		36,000				468,000
備品減価償却累計額		299,999						299,999
資本金		1,000,000						1,000,000
繰越利益剰余金		467,001						467,001
売上		4,200,000				4,200,000		
受取地代		57,600	24,000			33,600		
仕入	3,240,000		270,000	324,000	3,186,000			
給料	430,000				430,000			
修繕費	71,000			16,000	55,000			
消耗品費	17,400				17,400			
支払利息	30,000			5,000	25,000			
	7,610,600	7,610,600						
（前払金）			50,000				50,000	
（貸倒損失）			26,000		26,000			
貸倒引当金繰入			18,600		18,600			
減価償却費			36,000		36,000			
（前払）利息			5,000				5,000	
（前受）地代				24,000				24,000
未払法人税等				180,000				180,000
法人税等			180,000		180,000			
当期純（利益）					259,600			259,600
			953,600	953,600	4,233,600	4,233,600	3,867,200	3,867,200

（注） 勘定科目がすべて空欄の箇所は順不同とする。

3級 仕訳ファイナルチェック 解答

	借方科目名	記号	金額	貸方科目名	記号	金額
1	現金	ア	30,000	売掛金	オ	30,000
2	支払家賃	オ	100,000	普通預金	ウ	101,000
	支払手数料	カ	1,000			
3	広告宣伝費	オ	100,000	当座預金	イ	100,000
4	普通預金	ウ	3,000,750	定期預金	エ	3,000,000
				受取利息	オ	750
5	通信費	エ	5,000	小口現金	ア	14,500
	消耗品費	オ	2,000			
	租税公課	カ	7,500			
6	当座預金D銀行	イ	403,000	当座預金A銀行	ア	403,660
	支払手数料	オ	660			
7	仕入	カ	1,700,000	買掛金	エ	1,700,000
8	仕入	オ	110,000	支払手形	ウ	100,000
				現金	ア	10,000
9	前払金	ウ	10,000	当座預金	イ	10,000
10	売掛金	ウ	1,749,000	売上	ア	1,590,000
				仮受消費税	イ	159,000
11	受取手形	イ	100,000	売上	オ	200,000
	現金	ア	100,000			
12	当座預金	イ	20,000	前受金	オ	20,000
13	買掛金	エ	20,000	仕入	カ	20,000
14	売掛金	カ	86,000	売上	ウ	86,000
	発送費	オ	7,000	未払金	ア	7,000
15	当座預金	イ	100,000	未収入金	カ	100,000
16	貸付金	イ	500,000	普通預金	ア	490,000
				受取利息	オ	10,000
17	給料	カ	400,000	従業員立替金	エ	10,000
				普通預金	イ	390,000

	借方科目名	記号	金額	貸方科目名	記号	金額
18	給料	カ	4,000,000	従業員立替金	イ	10,000
				社会保険料預り金	エ	500,000
				所得税預り金	オ	300,000
				普通預金	ア	3,190,000
19	現金	ア	395,000	手形借入金	オ	400,000
	支払利息	カ	5,000			
20	普通預金	イ	200,000	役員借入金	カ	200,000
21	現金	ア	71,000	受取商品券	オ	71,000
22	普通預金	ア	196,000	クレジット売掛金	ウ	196,000
23	修繕費	オ	160,000	差入保証金	ウ	200,000
	普通預金	ア	40,000			
24	旅費交通費	オ	80,000	仮払金	ウ	100,000
	現金	ア	20,000			
25	買掛金	エ	350,000	支払手形	ウ	350,000
	通信費	カ	1,000	現金	ア	1,000
26	電子記録債権	ウ	350,000	売掛金	イ	350,000
27	備品	ウ	550,000	未払金	オ	500,000
				当座預金	イ	50,000
28	未収入金	ア	100,000	備品	イ	500,000
	減価償却累計額	ウ	300,000			
	固定資産売却損	カ	100,000			
29	未収入金	ア	300,000	備品	イ	500,000
	減価償却累計額	ウ	300,000	固定資産売却益	エ	125,000
	減価償却費	オ	25,000			
30	建物	ウ	426,800	普通預金	イ	495,000
	修繕費	カ	68,200			
31	現金	ア	50,000	資本金	エ	50,000
32	租税公課	エ	20,000	当座預金	イ	20,000
33	未払法人税等	エ	200,000	現金	ア	200,000
34	仮受消費税	ウ	400,000	仮払消費税	イ	336,000
				未払消費税	オ	64,000

	借方科目名	記号	金額	貸方科目名	記号	金額
35	貯蔵品	ア	10,000	通信費	オ	10,000
36	減価償却費	エ	50,000	減価償却累計額	ウ	50,000
37	支払利息	カ	10,000	現金過不足	イ	30,000
	雑損	オ	25,000	受取手数料	ウ	5,000
38	未収利息	イ	10,000	受取利息	オ	10,000
39	繰越利益剰余金	ウ	500,000	損益	カ	500,000
40	貸倒引当金	ウ	80,000	売掛金	イ	100,000
	貸倒損失	カ	20,000			
41	普通預金	ア	60,000	償却債権取立益	オ	60,000
42	繰越利益剰余金	オ	396,000	未払配当金	ウ	360,000
				利益準備金	エ	36,000
43	受取手形	エ	15,000	売掛金	イ	15,000
44	仕入	オ	1,304,000	買掛金	ウ	1,434,400
	仮払消費税	イ	130,400			
45	備品	ウ	842,800	仮払金	ア	943,580
	消耗品費	オ	15,000			
	仮払消費税	イ	85,780			
46	旅費交通費	オ	25,510	普通預金	イ	25,510
47	未払法人税等	エ	2,000,000	現金	ア	2,000,000
48	買掛金	エ	890,000	未払金	オ	890,000
49	受取利息	オ	72,000	未収利息	ウ	72,000
	租税公課	カ	5,200	貯蔵品	イ	5,200
	借入金	エ	216,000	当座預金	ア	216,000
50	当座預金	イ	280,000	未収入金	オ	100,000
				受取手形	ウ	180,000

MEMO

MEMO

A 2WC